平凡社新書
1078

古代中国の裏社会

伝説の任侠と路地裏の物語

柿沼陽平
KAKINUMA YŌHEI

HEIBONSHA

古代中国の裏社会●目次

プロローグ——古代中国の裏社会へ

闇夜の寓話《ファブル》

ひっそりとした夜である。空気はしんと澄《す》んでいる。雲がなければ、夜空には満天の星々が瞬《また》き、あたりを照らしていたであろう。いまは雲がかかっており、一寸先もはっきりとはみえない。

ある男が馬車に乗り、ぬかるんだ道を走っていた。馬車は、やけに体軀《たいく》の大きい馬にひっぱられていた（図0-1）。体高《たいこう》（地面から鬐甲《きこう》まで）は約一四五センチメートル（以下、cm）といったところか[*1]。現代のいわゆるサラブレッドには遠く及ばず、ポニー（一四七cm未満）と並ぶくらいであるが、当時としては大きめの馬で[*2]、馬具にも細工が施されている[*3]。当時は、牛車よりも馬車のほうが高価であり[*4]、馬車に乗っているというだけでその男が庶民でないことは明白だった。

馬車には木製のパラソルがついており、男はみずから手綱《たづな》をにぎっていた（図0-2）。馬と車とは二本の轅《ながえ》でむすばれ、馬には胸帯《きょうたい》が施されていた[*5]。騎乗している男は、首になにかを巻き、顔を隠そうとしているようである。馬車は迅速に音を立てずに進んでいた。

　こうしたかたちの馬車は軺車《しょうしゃ》とよばれ、ふつうは官吏が乗るものだ。[*6] しかも、馬車の車輪はがっしりとしている。その大きな轍《わだち》をみるかぎり、そこそこの貴人《きじん》が馬車に乗っているようである。[*7] 二本の轍は二メートル（以下、m）ほども離れており、馬車が小さくないことをしめ

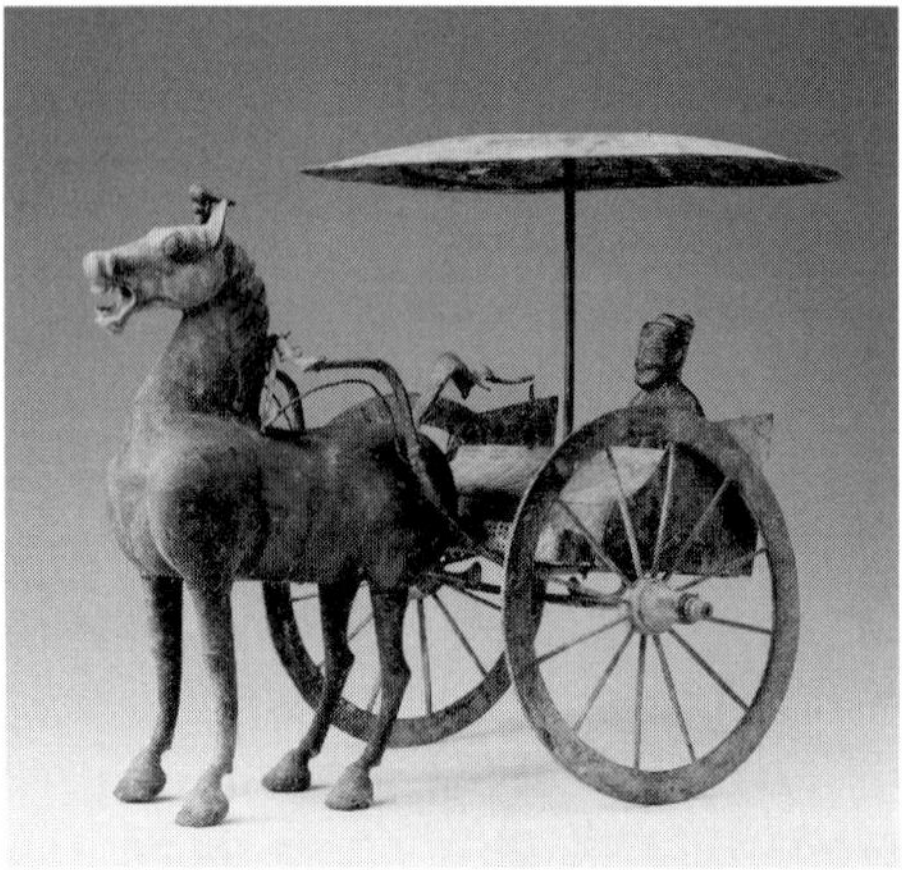
図0-1　馬車（漢代武威市雷台漢墓出土）

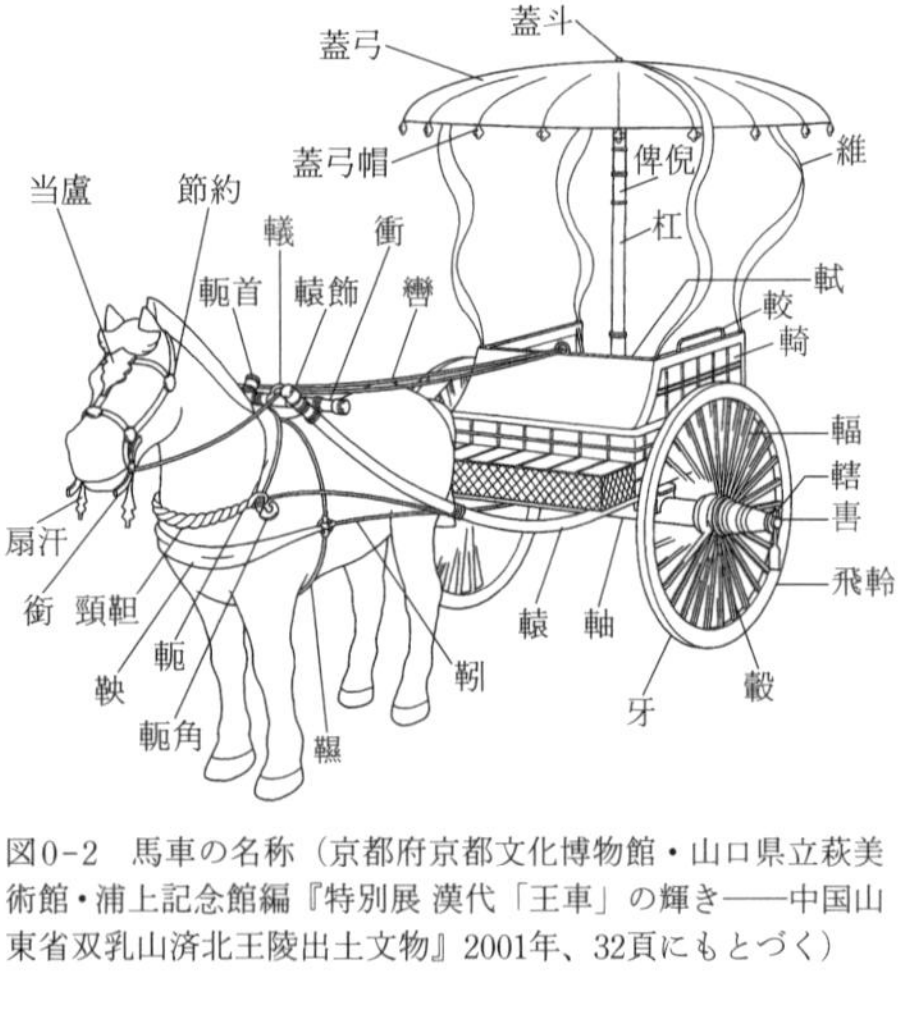

図0-2　馬車の名称（京都府京都文化博物館・山口県立萩美術館・浦上記念館編『特別展 漢代「王車」の輝き——中国山東省双乳山済北王陵出土文物』2001年、32頁にもとづく）

していた。[*8] ただ、さすがに中央政府の貴人が乗るような朱輪《しゅりん》ではない。[*9]
馬車の乗り手は、慣れないことに手を出しているのであろう。それによって生じたチグハグな外見は、その男の焦燥感《しょうそうかん》をあらわしているようでもあった。だが幸いにして闇夜《やみよ》の晩に、そのことに気づく者はいない。
そもそも夜に街中の大通りを移動したり、城外に出ることは原則禁じられていた。よほどの人物であっても、夜間通行禁止令を破れば、護衛兵から叱責《しっせき》された。[*10] ただ、馬車の持ち主は、亭《てい》（警察署）[*11]の位置と護衛兵の巡回経路を前もって調べておいたらしく、モモ・スモモ・ナツメ・エンジュの街路樹が立ちならぶ大通りをうまくすりぬけた。[*12]
男はようやく里門《りもん》のまえに着いた。ふつうならそこで下車すべきだが、[*13] とやかくいうような人たちはもう寝静まっている。しかもそこは城壁付近のスラム街で、そもそも門には閂《かんぬき》もかかっていなかった。[*14]
馬車はゆっくりと速度を落とし、細い道に入っていった。道は整備されておらず、昨日降った雨のせいで地面はぬかるんでいた。泥が車輪にまとわり、車軸がギシギシといまにも折れそうな音を立てている。[*15] やがて馬車はある小屋のまえにたどりついた。それはたいへんそまつな小屋で、入口にはしっかりした扉さえなく、ムシロで覆われているだけだった。[*16]
小屋のまえの道には大きな轍がいくつも残っている。どうやらかれと同様、大きな馬車に乗った人びとがここを訪れたらしい。だが、馬車に乗るようなレベルの人は、ふつう昼間にスラム街に足を運ぶようなことはしない。わざわざそうする必要もない。なにか用事があれば、部下を派遣すればよい。なによりも、そうした要人《ようじん》がスラム街に足を踏み入れるのには一定の危険がともなう。となると、ここに残る轍は、どれも夜中につけられたものとみるべきであろう。みな内緒でこの小屋を訪れているのである。

殺しの依頼

馬車から降りてきた男は、目立たぬように質素な衣服をまとっているが、こまごました所作からにじみでる高貴さは隠しようがない。その衣服は、色合いこそ地味ながら、きめ細かい絹でできている。*[17] 男の顔立ちは端正でありながらも、しっかりとヒゲをはやしており、耳には翡《ひ》翠《すい》のピアスをしている。*[18] 髪の毛はきれいに結いあげられ、髷《まげ》の部分は布に覆われている。*[19]

男は、扉代わりのムシロのほうにむかって静かに声をかけた。

「ごめんください」。

やがて小屋のなかから「どうぞ」との返事があった。

ぎこちなくムシロをめくりあげると、暗闇の部屋のなかで正坐をしている人物がいた。*[20] 年は二〇代後半といったところか。予想していたよりも小柄だが、その目には漆黒《しっこく》の闇が宿っているようにもみえ、底知れぬ恐ろしさを感じさせた。

主人はおもむろに起ちあがると、窓わくのほうに向かった。当時はガラス窓などなく、そこには陶製の枠がはめこまれているだけだった。開けっぱなしになっていて、月光が射し込み、牛糞臭《ぎゅうふんしゅう》の混じった外気がゆるやかに室内に入ってきている。室内の空気はたえず循環し、それが室内の生暖かくよどんだ空気に、わずかばかりの新鮮さをもたらしていた。

しかし主人は、これからの会話を周囲のだれにも聞かれたくないというかのごとく、壁にかかっていたムシロで窓わくを覆った。それは分厚いブラインドの役目をはたし、もはや月明かりも外気も、そして室外の音も外から入ってこなくなった。代わりに主人は燭台《しょくだい》に火をともした。それは、当時希少な蜜蠟《みつろう》ではなく、麻の茎をよりあわせたものを燭台に突き立て、その下部を動物性油脂にひたしたものだった。[21]ぼんやりと室内を照らし出すには十分な代物である。よくみると、室内にはろくに家具もなく、部屋の隅にはカマドがあるだけだった。[22]そばには少し高めの台座があって、布団が敷いてある。[23]小屋の主人は直前までそこに横たわっていたのかもしれない。

男は室内に入ると、周囲に気を配りながら、口ごもっていた。すると小屋の主人はこう切り出した。

「県令《けんれい》さまとお見受けいたします。このような夜分に拙宅を訪れるということは、よほどのことでしょうか」。

県令（県の長官）は初対面の男にとつぜん正体を見破られ、驚いていった。

「なぜわしが県令だと……」。

「私のまわりにはつねに情報があつまるのです。それが仕事なのです。足下《そくか》が欲するのは情報ですか、それとも……」と小屋の主人はいった。「足下」とは、官吏にたいする敬称である[*24]。

県令は相手の情報収集能力に驚き、畏怖した。同時に、脳裡《のうり》にはさまざまな疑問が生じた。人づてにこの男のことを聞いて、ここにやってきた。その筋《すじ》の人で、この男のことを知らぬ者などいない。じっさいにこの男は、初対面であるわしのことも知っている。でもどうやって……。それ以上に疑問なのは、なぜかれは……。

そう問いかけようとした矢先、小屋の主人は「私がなぜこんなあばら家に住んでいるのかとお考えか」といった。

県令は機先を制せられ、まるでみずからの心を読まれたかのごとく感じ、ぐっと押し黙った。主人の言葉にはかすかなトゲがあった。「それ以上なにも聞くな」といわれているかのようであった。じっさいに主人は、もはや言葉をつづける気がないようにみえた。荒稼ぎをしている主人がなぜこんな小屋に暮らしているのかは、結局わからずじまいだった。だが主人のまとう雰囲気には、相手に無駄口を叩かせないだけの何かがあった。やむなく県令は本題に入ることにした。あまりに重く、危険をともなうことだったが、県令は意を決してこういった。

「ある男を殺してもらいたいのだ」。

それから簡潔に事情を説明した。事の次第を静かに聞いていた小屋の主人は、みじろぎもせず、淡々とこう答えた。

「一〇万銭で引き受けましょう」[*25]。

法律の陰で

深夜の中国古代帝国においては、しばしばこうした闇取引が行われた。

じじつ、秦の始皇帝が天下を治めていたころには、あるムラに陳平《ちんぺい》なる若者がおり、たいへん貧乏な暮らしをしていた。だが、スラム街にあるかれの家の門前には、つねに「長者《ちょうじゃ》」の車轍《しゃてつ》が残されていた[*26]。長者とは、配下によけいな口出しをしない鷹揚《おうよう》さと任侠《にんきょう》的な気概とを兼ねそなえた人物のことで、当時は官僚の理想像とされていた[*27]。後述するように、馬車に乗れるのはおもに官僚で、つまり陳平のもとには官僚の求める何かがあった。

陳平の家の門は「弊席《へいせき》」（ムシロ）でできており、かれは裕福ではない。少なくとも外見上は貧乏である。また、門前に長者の車轍が残されている以上、じっさいに長者が訪ねてくる現場をみた者はいなかったことになる。おそらく長者は、深夜に人目を忍んで陳平の家を訪れ、なんらかの依頼をしていたのであろう。

このような場で取り交わされるのは、政敵や商売敵にたいする暗殺依頼だけではない。なかにはワイロをする者もおり、相手からたしなめられることもある。もちろん、そうしたワイロにも何らかの目的がついてまわる。

たとえば後漢時代に楊震《ようしん》という人物が、ある町を通過したときのこと。その長官である王密《おうみつ》

図0-3　金餅（海昏侯墓出土。南昌漢代海昏侯国遺址博物館所蔵）

は、かつて楊震によって抜擢され、現在の地位にまでのぼりつめた男だった。そこで王密はあらためて楊震に感謝の念を伝えるべく、夜中に楊震の宿泊先を訪問し、懐中にひそませた黄金一〇斤《きん》（二・五kg）[28]を贈ろうとした。当時の官《かん》官《かん》・官民《かんみん》間の交換レート（平賈《へいか》）は毎月県単位で変化するものだが、だいたい後漢時代までには黄金一斤＝一万銭くらいに落ちついていた[29]（図0－3）。つまり黄金一〇斤はほぼ一〇万銭で、あとでのべるように、それは一般家庭の全財産（不動産込み）を上回るほどの金額だった。

「夜中にこのことを知る者もおりませんし……」と王密はいった。

　すると楊震は、

「このことは天も、神も、私も、あなたも、みな知っていることだ。どうしてこのことを知る者もいないなどというのかね。そんなわけがあるまい」といい、贈り物を拒否した。そのため王密はみずからの行いを恥じたという。*30

このように、スラム街にすまう陳平を深夜に長者らが訪れた例や、深夜に贈与をしようとした王密の例、金銭で暗殺を請け負う者の例を考えあわせるとき、筆者の脳裡には、本書冒頭の暗殺依頼の情景が勃然《ぼつぜん》と浮かんでくる。それはひとつの寓話ではあるが、決してありえない情景ではないのである。筆者は、いくつかの史実をつなぎあわせ、読みやすいストーリーとしてパッチワークをしたにすぎない。

こうした不法行為の痕跡は、そもそも知識人の書いた歴史書には断片的にしか残っていない。しかし中国古代の世界は、じっさいには不法行為にあふれていた。そして現存史料を注意深くみてゆくなら、上述したようにそのなかから痕跡をみいだすことは不可能ではない。

もとより中国では、戦国時代ころから体系的な成文法《せいぶんほう》が整いはじめる。有名なのは戦国時代の秦の商鞅《しょうおう》による法律改革であり、これによって秦は紀元前四世紀ころから法治《ほうち》への階段をのぼりはじめる。当時は戦国七雄とよびならわされる七つの大国が並存し、無数の中小の国々がひしめく時代であり、それらの国が早くから一律に法治国家をめざしていたわけではない。商鞅の変法は先陣を切ったものであり、そのしくみは秦の始皇帝に、そしてつづく漢帝国へと受けつがれていった。

だがいつの時代も、法があれば、そこに不法行為もあるものである。歴史書にも数々の犯罪者が登場する。なかでも暗殺を請け負うような者は任俠や游俠《ゆうきょう》などとよばれ、人びとから畏怖と畏敬の混じりあったまなざしをむけられていた。中国古代社会のほんとうの姿を明らかにするには、表の顔だけでなく、裏の顔をも読み解かねばならない。ここでいう「裏」とは、「漢帝国の法治がいきとどかぬ領域」という意味である。もとより法治なき時代に表や裏を云々《うんぬん》することはむずかしい。法治があればこそ、表と裏の明暗も浮かび上がってくる。本書は、そうした裏社会の一端をかいまみようとするものである。

なお、筆者はかつて『古代中国の24時間――秦漢時代の衣食住から性愛まで』（中公新書、二〇二一年。以下、前著）をあらわし、秦漢時代の人びとの日常風景について論じたことがある。そこで以下では、前著でのべた内容をなるたけ繰り返すことはせず、むしろ前著で得られた知見を前提として、中国古代の裏社会について説明することにする。

郭解《かくかい》と司馬遷《しばせん》

中国古代における裏の顔を象徴する人物として、本書においてとくに注目したいのが郭解である。かれこそは、漢代を語るうえで欠くべからざる大任侠だった。もし読者のみなさんが前漢時代の洛陽《らくよう》（現河南省《かなん》）あたりに転生したなら、はじめに挨拶をしておいたほうがよい相手だ。

かの歴史家の太史公《たいしこう》（後述）は、遠目で郭解をみたことがあり、『史記』のなかで郭解のことをこう評している（図0-4）。

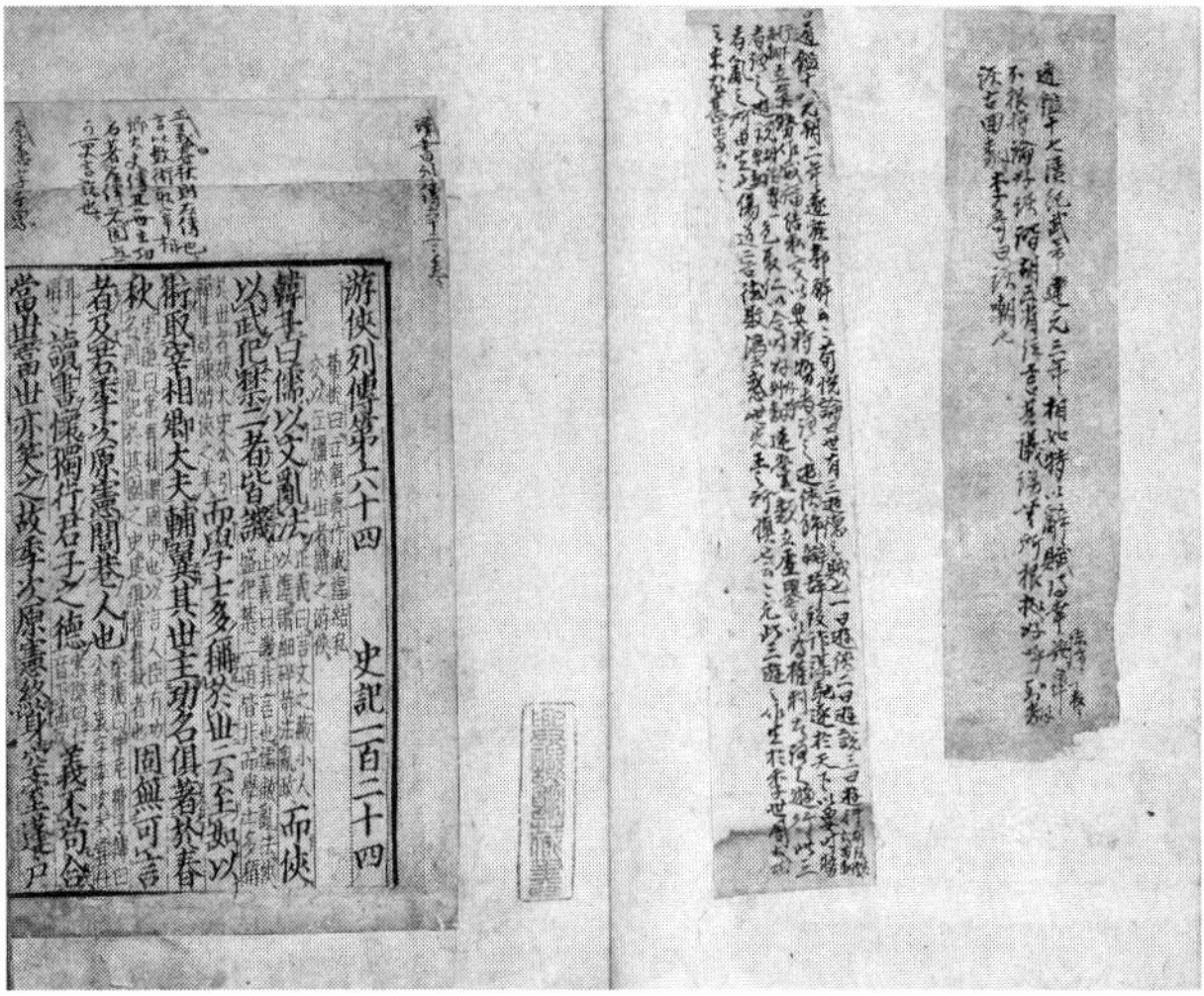
游俠列傳第六十四　史記一百二十四
韓子曰儒以文亂法而俠以武犯禁二者皆譏而學士多稱於世云至如以術取宰相卿大夫輔翼其世主功名俱著於春秋固無可言者及若季次原憲閭巷人也讀書懷獨行君子之德義不苟合當世當世亦笑之故季次原憲終身空室蓬戶

図0-4　宋版『史記』游俠列伝（国立歴史民俗博物館所蔵）

私は郭解をみたことがある。その風貌は人並み以下だった。しゃべっていた内容も、とりたてて掲載するほどのものではない。しかし天下の人びとは、賢人か否かを問わず、そして郭解と知り合いか否かを問わず、みなその名声を慕っている。俠者《きょうじゃ》についていうときには、みなが郭解の名前を引き合いにだしてくる。ことわざにも「人の外見と、その高い名声とは、つねに一致しているとはかぎらない」とあるではないか（しかし郭解は殺されてしまった。——柿沼補）。ああ、惜しいものだな。*31

ここでいう『史記』とはもともと『太史公書』とよばれ、司馬談《しばだん》とその子の司馬遷がつくった史書だ。[*32] 両者はともに別々の時期に太史令という官職に就いていたことがあり、「太史公」ともいう。上記の文章は「太史公」の言とされるが、じっさいに郭解と出会ったのが司馬談か司馬遷かは判断に悩むところである（本書第七章参照）。だが、ともかく『史記』は司馬遷の名義で書き上げられており、上記の文章がわざわざ『史記』に書き込まれた点に司馬遷の意図を読みこむことは不可能ではない。

さて、太史公の印象としては、郭解は外見も話す言葉もイマイチだったらしい。だが司馬遷は、けっして郭解を評価していないわけではなかった。むしろ司馬遷はわざわざ『史記』のなかに「游侠列伝」という篇目を設け、侠者について説明を加えており、しかも一介の侠者にすぎぬ郭解のために多くの文面をさいている。

ここでいう游侠とは、任侠ともいい、人との約束事を重んじ、身命を賭して他人の窮状を救う義《ぎ》侠心《きょうしん》をもつとともに、しばしば犯罪行為にも手を染める人たちのことである。中国古代の人びとは、大なり小なり、みなこうした義侠心をもっていたが、[*33] じつは妻子とともに定住・農耕にいそしむ一般人よりも、住所をひとところに定めぬような人びとのなかにそういうタイプが多かったともいわれる。[*34] 任侠・游侠の本質についてはまたエピローグでふれることにしよう。

著名な任侠の人物伝はおおむね『史記』游侠列伝に収録され、郭解はそのなかでも最上級の評価を与えられている。しかもその評文末尾には、道半ばで亡くなった郭解にたいして「ああ、惜しいものだな」とのことばが贈られている。この一言に端的にあらわれているように、司馬遷は天下の人びとが郭解を称賛している点を至極もっともなことだと考えていた。

後述するように郭解は最終的に、時の権力者である武帝と対立し、国家反逆罪に問われている。にもかかわらず、司馬遷は郭解を『史記』のなかで評価した。これは、解釈の仕方によっては、武帝の裁定にケチをつけているともいわれかねない行為である。反国家的勢力の親玉を高く評価することは、国家に仕える官吏の司馬遷にとって賢い選択ではなかったはずだ。それでもなお、司馬遷は郭解をあえて高く評価した。前掲の游侠列伝において司馬遷は、郭解の風貌や発言についてはイマイチだったとケチをつけたが、これはむしろ、郭解が「有形化しえぬ義侠心」をもっていたことを際立《きわだ》たせる、一種のレトリックの役目を担っている。[*35]

加えて司馬遷は、郭解の死後に侠者とよばれる者は数あれど、郭解以降の人物はみな「君子の風」を失っているとのべた。[*36] つまり司馬遷は、郭解のみが「君子の風」を備えていたとみていた。要するに、郭解は絶賛されているのである。

ところで、司馬遷本人はかつて、主君である武帝の勘気《かんき》をこうむり、宮刑《きゅうけい》（男性器を切り落とす刑罰。正式には腐《ふ》刑という）に処された過去をもつ。[*37] かれは、たとえ激しい痛みと羞恥《しゅうち》にさらされても、「史書を書き残せ」との父司馬談の遺言を守るべく、生きながらえる必要があった。だから、安易に自殺をするわけにはいかなかった。金銭で宮刑を贖《あがな》うこともできたが、司馬遷には金銭的余裕もなかった。[*38] その後、司馬遷は「わたしはなぜこんな仕打ちを受けねばならないのか。わたしはそれほど悪いことをしたのか。全知全能なる皇帝陛下のご聖断にミス

図0-5　踊る前漢の武帝（孫呉・朱然墓出土の漆碗。2024年８月柿沼撮影）

はなかったのか」と苦悩しつづけ、それが『史記』の叙述に少なからぬ影響を与えた。

　司馬遷は、父の司馬談と同じく、歴史に造詣《ぞうけい》が深かった。だが、ひとたび歴史をひもとけば、そこにはいわゆる善が悪にやぶれ、いわゆる不義が正義を凌駕する例など、枚挙に暇《いとま》がない。そこに救いをみいだすことはむずかしい。どれもまるで司馬遷自身の過去をなぞるかのようではないか。

　かくして司馬遷は、『史記』のなかでこう叫んでいる。

天道《てんどう》、是《ぜ》か非《ひ》か。*39

　はたして「天」（至高の存在）の判断はつねに正しいのか。「天」はほんらい判断を誤らぬはずなのに、なぜこんな仕打ちをするのか。「天」の王にして、*40「天」の子（つまり天子）であり、かつ煌々《こうこう》たる帝《てい》（皇帝）*41でもある武帝の判断に、ほんとうに問題はないのか——。

それだけではない。そもそも中国古代の思想家の老子《ろうし》は、かつて「天道はえこひいきなどせず、つねに善人の味方をする」[*42]といったことがあり、わが父司馬談は老子を信奉していたが、それはまことに正しいのか[*43]——。司馬遷の心のなかには武帝への、そして父司馬談への疑義がくすぶりつづけた。

すると、だからこそ司馬遷は郭解を称賛したのではないか。かりに郭解を評した「太史公」が司馬談であったとしても、『史記』の最終編纂者である司馬遷が游俠を高く評価し、郭解に注目していた事実は動かない。後述するように、じつは郭解こそは、武帝のつかさどる「法」に抵抗した象徴的人物だった。たとえ武帝に断罪されたとしても、その人物の真の評価はいささかも揺るがない。じじつ、民間でかれを評価する声はやむことがない。既述のごとく、当時の人びとは賢人か否か、知恵者か否かを問わず、みな郭解を称賛した。司馬遷はここに希望をみいだしたのではなかったか。

行間にひそむ裏社会の痕跡

あまりに先を急ぎすぎてしまった。あらためてゆっくり郭解の姿をみてみよう。かれはいったいいかなる人生を歩んだのか。司馬遷のいうとおり、郭解は真に称賛に値する人物であったのか。ほんとうに中国古代の裏社会を代表する人物であったのか。具体的にどのようなことを行ったのか。かれはなぜ死なねばならなかったのか……。

さきにのべたように、司馬遷は『史記』游俠列伝で郭解の生涯をとりあげている。その分量はわずか一二〇〇余字で、その内容も一見むずかしくない。しかも『史記』は二〇〇〇年以上にわたって膨大な読者を得ており、くりかえし徹底的に読まれてきた過去がある。その解釈史をふまえた現代語訳も複数ある。[44] 結果、游俠列伝の文章には、解釈が分岐するような箇所はもうほとんどないかのようである。いまやそうした現代語訳をふまえ、郭解の小説を書く者もいる。[45] すると、もう厳密な歴史学的研究など不要だとみなされても不思議はない。

だが結論からいえば、筆者はこうした論調に反対である。私たちはまだ郭解についてほとんどなにも知らない。否、郭解はまともに評価の対象とされたこともなければ、しっかりした実証的研究の対象になったこともない。

すなわち中国では、汪涌豪《おうようごう》以降、游俠にかんする概説書がたびたび出版されている。[46] 個々の学術論文も少なくない。欧米では、游俠にかんする劉若愚《りゅうじゃくぐ》(James Liu)の専門書のほか、[47] 刺客についての論文もある。[48] また日本でも、宮崎市定《いちさだ》・増淵龍夫以来、少なからぬ游俠研究の蓄積がある。[49] だが、こうした先行研究の多くは、「任俠・游俠とはなにか」を大上段から論ずるものであり、任俠・游俠とよばれる個々人の経歴にはあまり焦点をあてていない。著名な俠客を紹介した書籍も近年なくはないが、[50] そこにも郭解の名はない。俠客について論ずるうえで、ほんらいその出発点であるはずの游俠列伝、とくにそのなかで「游俠のなかの游俠」として絶賛されている郭解についての言及がないのだ。筆者が郭解に焦点をあてたい一因はここにある。

くりかえすように、游俠列伝には郭解にかんする叙述がある。いまやその日本語訳も何種類か存在する。だが、それを読むだけで事足りると考える方がおられるなら、それは実証史学をあまりに甘くみすぎたものといわざるをえない。

およそ、あるテクストを読むという行為は、たんに漢和辞典を引きながら、字面《じづら》の意味をおってゆくだけでは十分でない。そのテクストが書かれた背景や、テクストの行間に秘められた意味を、時代背景にそくして読み解いてゆく作業がもとめられる。

むろん現代思想にくわしい読者なら、人間の認識や表象の能力なるものには限界があり、ゆえにいわゆる「実証」にも限界があるとし、「実証史学」という椅子にふんぞりかえる歴史家の態度を危惧するむきもあろう。*51 だがそういう哲学的・思想的議論を展開するよりもまえに、まずは郭解について、もう少しテクストの細部にこだわる努力をしてみるべきなのである。しかも後述するように、郭解の生きざまを精確に理解するには、じつは『史記』などの伝世文献だけでなく、むしろ、近年飛躍的に研究がすすんでいる出土文字資料や考古資料への目配りがかかせない。

本書でこれから行われるのは、郭解の生涯をめぐる実証の試みであり、それをつうじて中国古代の裏社会をかいまみることである。かれの生涯のほとんどは闇に包まれている。ここで求められるのは、中国古代史にかんする史料全般に目を配り、一見かかわりのなさそうな記述のなかに郭解の存在を読みとり、複数の史料を重ねあわせて比較・検証し、郭解の実態に迫ることだ。そのためには、ていねいに時代背景を説明し、かすかに残された証拠を積みかさね、複

表0-1　世界史関連年表（柿沼作成）

年代	北・東アジア	欧州・北アフリカ	その他
紀元前3世紀	前221　秦の六国統一	前221　カルタゴでハンニバルが台頭	前232頃　マウリヤ朝アショーカ王没
	前206　秦滅亡	前218-201　第2次ポエニ戦争	
	前202　漢成立		
紀元前2世紀	前195-180　呂太后専政	前183　ハンニバル、スキピオ没	前180頃　マウリヤ朝インド滅亡
	前174　淮南王反乱		前174　匈奴の冒頓単于没
	前154　呉楚七国の乱	前149-146　第3次ポエニ戦争	前140頃　大月氏国成立
	前133　馬邑の役、匈奴と関係悪化	前133-121　ローマでグラックス兄弟の改革	前129頃　大月氏のバクトリア侵入
	前118　五銖銭鋳造開始		前102　大宛遠征で汗血馬獲得
紀元前1世紀	前87　武帝没、霍光台頭	前73-71　スパルタクスの乱	
	前60　西域都護府設置	前60-53　ローマ第1回三頭政治	
	前51　石渠閣会議	前44　カエサル暗殺	前54　匈奴が南北分裂
	王氏台頭	前27　帝政ローマ開始	ヒンドゥー教成立

※『詳説世界史研究』（山川出版社、2017年）を参考に作成。
紀年には諸説あり、おおよその数値にすぎない。

数の証言を考量してゆく必要がある。

そのさい、すべての細かい実証作業は注で行い、本文にはその結果のみを反映させ、流れを物語調に整えるつもりである。結果、本書の叙述は歴史小説に近づくことになるが、それでもなお本書をフィクションと分かつカギがあるとすれば、それは典拠へのこだわりの強さである。[*52]

さあ、郭解の生涯を追いながら、中国古代の裏社会に分け入ってみよう（表0-1）。

第一章　暗殺の顚末《てんまつ》

県令の給料

貧民街において暗殺依頼をした県令は、帰宅するとさっそく横になった。だが、なかなか寝つけない。

「一〇万銭か……」と、かれは布団のなかでひとりつぶやいた。[*1]

県令の目からみても、これはけっして安い買い物ではなかった。思い切ってその場で口約束をしてしまったが、明日から金策に奔走せねばならない。

では、県令にとって一〇万銭とはどれほどの負担なのか。ここで県令をふくむ、漢代の役人たちの月俸《げつぽう》（俸禄）[*2]を確認しておこう。

月俸はふつう半銭半穀《はんせんはんこく》（半分は銭、半分は穀物）で支払われたとされるが、[*3]じっさいに正確に半分ずつ払われたかは疑問で、[*4]額面や支払方式には地域差・時代差もあった。しかも、官吏全員の月俸の体系をしめす史料は現存しない。だから官吏の月俸を把握しきるのはムリである。ここでは伝世文献や出土文字資料の断片的記録をつなぎあわせ、おおまかに月俸の額面を把握しておくにとどめよう（表1-1）。[*5]

一見してわかるとおり、月俸はピンからキリまであり、丞相《じょうしょう》（総理大臣レベル）が銭換算で六万銭なのにたいして、佐《さ》・史《し》（最下層の小役人レベル）は数百銭くらいだった。

一覧表のいちばん左の縦列は秩《ちつ》の等級をさす。秩とは建前上の給与レベルで、「数字＋石《せき》」

表1-1　漢代官吏月俸表（柿沼作成）

秩	漢律	建武26年(西暦50年)	延平元年(西暦106年)		居延漢簡
単位:石	単位:銭	単位:斛	「半銭半穀」(左は銭、右は米斛)		単位:銭
[丞相・大司馬大将軍]	60000	360			
[御史大夫]	40000				
中二千石		180	9000	54	
真二千石	20000	150	6000	36	
二千石	16000	120			
比二千石	12000	100	5000	30	
千石		90	4500	27	
比千石		80	4000	24	
八百石	9200				
六百石		70	3500	21	6000
比六百石		60	3000	18	3000
四百石		50	2500	15	
比四百石		45	2250	13.5	
三百石		40	2000	12	
比三百石		37	1850	11.1	
二百石		30	1500	9	2000(のち3000)
比二百石		27	1350	8.1	
百石	600	16	800	4.8	1200(のち1800)
斗食		11	550	3.3	900(のち1350)
佐・史		8	400	2.4	600(のち900)

と表記する。ここでの石は体積の単位（二〇リットル）で、たとえば「二千石」なら四万リットルの穀物をさす。だが二千石官（たとえば郡太守）はじっさいに毎月四万リットルの穀物を受領していたわけではない。くりかえすように、これはあくまでも建前上の給与レベルにすぎない。いまの公務員や大学教員にとっての「〇〇号俸」みたいな記号だと思ってもらえばよい。なお、丞相や御史大夫《ぎょしたいふ》（副総理レベル）の秩数は時代によって大きく変化するので、「 」内にその官名のみをしるしておく。

左から数えて縦二列目は、漢律の佚文《いつぶん》にみえるじっさいの月俸である。銭建てで表記されているが、具体的に何年のものかはわからない。[*6] 三列目は西暦五〇年の穀物建ての月俸、四・五列目は一〇六年ころの銭穀建ての月俸である。[*7] 六列目は、居延漢簡《きょえんかんかん》という出土文字資料から読みとれた月俸である。[*8] このように各縦列の典拠はさまざまで、かつ、各典拠のさす時期はバラバラであり、史料には脱文・誤文もあるが、この表をみれば月俸の大略はわかるであろう。

ここであらためて県令の月俸に注目してみよう。漢初の県令の秩は千石～五百石だった。[*9] 県には大小があり、それにおうじて県令の秩も異なっていた。たとえば、首都長安の県令はいまの東京都知事のような存在で、秩は千石に達する。だが、辺境の小県の令などは五百石にすぎない。これを表1-1にあてはめると、一〇六年ころの県令の月俸は半銭半穀で支払われ、高くとも四五〇〇銭と穀物二七斛《こく》、低くとも三〇〇〇銭弱と一八斛弱となる。

県令の月俸は民間人と比べてかなり高い。民間には、年間数十万銭を稼ぐ豪族や大商人もいたが、[*10]その他おおぜいの民は「貧《ひん》」と称されるレベルだった。かれらは一戸（平均五人）あたり三〇〜四〇畝《ほ》の農地をもち、一畝あたりの年間収穫高は約三・九六斛で、計算上は毎年一一九〜一五八斛を得ていた。粟《あわ》一斛は、「石」と同じく約二〇リットルで、一斛は一〇〇銭くらいだった。つまり収入は年間一万数千銭で、そこから生活費や税金を差し引くと、貯蓄分はほとんど残らない。[*11]よって、かりに妻が機織《はたおり》などで生計を支えたとしても、[*12]県令の月俸には遠くとどかないといえよう。すると県令の月俸は貧家の五倍以上だったことになる。周囲から贈られるワイロをふくめれば、県令の実収入はその数倍にも達したであろう。[*13]

とはいえ、県令にとっても、暗殺費用一〇万銭はけっして安くない。そもそも当時の官吏は、家族を養うだけでなく、食客《しょっかく》に給金を払い、子飼いの部下（舎人《しゃじん》）に気前よくご馳走するのが常だった。県内で冠婚葬祭があれば、駆けつけて贈り物もせねばならない。

たとえば、月俸として穀物二〇斛と二〇〇〇銭を得ている官吏なら、従者と奴隷、もしくは食客の計二人くらいは抱えているもので、その人件費は毎月一〇〇〇銭に達する。かれらには穀物六斛をあてがう必要もある。これに、自身の燃料費や食費の一〇〇〇銭が加わり、さらに馬の維持費を支払えば、それだけで家計はギリギリだ。[*14]ほかに父母を養い、妻をめとって子をつくろうものなら、たいへんな苦労を強いられる。家産一〇万銭といわれる官吏も、実態は一、二石の穀物の蓄えしかないほどで、資産のほとんどは不動産だったという例もある。[*15]だから当時の官吏のなかには、「月俸が少ない」などと歎《なげ》く者も少なくなかった。[*16]かかる状況において、県令は部下も多く、とびぬけて裕福だったわけではないのである。

郭解に暗殺を頼んだ県令は、こうしたなかで一〇万銭を捻出せねばならなかった。県の財政支出に対する県令の自由裁量の幅はかなり広かったものの、[*17] 公金銭を仇敵暗殺の費用にあてるわけにはいかない。県令は頭をかかえていた。

県令が抱いた疑問

それでも県令には殺さねばならぬ相手がいた。その人物は、公衆のまえで県令をバカにした。まるで韓信《かんしん》が市場でチンピラにからまれ、股《また》くぐりを強いられたときのように、[*18] 県令はその場で大恥をかくことになった。

（わしを公衆のまえで誹謗《ひぼう》中傷したヤツを許しておくわけにはいかぬ。だが、ヤツには富も官位もあり、なかなか落ち度もみつからない。一〇万銭で暗殺できるとしたら御《おん》の字《じ》ではないか。痛い出費ではあるが、やむをえまい）。

だが県令はなおも寝つけない。さきほど侠客と面会していたときに生じた疑問はいまや、ますますかれの思考を縛り、眠りをさまたげていた。

（それにしても問題は侠客の翁伯《おうはく》のほうだ。河内《かだい》郡にひびきわたるほどの威名がありながら、まさか廃屋同然のところに暮らしていたとは……。やつがこれまでにこなした仕事は数十件とも聞くが、毎回これほどの巨額の手数料をとっているとしたら、そのカネはいったいどこに消

図1-1　漢代の市場（『中国美術全集・画像石画像磚三』黄山書社、2010年）

えているのか……）。

河内の翁伯なる侠客が台頭しつつあるとの噂は、ちかごろ貧民街だけでなく、城内の市場でも飛び交っていた。翁伯とは「おきな」・「おやじ」・「おやぶん」といった漠然とした響きをもつことばで、[19] ほんとうの字《あざな》かどうかもよくわからない。[20]

県令自身もまた、翁伯の名を市場で耳にした。

そもそも市場にはさまざまな人がゆきかい、上は役人から、[21] 下は乞食までいる。[22] 主婦だって子どもだっている。[23] 市場に入れないのは、せいぜい重犯罪者くらいのものである。[24] 市場は壁にかこまれ、なかには整然と店がならび、道沿いには地べたに座りこんで商売をする者もいる（図1-1）。

市場以外での商売や出店《しゅってん》は規制されていたので、[25] 人びとは市場にあつまらざるをえない。市場には宿屋も備わっており、ひっきりなしに商人や旅人が往来している。外国の商人がシルクロードや南海《なんかい》を越

図1-2　収穫物の野菜をはこぶ農民（成都曽家包後漢墓出土画像石。成都博物館所蔵。2024年8月柿沼撮影）

えてやってくることもある。[*26] とくに午前中の市場は人ごみにあふれ、道ゆく人びとは肩がぶつかるほどである。[*27] 農民も収穫物を売りにくる（図1-2）。そこでは商品だけでなく、さまざまな情報もやりとりされる。主婦どうしのグチ。子どものふざけ声。商人どうしの世間話……。

市場には居酒屋もある。商店の門前にたなびく宣伝用の旗を横目に、居酒屋のひとつに入ってみよう。秦漢時代の人びとはふつう正坐をしている。もともとイスは中央アジアから伝来してきたもので、その登場は漢代以降である。だから居酒屋のなかには少し高い台がいくつか置かれ、客たちはそこに上がって正坐をするか、足を投げ出して座る。台の端から片方の足をだらんと投げ出して、台に腰かけながら会話をしている者もいる。厨房ではフンドシ姿で男性が準備をしている。客の呼び声とともに、「はーい、ただいま」といいながら女主人が酒をふるまう。

そのなかに侠客の噂もまぎれこんでいる。市場には侠客本人が経営している肉屋や酒屋もあった。居酒屋にたむろしているチンピラも、一人や二人ではない。[*28] 中国古代の裏社会にかかわる噂話は、つねに市場に兆《きざ》していた。かの県令もこうしたところから翁伯のことを聞き知った。この翁伯こそ、郭解である。

砕かれた七月

県令はみずからの部下に暗殺を命ずるのではなく、あえて郭解に依頼をした。それはなぜか。部下にやらせてもよいではないか。

じっさいにこうした考えが県令の脳裡《のうり》をかすめたのは、一度や二度ではなかった。それでも県令が郭解にこだわったのは、噂に聞くかぎり、郭解の仕事ぶりが際立《きわだ》っていたからである。郭解はこれまでにも膨大な数の仕事をこなし、それでいて、まだ逮捕されたことがなかった。これに先んじて、中国史上では数々の暗殺事件があり、鉏麑《しょげい》・予譲《よじょう》・要離《ようり》・荊軻《けいか》などの暗殺者が史書にその名をつらねているが、[29] 要人の暗殺というのはむずかしいもので、失敗した例も古来少なくない。

たとえば漢初には、ある県令が部下に暗殺を命じ、裏目に出たことがある。その事件の顚末《てんまつ》が竹簡に書き残されている。[30] その裁判記録を紹介しておこう。

高祖六年（前二〇一年）七月二日のこと。求盗《きゅうとう》（警官）の甲《こう》が役所に訴えた。

「わたしは獄史《ごくし》の武《ぶ》とともに盗賊に備えていましたが、武は六月二九日にべつの警察署へ出動し、まだ帰還しておりません。行方不明で探したのですが、みつかりません」。

そこで武が向かった先の警察署の署長が召喚され、事情聴取をすることになった。だが、署長の事情聴取はいつまでたっても始まらず、武も帰ってこなかった。

同年七月二一日、淮陽《わいよう》郡の長官代理がしびれを切らし、とうとうつぎのように県に命令を下した。

「武はもともと盗賊退治のために出動したが、いまも帰還していない。状況からみて、何者かに殺されたのではないか。しかも、告発して約二〇日がたっているのに、県での取り調べはすすんでおらず、役人も真相解明に積極的でなさそうだ。責任を問われて拘束された署長についても、まだ郡に関連資料が上がってこない。これにはなにか裏があるのではないか。捜査をすすめ、奸計《かんけい》をめぐらせた者を取り調べ、必ずや犯人を捕らえよ」。

調査がすすむと、蒼《そう》という人物が供述をはじめた。

「私は以前、県令代理である信さまの舎人《しゃじん》（子飼いの部下）でした。信さまは私に「武は悪いヤツだから消せ」といいました。そこで私は求盗の布《ふ》や、同じく舎人の余《よ》とともに、警察署長の丙の管轄区内で武を殺しました。署長の丙と役人の贅《し》が私を捕まえましたが、「信さまの命令でやっただけです」と申しましたら、私を解放してくれました」。

郡県の役所では大騒ぎになった。暗殺を命じた信や、直接手を下した蒼、犯罪を見逃した丙・贅が、いずれもハイクラスの有爵者で、かつ県の役人とその関係者だったからだ。なかでも信は、かつて楚漢《そかん》戦争時に活躍し、激戦区の滎陽《けいよう》県を守り抜き、広武君《こうぶくん》の位を賜わったほどの人物だった。

中央政府はこれに激怒した。

「ほんらい民をいつくしむべき行政官が、暗殺を命じるとはなにごとか」。

こうして信らはお縄につき、厳正に処罰されることになった。

以上が高祖六年（前二〇一年）の暗殺事件の顚末《てんまつ》である。この調書は、県令代理が手下に暗殺を命じた事実や、暗殺対象がささいなことから県令代理と対立した事実、さらには暗殺の経緯が発覚した過程などを雄弁に物語っている。

郭解と面会した県令も、こうした判例の数々を知っていた。だからこそ、安易に部下に暗殺を依頼することはできなかった。だが名の知れた任俠なら安心である。なぜなら、彼らは信頼を重んじるからだ。県令は、自他ともに認める任俠の郭解に仕事を任せた。

こうした任俠のありようを理解するには、じっさいに任俠として名声を馳せた人物の例をみるのがよい。漢初に任俠のあいだで名声が高かったのは戦国時代の信陵君《しんりょうくん》で、いわば任俠にとっての理想像だった。信陵君は魏国の公子《こうし》のひとりで、男伊達《おとこだて》で知られていた。信陵君本人はとうの昔に亡くなっていたが、秦末漢初にはかれの食客《しょっかく》（たとえば張耳《ちょうじ》）が生き残っており、信陵君をめぐる逸話は広く語り継がれ、一定の信頼を置くことができる。それによれば、信陵君のもとには多くの食客がつどった。なかでも一命を賭して秘密を守った侯嬴《こうえい》や、いざというときに大役を果たした朱亥《しゅがい》は、その名前を広く知られている。こうした俠客に慕われていた信陵君のことを、高祖劉邦も敬っていた。[31]かつて信陵君に仕えていた張耳は、劉邦とも縁《えにし》があり、おそらく劉邦は張耳から信陵君の逸話を伝え聞いていたのであろう。

漢初には、季布《きふ》も任侠として勇名を馳せており、ひとたび引き受けた依頼事については、いかなる無理難題であっても確実に達成することから、「黄金百斤を得るは、季布の一諾《いちだく》を得るに如《し》かず」と評されていた。[32]

このように、前漢前期の任侠のあいだでは、相手との信頼関係を守ることや、ささいなことにこだわらず、相手の礼儀には礼儀をもって応じること、有言実行を旨《むね》とし、いちど引き受けた仕事はしっかりこなすことが重んじられた。郭解もそうした価値観のなかで生きており、県令もそのことを熟知していた。だからこそかれは、郭解なら信頼に値すると考えたわけだ。

強盗傷害犯の隠蔽工作

「暗殺は、口が堅く、足のつきにくい侠客に頼むほうがよい」。

県令はそう判断した。

もっとも、だれを任侠と認めるかの基準は、人によってまちまちなところもある。ひとくちに任侠といっても、そこにはさまざまな人がふくまれるからである。たとえば市場にゆけば、定職もなく、日雇い労働に従事する者や、中央広場あたりをうろつくチンピラもおり、かれらに仕事を依頼することもできた。なかにはカネのために、平然と人殺しや強盗傷害に手を染める者もいた。かれらのなかにも侠客を自称する者はいたが、重要な仕事は侠名を馳せている熟練の者にやらせたほうがよい。

じっさいに、一介のチンピラが強盗傷害事件を起こし、のちに正体がバレて逮捕されたという判例もある。その一例をみてみよう。*33

秦始皇六年（前二四一年）六月のこと。婢《ひ》という女性が市場からの帰り道に、咸陽《かんよう》県の最里《さいり》というところで、とつぜん背後からナイフで刺され、一二〇〇銭を奪われた。女性はケガを負ったものの、命に別状はなし。その場で助けをよび、近くにすむ女性が駆けよってきた。やがて役人が到着し、現場検証と聞き込み調査を開始する。役人はまず、被害者の彼女にたいして、市場で出会った人びとのことをたずねた。

「いちいち覚えていない」と彼女は答えた。

そこで、市場の商人や、みずからの雇い主、近所にすむ者、顔見知り、親戚へと取り調べの範囲を広げていった。それでも成果は得られなかった。ただし調査の過程で、犯行現場にじつは割符《わりふ》が落ちているのがみつかり、それは絹の取引にかんするものだった。捜査当局はにわかに色めきだった。

「犯人は絹織物をあつかう商人や、その取引相手ではないか」。

だが、じっくり調査した結果、その線も立ち消えた。

そこでやむなく、市場につどう子どもたちや、ご主人のために市場で商売する者、私有や官有の奴隷、貴人に仕える者のなかで素行に問題がある者、さらには他県からの派遣アルバイトのうち、盗みを働きそうな者らを片っ端から捕まえて尋問した。さらに、現場付近の勤務者をリストアップし、その日常生活をしらべたが、犯人の目星はつかなかった。市場をわが物顔でねり歩き、強盗でも行いそうな人物に焦点をしぼり、ひそかに調査をすすめたが、やはり無駄だった。

その後しばらくして、ようやくひとりの人物が捜査線上に浮かんできた。武《ぶ》という男で、ふだんからヒマをもてあまし、許可なくほかの県にでかけることもあった。問いつめると、かれの友人の孔《こう》が市場にゆき、思いつめたようすで市場中央の警察署付近をうろつき、つぎの日もそうした行動をとっていたとのこと。しかも孔の服は帯つきで、元来そこに刀をさしていたとおぼしいが、いまは刀をさしておらず、目つきもおかしく、受け答えもあやふやとのことだった。

そこで孔を尋問したところ、

「おれはやっていない」との答え。

そこで孔にかんする情報をあつめたところ、孔から刀の鞘をもらったという人物がみつかった。その鞘と、被害者の背中に刺さっていた刀を照合すると、両者はピタリと合致した。かくして問いつめた結果、孔は罪を白状しはじめた。

貧乏きわまって仕事もなく、いつも市場中央の警察署あたりをぶらつき、しばしば商人らが掛け売りのために割符を使用しているのを目にしていました。そこで盗みを働こうとし、割符をあらかじめ偽造して盗みの機会をうかがいました。そして、犯行時にその割符を現場に残しておけば、当局の目は商人に向くことになり、商人の証言や供述が得られない以上、捜査は打ち切りになると考えました。ちょうど、ある女性がお金を持ち歩いているのを目にしました。その日は役人がほとんどの住民を田畑にあつめ、イナゴの駆除をしているところで、里《り》には人どおりがありませんでした。そこで、すばやく近づいて女性を刺し、お金を奪ってしまおうと考え、女性のあとをつけ、周囲に人がいないのを見計らって彼女を刺し、お金を奪って逃走しました。さきほどは真実を隠蔽し、ほんとうのことを申しあげませんでした。私は有罪です。

以上が孔自身の供述である。このように中国古代の市場には、定職もなく広場をうろつくチンピラがたむろしていた。かれらは強盗や傷害、さらには殺人にもかかわりかねない犯罪者予備軍であった。

本書冒頭で紹介した県令も、あらかじめこうしたチンピラに暗殺の仕事を依頼することはできた。でもかれは、あえてそうしなかった。それは、なんどもいうように、郭解の侠客としての名声とその熟練度、そして口の堅さをよしとしたからである。

暗殺の手口

郭解のこれまでの仕事ぶりはじつに見事なもので、強盗にみせかけて相手を殺害する手法は天下一品だった。かれはいくども暗殺稼業に手を染め、ときには警察に追われる身となりながら、いまだに逮捕歴がなく、大怪我をしたこともなかった。しかも郭解は、小柄で知られていた。ということは、かれはたぶん真正面から相手と刃を交えるようなタイプではなかったのであろう。むしろ郭解の得意技は闇討ちか、持ちまえの敏捷さを活かして夜中に屋敷に忍び入り、相手の寝込みを襲うといったところではないか。老成した大任侠なら汚れ仕事なんぞ手下の客にやらせるところだが[*34]、このときの郭解はまだ若いほうだった。

歴史をひもとけば、暗殺者のなかには、たとえば専諸《せんしょ》や荊軻のように、隠していた刃で相手の刺殺を試みる者もいる[*35]（図1-3）[*36]。要離のように、相手の信頼を得たうえで、とつぜん背後から刺殺を試みる者もいる。[*37]予譲のように、みずからの身元を隠し、病人などに身をやつして潜み、相手をつけねらう者もいる。[*38]なかには白昼堂々、天下の公道において親の敵《かたき》を討った娘たちの故事も知られている[*39]（図1-4）。

しかし、暗殺対象が相応の身分だった場合、そばにはボディガードがひかえている可能性が高い。そうした要人を真正面からねらえば失敗しかねず、暗殺犯は逃げ切ることもむずかしい。そもそも命をねらわれているような者が、昼間に街中を出歩くようなヘマをするとも思えない。

となれば、相手の寝込みを襲うのがいちばんよい。じっさいに、漢の武帝も明け方に、部下によって暗殺されかけ、からくも護衛の者に救われている。[*40]

もとより漢代には、夜の八時ごろにもなれば、身体を洗いながし、髪の毛を洗い、就寝の準備に入る者が少なくない。[*41] 部屋に明かりをともす家もあるが、油代はけっして安くない。[*42] 大通りには夜間通行禁止令が出され、人びとは各々の里に閉じこもり、明かりを消して早々に寝静まっている。里のなかには風俗営業をする店もあったようで、長安の花街は有名で、夜間も営業していたふしがあるが、[*43] そうした場所は例外である。また織物業にいそしむ女性たちのなかには、ひとつの部屋にあつまり、明かりをともしていっしょに働いている者もいるが、[*44] 彼女たち

図1-3　荊軻による始王暗殺未遂事件（武梁祠第三石西壁。早稲田大学會津八一記念博物館所蔵）

図1-4　「七女為父報仇」画像石拓本（武氏祠画像石拓本、慶應義塾図書館所蔵）

もやがて家屋にもどってゆく。夜の一〇時や一一時になると、もはやあたりに人影はない。

そうしたなか、郭解はひっそりと自宅を出発する。夜間通行禁止令のため、都市の大通りはしんと静まりかえっている。郭解は目的地に着くと、敏捷で小柄な体軀《たいく》を活かし、さっと里のかきねを乗り越えた。[*45]

鮮やかな手際

里のなかにはいくつかの四合院《しごういん》形式の建物がならんでいる（図1－5）。正面の扉にはカギがかけられているので、街路樹をのぼり、そこから住宅の屋根にとびうつる。住宅のなかには番犬がいることもあり（図1－6）、あらかじめ対策を練っておかねばならぬ。

四合院に侵入する場合、壁を乗り越えて地面に降りるのは一苦労だ。そこで注目すべきがトイレである（図1－7）。トイレはおおむね二階建てになっており、二階部分に個室があり、なかに便器が設置されていた。排泄物は便器の穴から一階に落下するしくみになっている。一階部分はブタ小屋になっており、排泄物はブタの横に落ちる。つまりトイレはブタ小屋とセットになっていた。たいへん臭いうえ、ブタの鳴き声もうるさく、ブタを適宜屋敷の外に出すこともあるため、トイレは四合院の端にあるか、もしくは付属施設として屋敷から突き出た場所にあった。ゆえに、もし外敵が屋敷になだれ込んできたときには、主人はトイレの二階部分をつたって屋外に逃げることが少なくなかった。[*46]

郭解がこのことを知らぬわけがない。郭解は、住宅の屋根にのぼると、トイレから屋敷に侵入した。

ところで、漢代の男性はふだんから帯剣しており[*47]（図1－8）、決闘などで用いることが多

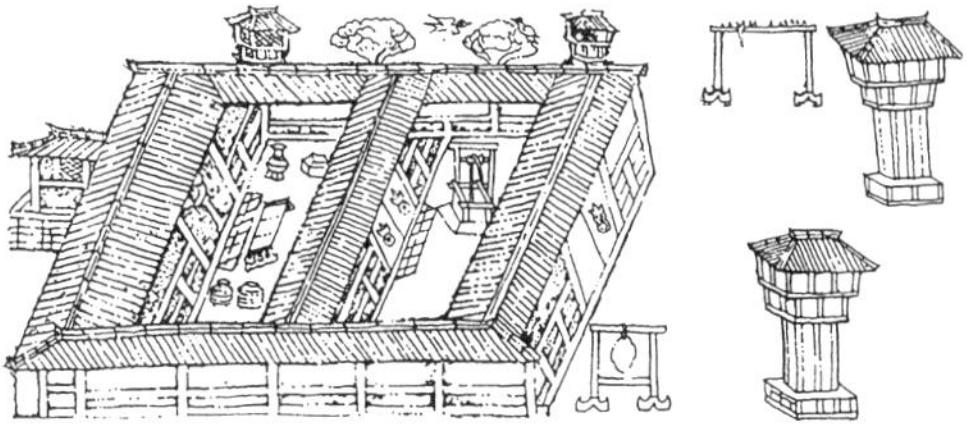

図1-5　漢代四合院建築の画像石（南京博物院・山東省文物管理処合編『沂南古画像石墓発掘報告』文化部文物管理局、1956年所収。柿沼模写）

図1-6　漢代の犬（成都武侯祠博物館所蔵。2024年８月柿沼撮影）

図1-7　漢代のトイレ（河南省洛陽漢魏洛陽城東郊保荘遺跡出土明器、中国考古博物館。2024年８月柿沼撮影）

い。[48] まして裏社会の人間や盗賊などが剣をもたぬわけがない。[49] そもそも任侠の「侠」字が「刀剣を原義とする」といわれるほどである。[50] 郭解ほどの人物になると、もう日常生活ではめったに剣をふりかざさないが、このときばかりは懐《ふところ》に刀を潜ませている。加えて一・三mほどの弓をたずさえており、[51] かれはそれで瞬時に番犬を背後から射殺した。

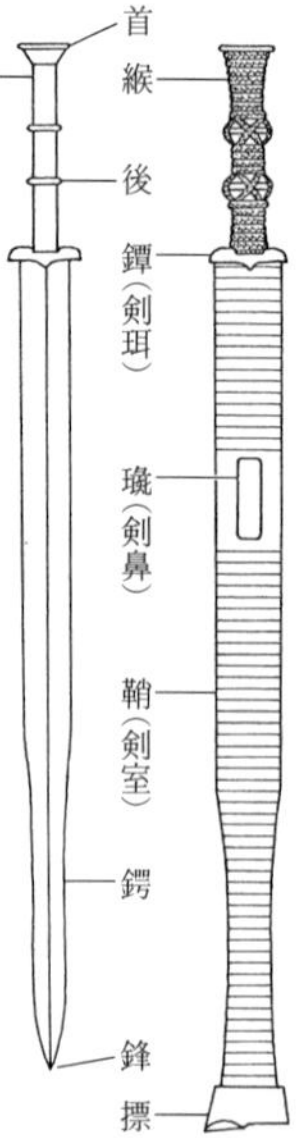

図1−8　漢代の剣（孫機〈柿沼陽平訳〉『モノからみた中国古代文化』東方書店、2024年、379頁所収）

かれは弓をその場に置くと、すぐさま中庭にでた。中庭にはふだんからアヒルが放たれていたが、先日とつぜん野犬が乱入してきたこともあって、[52] アヒルたちは小屋に入れられていた。番犬がその代わりに飼われたところだったが、[53] 役に立たなかった。郭解の侵入を邪魔するものはもうなにもなかった。

こうして郭解は中庭に降り立つと、スッと建物の窓枠を乗り越え、室内に入った。当時はまだ窓ガラスがなく、窓にはたまたまブラインドもかかっていなかった。ベッドでは男性が布団にくるまって寝ている。かれの妻や子どもは別室で寝入っているようである。[54] すべてを予測していた郭解は、躊躇《ちゅうちょ》なく刀で相手を一刺しし、さらにとどめの一撃を加えた。鮮血が飛び散り、

図1-9　寝込みを襲う暗殺者（武梁祠第二石東壁画像石拓本、早稲田大学會津八一記念博物館所蔵）

「うっ」とうめき声が室内にひびく（図1－9）。

隣室の家族にバレたかもしれない。郭解に逡巡《しゅんじゅん》している余裕はない。刀を鞘《さや》に収める。そのうえで捜査の攪乱《かくらん》のため、郭解はわざとその場にあった金銭を盗み、少しばかりタンスを開けっぱなしにしておいた。これなら、犯人はまるで物取りのようにみえよう。かくして郭解は、驚くべき早さで屋敷から逃げ去った。結局その夜に、郭解を目にした者はひとりもいなかった。

つぎの日、妻の絶叫とともに、その血塗られた現場の全貌が明らかになった。さっそく県から役人がやってきて検分がはじまったが、一ヶ月たち、二ヶ月たっても、事件は解決しなかった。やがてひとりの男に注目があつまった。かれは一ヶ月ほどまえに別件逮捕された人物で、いかにも金銭目当てで人殺しをしそうな面構《つらがま》えをしている。

県の役人はかれを拘束した。すぐさま取り調べがはじまり[*55]、その過程で数々の拷問が実行にうつされた[*56]。県令がかれの身体をチェックし、「拷問しても大丈夫だ」というと、それが合図となった[*57]。拷問のやり方は、笞や棒で叩き、[58]針で刺し、[59]さらには毒をもちいて肌を爛《ただ》れさせるなど、[60]峻烈《しゅんれつ》をきわめた。笞や棒以外のやり方が合法的なのか否かはわからない。

「頼むから殺してくれ」とかれは叫んだ。

だが、その場にいた者はだれひとり聞く耳をもたなかった。関係者は、囚人を逃がすことはもとより、自殺用の刀や縊《い》死《し》用の縄を渡してそれが囚人の自傷や自殺につながっただけでも有罪とされたからである。[61]もし獄吏に万単位の銭を積めば、拷問をゆるめられたかもしれないが、[62]かれにはそんな大金もない。なによりも県令の目が光っていた。

やがて容疑者は自白をはじめた。

「すべて私がやったことです。もう楽にしてください……」。

いうまでもなく、かれは無実だった。だが、かれにとってそれはもうどうでもよいことだった。いつ終わるともしれぬ拷問を避け、現実から逃げることが、かれの至上命題となっていた。かれには、なにが真実で、なにがウソなのかをみきわめることなど、もう不可能だった。

県令はここぞとばかりに県の副長官（県丞《けんじょう》）や書記官（令史《れいし》）をつうじて書類（具獄《ぐごく》）をまとめ、郡《ぐん》に上申した。いちいち面倒ゆえ、このまま病気にみせかけて殺すこともできたが、疑義を差し挟まれることは避けたい。郡の太守（長官）は死刑相当だと考え、すぐに死刑判決を下した。[63]

「不届き千万。死刑にせよ」。

県令はなおも焦っていた。すぐ死刑を執行せねば、いつまたこの者の家族が再審請求してこぬともかぎらない。[*64]

「獄に入れたら、あとはたやすく殺せるなどと考える者は、役人の道がわかっておらぬ[*65]」。

県令は不安だった。もしこの者が無実だとバレたら、みずからも有罪になる。[*66] いまのうちに死刑囚とその親族を威嚇して黙らせ、早々に決着をつけておくにかぎる。おりしも死刑が執行されるべき季節である。[*67] かくして死刑はすぐさま実行にうつされた。

「わが県で凶悪な殺人事件が起こるとは、わが不徳の致すところである」。

部下たちのまえでそう歎いた県令の顔は、どこか晴れ晴れとしているようにもみえた。

第二章　郭解の家柄

祖母は人相見

郭解の出自については、よくわからないところが多い。『史記』によれば、かれは許負《きょふ》の外《がい》孫《そん》であるという。許負は女性で、一見すると許が姓、負が名《な》のようである。しかし後述するように、彼女の出身地は河内《かだい》郡温《おん》県で、そのあたりの方言では「負」は婦人を意味した。[*1] すると、許負はたんに許婦人くらいの意味だったかもしれない。彼女の実名や字《あざな》は、結局よくわからないといえよう。

このように、中国古代の女性の名前があやふやな例は、ほかにも枚挙に暇《いとま》がない。たとえば劉邦の母も、史料上は媼《おう》（おばさん）とよばれている。[*2] つまり天下を統一した劉邦の母さえ、実名や字はよくわかっていないのだ。本書では以下、叙述の混乱をさけるため、許負のことは一貫して許負とよぶことにするが、それが本名でない可能性は頭に入れておいてほしい。

では、史料に散見する「外孫」とはなにか。ここでいう外孫とは、「他家に嫁いだ娘の子」をさす中国古代の言葉である。つまり許負には娘がおり、彼女は郭某《なにがし》のもとに嫁ぎ、そこで子をもうけ、それが郭解であったことになる。よって郭解からみれば、許負は母方の祖母にあたる（図2-1）。

では、許負とはどのような人物だったのか。じつはこの女性、ただ者ではない。

許負は、秦末漢初に名を馳せた人相見だった。いうまでもなく人相見とは、相手の人相をみ

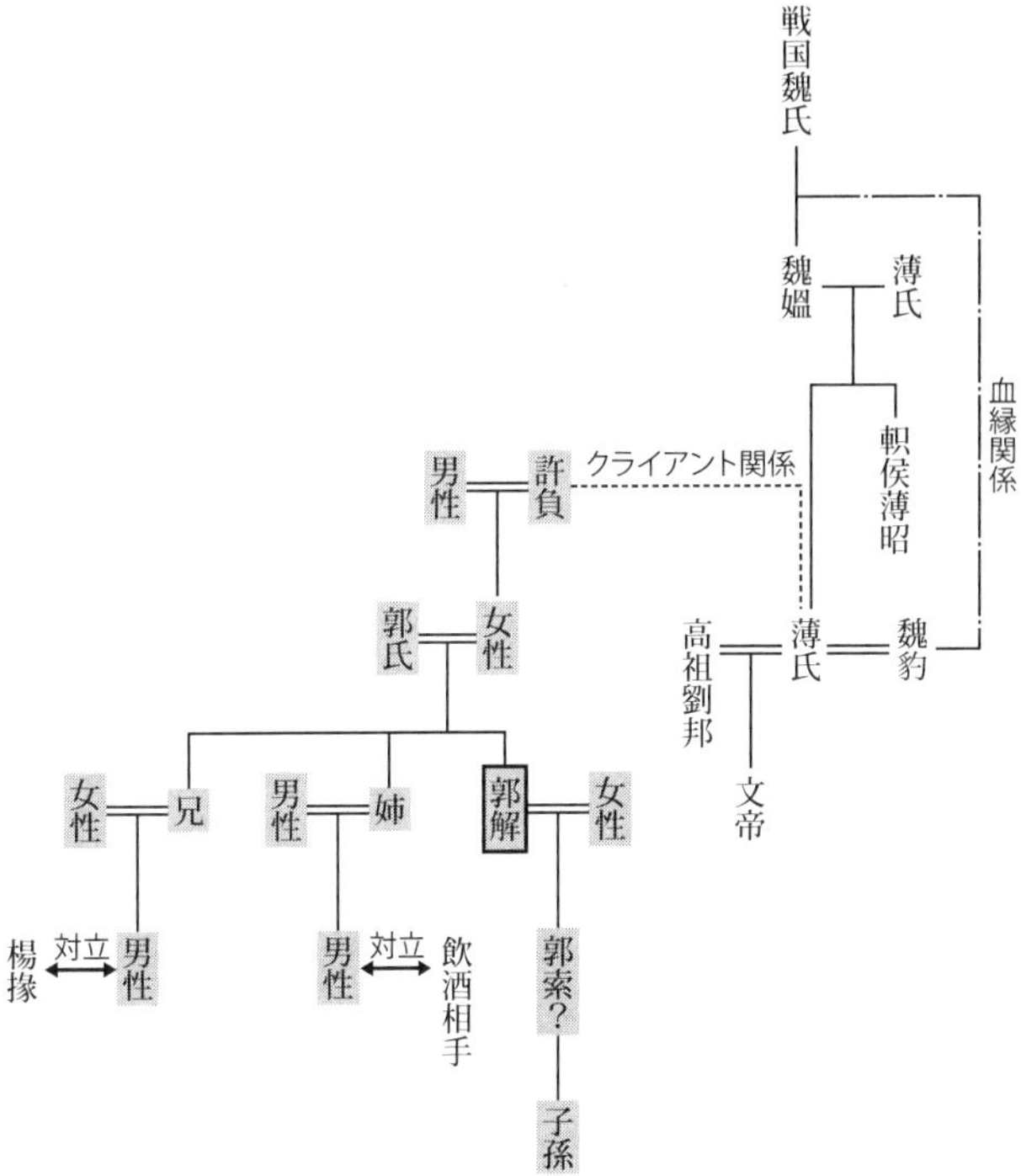

図2-1　郭解の系譜（柿沼作成）

て、その人の将来や運命を予見する仕事である。たんに人相をみるだけでなく、その場で筮竹《ぜいちく》や算木《さんぎ》をみることもあり、ふつうは市場などで店を開いている。[*3]それは占いの一種で、政治の舞台などで古来たいへん重宝され、ときにはその反対に、ペテン師の所行として糾弾されることもある仕事だった。

　たとえば、中国古代の陰陽家《いんようか》といえば箕《き》子《し》・裨竈《ひそう》・梓慎《ししん》・子韋《しい》。

卜筮《ぼくぜい》家といえば史扁《しへん》・史蘇《しそ》・厳君平《げんくんぺい》・司馬季主《しばきしゅ》。相術《そうじゅつ》家（人相見）といえば内史叔服《ないししゅくふく》・姑布《こふ》子卿《しけい》・唐挙《とうきょ》・許負の名が広く知られている。またペテン師に近い評価を受けた者としては、秦の始皇帝を騙した徐福《じょふく》や盧生《ろせい》の名が挙げられる。ここから、占いにもいろいろな方法があったとわかる。[*4] これは、現代において星占い・星座占い・人相見などが並存している状況と同じである。

こうした占いは、あらためて考えてみると、じつにふしぎな仕事である。一見不合理きわまるものでありながら、人間は古来それらを重んじてきたのであり、それは現代までつづいている。筆者なんぞも、ふだんは研究者として理性的に物事を把握するトレーニングを積んでいるが、毎朝テレビの占いをみては一喜一憂している。ある日、冗談半分で占いの館に入ったところ、二〇二二年四月からは凶事が重なるといわれ、本書の売れ行きまで気にかかりはじめている。このように、合理的思考と非合理的思考とを脳裡にあわせもつ人びとは、いまもけっして少なくはあるまい。

まして中国古代は、いまよりもさらに呪術的色彩の濃い世界である。もっとも、占いを信じない人びとは当時も一定数おり、たとえば荀子《じゅんし》などは人相見をバカにしている。[*5] だが、それでも信じてしまう人は多かった。

さて、許負は当時たいへん有力な人相見だった。彼女はその功績によって、前漢初期に「鳴《めい》雌亭侯《していこう》」に封建されたとも伝えられている。[*6]「鳴雌」とは「鳴く雌鶏《めんどり》」を意味する。それがた

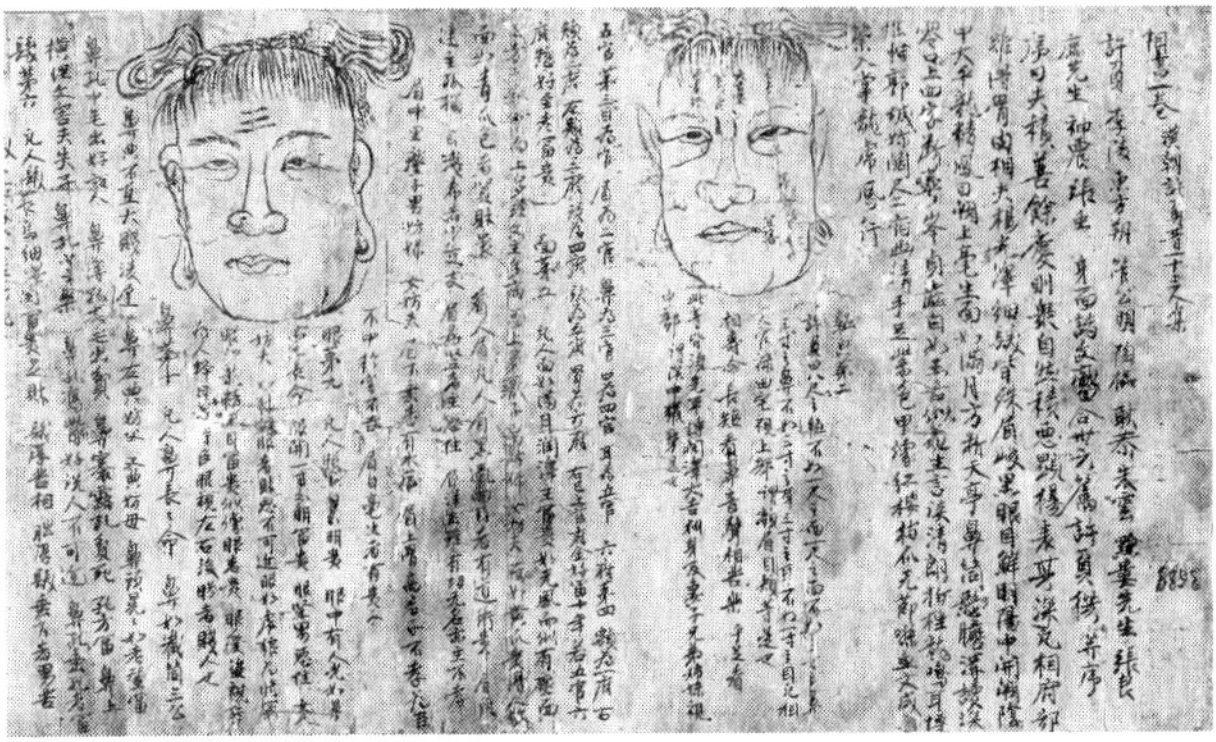

図2-2　敦煌文書「相書」（P3589背。©BnF）

んなる地名か、それとも許負を形容する言葉かはよくわからない。むしろ当時はまだ「○○亭侯」という爵位が存在しなかったともいわれており、*7そうすると封《ほう》爵《しゃく》の事実そのものにも疑問がのこる。中国古代のことわざに「牝鶏《ひんけい》晨《あした》す」*8（雌鶏が鳴けば天下は滅びる）とあるので、ひょっとすると鳴雌亭侯とは、舌先三寸で政治家を右往左往させた許負を揶揄《やゆ》した言葉かもしれない。しかし、こうした噂がたつことからわかるように、許負はたんなる一介の人相見というよりも、むしろ天下に向けて強い発言力をもつ人物だった。

しかも彼女の死後、彼女の名は伝説となり、彼女の名を冠《かん》する人相見の書籍さえつくられている。たとえば、いわゆる敦煌文書《とんこうもんじょ》のなかには「許負」の名をふくむ相書《そうしょ》（人相見の書籍）の残片がふくまれている*9（図2-2）。どうやらそれは「許負相書」とよばれていたらしい。さらに一五九七年に編纂された明《みん》・周履《しゅうり》靖《せい》『夷門広牘《いもんこうとく》』にも、『許負相法《そうほう》』という書物が収録されている。その一部はつぎのとおり。

目が秀麗で長ければ、必ずや君王に近づく（者となる）。まなこがはっきりしているなら、必ずや高給取りとなる。目のかたちが弓を伏せたようなら、必ずや奸雄となる。[*10]

周履靖はこの書物を許負による人相見の書籍だとみなしているが、むしろ漢代以後に許負の名に言寄《ことよ》せてつくられた参考書とみたほうがよいかもしれない。ともかくこのことから、許負は後世に伝説になるほどの人相見だったとわかる。彼女のクライアントもそうそうたる顔ぶれだった。

許負の顧客たち

許負のクライアントとしてまず挙げるべきは、薄氏《はく》（前漢文帝の生母。前一五五年ころに死去）[*11]である。

薄氏の父は呉《ご》（南京付近）の出身で、秦代になって、旧魏《ぎ》王室につらなる魏媼《ぎおう》という女性と関係をもった。そうして生まれたのが薄氏だった。薄氏の父はその後、山陰県で亡くなった。[*12]

やがて秦の始皇帝が亡くなると、旧六国《りっこく》の人びとは立ち上がって反乱を起こし、魏豹《ぎほう》は魏王に擁立された。魏媼はむすめの薄氏を、魏豹の後宮に入れた。[*13]このときに魏媼はむすめを許負のもとにつれていった。許負はその顔をみるや、「天子を生む相がでています」といったとか。[14]
おりしも秦が滅び、楚の項羽と漢の劉邦が対立し、天下の帰趨《きすう》はまだはっきりしていなかった（図2-3）。魏豹は許負の言葉を聞いてひそかに喜んだ。
（もしこのまま漢と楚が争いつづけ、共倒れにでもなれば、わしがつぎの天子だ）。
だからこそ魏豹は、許負の人相占いの結果を聞いて大いに喜び、薄氏をみずからの後宮に入れた。

図2-3　睢水戦前夜の楚漢戦争（柿沼作成）

（わしが薄氏とむすばれ、男子が生まれれば、その子は天子になる。薄氏に天子を生む相が出ているとはそういう意味だ。それはつまり、夫のわしが天子に即位するという意味でもある）。
こうして薄氏は魏豹の寵愛《ちょうあい》を受けることとなった。だからこそ史書には、「魏豹は許負の言葉を聞いて薄氏を娶《めと》った」ともある。[15]
こんなうまい話には、たいがい裏がある。おそらく許負は、こうなることを見越して薄氏の人相をみたのであり、その結果が魏豹の耳に入るよう図ったのであろう。そしてそう仕向けたのは、許負のクライアントである魏媼にちがいない……。筆者自身はそう推測している。

ともあれこうして魏豹は漢と距離を置き、楚と連衡《れんこう》するに至った。薄氏は妻として君臨し、その一族も台頭することになった。ところが、事はそうすんなりとはうまく運ばなかった。というのも、漢は将軍を派遣して魏豹を攻撃させ、またたくまに魏豹を虜《とりこ》としたからだ。魏豹は殺され、薄氏は織室《しょくしつ》（機織をするための労働部屋）に入れられた。[*16] 魏国再興の夢はついえた。

魏豹が亡くなると、劉邦は織室を訪問し、後家となった薄氏の美貌に惹《ひ》かれ、あらためて彼女をみずからの後宮に入れた。しかしその後一年たっても、彼女は寵愛を受けることがなかった。[*17]

ところで、薄氏は若いころ、管夫人《かんふじん》と趙子児《ちょうしじ》という二人の姫君と仲がよかった。

「このさき、もし高い身分にのぼったとしても、三人とも互いを忘れることがないようにしようね」と、彼女たちは約束しあっていた。

おりしも管夫人・趙子児はすでに劉邦の寵愛を受け、劉邦が河南地方にいたとき、その左右にはべっていた。二人は薄氏のことを思い出し、かつての約束についておしゃべりをして、笑いあっていた。そこで劉邦はその事情をくわしくたずね、薄氏を憐れにおもった。

（もともとこの三人は仲が良かった。それなのに、わしが二人だけを寵愛するものだから、のこる一人が笑いものになっている――）

そう察した劉邦は、その晩、薄氏を呼びだして一夜を共《とも》にした。

「昨晩わたくしは蒼龍《そうりゆう》がお腹に宿った夢をみました」。

つぎの日の朝に薄氏は枕元でそうささやいた。

劉邦は大喜びした。魏豹を滅ぼして一年余、劉邦はなお天下を統一できずにいた。項羽との天下分け目の戦いは熾烈《しれつ》をきわめた。こうしたときに薄氏がのべたセリフは、たとえおべっかであったとしても、うれしいものだった。なぜならこれは、薄氏が蒼龍の化身である子どもをお腹に宿したかもしれないという意味で、かつその父親たる劉邦が龍であることを示唆するからだ。じっさいに劉邦は当時、龍の化身であることを自称していた。*[18] しかも薄氏はそれからすぐ男の子を授かった。これがのちの代王《だいおう》で、*[19] かれはやがて帝位にのぼり、崩御後には文帝と諡《おくりな》されることになる。この夢のお告げは、文帝が蒼龍の化身であることを示唆するもので、のちにその正統性をしめすプロパガンダになりうる故事でもあった。

ところで、薄氏の伝記を読むかぎり、許負と薄氏が対面したのは、楚漢戦争まっただなかの時期だった。楚漢戦争とは、秦の滅亡後に項羽と劉邦がしのぎをけずり、最終的に劉邦が勝って漢帝国をつくった戦争のことで、前二〇三年～前二〇二年ころに終結した。*[20] すると許負はそのころ名声を馳せた人相見だったことになる。

これにたいして、郭解の没年は前一二六年～前一二四年ころなので（後述）、許負の活躍時期から郭解の没年までは八〇年間くらいとなる。許負は楚漢戦争期にすでに名声を博していたことから、二〇代後半～三〇代に達していたはずで、*[21] 娘を生んでいておかしくない。そして、かりに娘が二〇歳前後で郭某に嫁いだとすれば、郭解は前一七〇年までには生まれていたことになる。じっさいに郭解の父は、前漢の文帝期（前一八〇年～前一五七年）に名を馳せた任俠で、文帝によって誅殺されている。[22] よって前一七〇年ころには壮年に達していたであろう。郭解の誕生はそのまえでなくてはならない。

ところで、薄氏は魏の有力者の血縁者につらなるのであり、彼女の死後に魏氏はあらためて名誉回復と、お家再興の機会を得ている。[23] だから薄太后をクライアントにかかえていた許負は、このとき戦国魏の旧王族を味方につけていたとみられる。

また薄氏の弟は薄昭《はくしょう》といい、文帝の即位とともに、軹侯《しこう》に封建されている。[24] つまり薄昭は軹県を食邑《しょくゆう》として保有する列侯《れっこう》で、その侯位は子の薄戎奴《はくじゅうど》、さらには前一三九年に孫の薄《はく》梁《りょう》へと継承されている。郭解はそこの出身、つまり軹県の出身である。[25] これは、かれが政治的に大きな後ろ盾をもっていたことを示唆する。

ちなみに、許負のクライアントとしてもうひとり挙げるとすれば、周亜夫《しゅうあふ》（漢初の名将。前一四三年に死去）であろう。周亜夫の父は周勃《しゅうぼつ》で、前漢建国の功臣のひとりである。周勃は前一六九年に亡くなった。そののち、長男の周勝之《しゅうしょうし》が周勃のあとを継いだ。周勝之は文帝の娘を娶っていたが、前一六四年に殺人を犯して降格され、弟の周亜夫が絳侯《こうこう》となった。じつはその三年前（つまり前一六七年）に、かれは許負と面会している。当時許負はすでに「老嫗」（おばあさん）だったとか。[26] そこで彼女は、周亜夫の台頭と没落をみごとに予言したと伝えられて

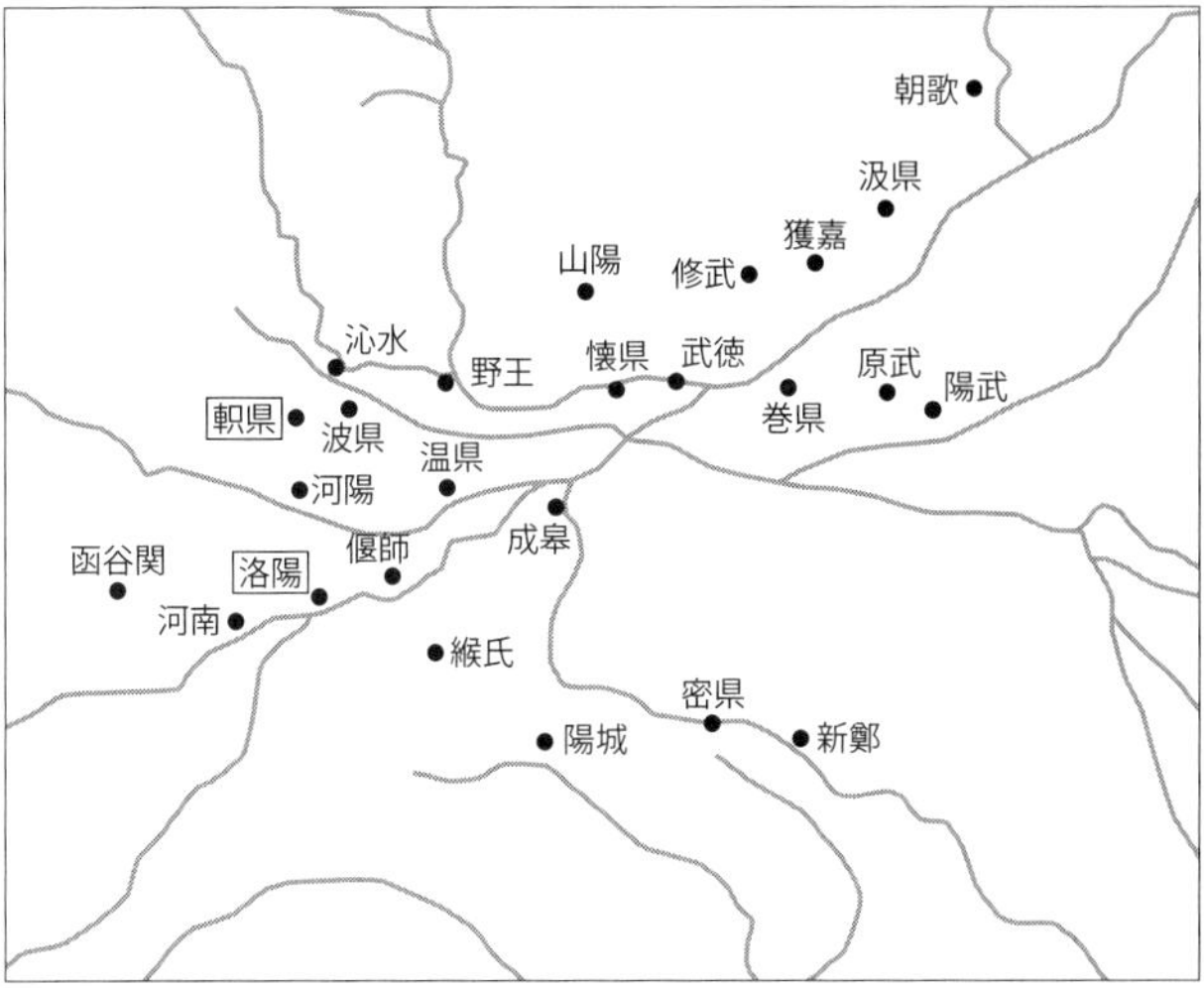

図2-4　洛陽付近の地図（柿沼作成）

いる。

また許負は、文帝の寵臣である鄧通《とうつう》の人相もみたとされ[27]、これも許負が文帝期まで生きていた証である。当時の許負は、すでに名声を博していた前二〇〇年代から三〇年を経ている以上、どう考えても六〇代以上のはずである。そして既述のとおり、このころにはすでに郭解も生まれていたとみられる。

郭解の誕生

前一七〇年といえば、文帝一〇年にあたる。漢の政局はようやく落ちつきをみせはじめていた。文帝はもともと倹約家で知られ、粗末な黒絹の衣を身にまとい、なめしていない生皮のクツをはき、木刀を帯びるほどだった[28]。贅沢といえば、た

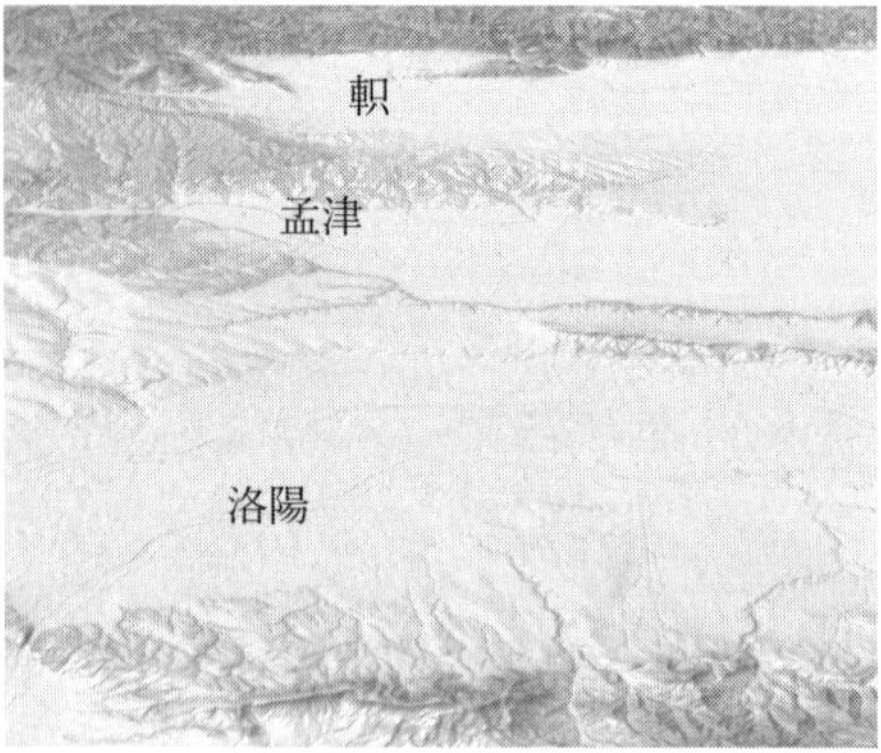

図2-5
南よりみた軹県付近の3D地形図（柿沼作成）

図2-6
軹県令の封泥
（『封泥攷略』巻五）

まに漢中《かんちゅう》郡からとどけられる果物のビワをほおばるくらいのもので、[*29] おおぜいの女性を囲うようなこともせず、日々の政務にはげんでいた。

郭解は、先述のとおり、このころ河内郡の軹県で生を享けた（図2－4、図2－5、図2－6）。軹県はたいへんにおもしろいところで、郭解のような任侠が街のなかを闊歩するとともに、じつは法家の学問的拠点のひとつでもあった。法家の祖といえば、ふつう戦国時代の荀子がそのひとりに挙げられる。荀子の門徒にはかの李斯《りし》や韓《かん》非子《びし》もおり、文帝期に活躍した鼂錯《ちょうそ》も、潁川《えいせん》郡の出身ながら、のちに軹県の張惔《ちょうたん》のもとで法家を修めた人物だった。[*30]

軹県は川沿いの一都市で、南には黄河の本流が流れている。その周辺の水系は北魏・酈道元《れきどうげん》『水経注《すいけいちゅう》』にしるされており、清の楊守敬《ようしゅけい》は、軹県の具体的な位置と水系を細かく図示している[*31]（図2－7）。

現地にはいまも古城が残っており、いびつな長方形を

図2-7　洛陽付近の地図（清・楊守敬『水経注図』に基づき柿沼作成）

図2-8
軹の城壁
（2023年11月
柿沼撮影）

している（図2-8）。東西は最長二〇八八m、南北は最長一九五六mで、面積は約四〇〇万m^2である。城壁は版築《はんちく》製で、南壁は長さ一八五五m、幅六〜二一m、高さ四〜八mといったところだ。南壁には三ヶ所の欠損があり、それぞれ城門の跡とみられている。古城の北門からはかつて「古軹《こし》國《こく》」としるされた石刻がみつかり、南門には「聶政故《じょうせいこ》里《り》」としるされた碑文もあったとか。[*32] 軹県故城は、総面積を三二六万m^2とする説もあるが、ともかく黄河中

図2-9　聶政による暗殺場面（武梁石室第二石、早稲田大学會津八一記念博物館所蔵）

図2-10　聶政冢（2023年11月柿沼撮影）

下流域に現存する県級の故城のなかでも、大型の部類に入るといってよい。[33]

ここでいう「聶政故里」の聶政は、戦国時代の刺客のひとりで、『史記』刺客列伝にその名をとどめている。かれは、かつて自分に礼を尽くしてくれた人物のため、命を賭してその仇敵を刺殺した。かれは生前より「義、甚《はなは》だ高し」と評され、その死にさいしては、「士は固《もと》より己《おのれ》を知る者の為《ため》に死す」との言葉を贈られている。[34] 郭解が生を享《う》けたのは、こうした「士」の伝統が残る土地だった。現地には現在も「聶政冢《づか》」や、「聶政大将軍」を祭る神社があり、聶政を偲《しの》んでいる（図2-9、図2-10）。

郭解について史書には「字は翁伯《おうはく》」とあるが、かれが若いころからそうよばれていたかは疑問である。既述のとおり、それは「おきな」・「おやじ」・「おやぶん」といったニュアンスをふくむからだ。そもそも前著でのべたように、中国古代の人びとは名と字の両方をもち、皇帝や両親をのぞけば、他人は相手の名を口にできない。そこで役立つのが字である。だいたいの人は成人になるとともに字をつける。字は両親によって決められることも、自分で決めることもある。しかも、いったん決めた字であっても、のちにみずからの判断で変更することができた。つまり字はかなりフレキシブルなものであった。[*35] 郭解も少し名が売れてから、字を「翁伯」に変えたのではないか。

郭解の風貌

郭解が生まれたばかりのころ、郭解の実家は風雲急を告げていた。実父が文帝によって処刑されたのである。既述のとおり、かれは許負の娘婿で、許負は文帝の実母をクライアントに抱えるほどの人相見だった。にもかかわらず、なぜ父は殺されたのか。それは既述のとおり、郭解の父が任侠だったためである。では、郭解の父は許負の娘婿として成りあがったあと、途中でグレたということなのか。おそらくそうではない。

そもそも漢代にはシャーマンがおり、「巫《ふ》」とよばれていた。その地位はもともと世襲的で、一定の謝礼をうけとるかわりに巫術をおこなった。巫術の範囲は、亀卜《きぼく》から医術まで、じつに多様だった。そこには人相見もふくまれる。巫は、士大夫から賤《いや》しい者とみられることもあったが、民間では大きな発言権を有した。巫術は人びとの病を治療し、吉凶を授けるもので、民衆のニーズをみたしたのであり、巫のありようは任俠と通底するところが多かった。[*36] すると、郭解の母もたぶん世襲によって人相見か巫女となっており、それゆえ同じような家柄で、かつ遊民としての気質をもつ父を伴侶に選んだのではないか。路地裏の豪傑と巫女の結婚の例はほかにもある。[*37]

さて、郭解の人となりは「短小精悍《たんしょうせいかん》」（身長が低く勇敢）で、それでいてふだんは静かな男だった。酒はたしなまなかった。[*38] 既述のとおり、太史公はじっさいに郭解をみかけたことがあり、郭解の風貌は人並み以下だったと証言している。

当時は、七尺五寸（一七二・五cm）もあれば高身長、八尺（一八四cm）もあれば偉丈夫《いじょうふ》とされ、その反面、六尺（一三八cm）未満は労役も課されぬ二級市民的位置づけだった。だから平均身長は七尺（一六一cm）前後とみられる。[*39] そのなかで小柄だといわれる以上、郭解の身長は一五〇cm台であろう。

当時から身長が低い男性はバカにされる傾向があり、[*40] そうした人物はみずからコンプレックスを抱くこともあった。たとえば戦国時代の孟嘗君《もうしょうくん》は、数千人の客分《きゃくぶん》をかかえる政治家であり、任侠の親分のような風情があったが、低身長だった。そんな孟嘗君が趙国に滞在したさい、趙人が孟嘗君を眺め、「孟嘗君って意外に低身長だよな」と嗤《わら》ったところ、孟嘗君は激怒してその場にいた数百人を殺したとか。[*41]こうした話は枚挙にいとまがない。すると郭解も、みずからの身長に思うところがあったかもしれない。

郭解の身体をみると、どうやら刺青はなさそうである。現代日本で極道といえば、背中に刺青《モン》が入っているイメージだが、中国古代の任侠もそうだったとはかぎらない。なるほど、当時は高額の金銭を盗んだだけでも刺青の刑に処され、ゆえにヤクザ者にそうした者が多くとも不思議はない。だが、刺青は眉間（もしくは額）と頰に入れるのがふつうらしい。[*42]前漢建国の功臣英布《えいふ》は、顔に刺青を入れられた罪人あがりで、のちにみずから「黥布」と改姓し、[*43]刺青自体を誇っていた。だが刺青を顔でなく背中に入れた漢人の例はみあたらず、せいぜい四川の山奥にそういう習俗をもつ少数民族がいたくらいである。[*44]だから漢代の任侠がみな背中に刺青を入れていたとは考えにくい。また管見のかぎり、日本のヤクザのように指を詰める例もない。麻薬業にかかわったという記録もない。魏晋時代に貴族のあいだで麻薬が流行し、[*45]それ以前から大麻などが精神高揚に役立つことも知られてはいたが、[*46]前漢時代に路地裏で麻薬が流行していたとまではいえない。

若いころの郭解はとくに残忍な性格で、相談相手の意気に感じてその願いにこたえるようなことをする一方、不快な相手にはみずから手を下すといったことも数多くおこなった。[*47]漢代には網の目のごとく法律が張り巡らされ、殺人はきびしく処罰されたが[*48]、にもかかわらず郭解がシャバに留まりつづけられた一因は、かれが気に食わぬ相手や、ライバルなどを闇に葬ってきたからであろう。

ただし郭解は、無差別に、もしくは私利私欲のためにのみ、人を殺しつづけたわけではなかった。かれは仲間を重んじ、ときには命がけで仲間の危機を救い、仇を報ずることに重きを置いた[*49]。また罪を犯して逃げ込んできた者を助けた[*50]。当時の法律はそれをもきびしく禁じていたが、郭解はみずからを頼ってきた者を歓迎し、厚く援助した。これがかれの「義」であった。

もちろん、無償でいろいろな人びとをかくまい、援助しつづけるためには、相応の資金源がなくてはならない。郭解自身は占い家業を継ぐことなく、野良仕事や商業にいそしむこともなかったので、ほかに何らかの収入源を有していたことになる。いわゆるシノギだ。そこでまず注目されるのが報仇《ほうきゅう》（仇討ち）の代行であり、すでに本書冒頭で論じたところである。郭解自身は見返りを求めずにこうした行為に手を染めたともいわれるが[*51]、ほかにめぼしい本業をもたぬ以上、それが郭解に一定の収入をもたらしたことは間違いあるまい。

強盗と墓泥棒の末路

また郭解は、強盗・ニセガネ作り・墓泥棒の三つにも手を染めていた[*52]。バクチに手を出していた形跡はない。いうまでもなく、強盗・ニセガネ作り・墓泥棒・バクチはどれも犯罪である[*53]。

ニセガネ作りについては後述することとし、ここでは以下、強盗と墓泥棒について説明を加えておこう。これらは具体的にどのような刑罰に処されたのか。
まず窃盗一般にかんして、当時の法律では、盗品の金銭的価値におうじて刑罰が変化した。文帝期ころの法律として、つぎの条文がある。

窃盗をし、その盗品の金銭的価値が六〇〇銭以上なら、髠《こん》刑に処したうえで城旦春《じょうたんしょう》とせよ。五〇〇銭未満なら、完《かん》城旦春とせよ。四〇〇銭未満なら、耐《たい》刑（顔の毛を剃る刑などの諸説がある）にしたうえで鬼薪白粲《きしんはくさん》とせよ。三〇〇銭未満なら、耐刑に処したうえで隷《れい》臣妾《しんしょう》とせよ。二〇〇銭未満なら、耐刑に処したうえで司寇《しこう》とせよ。一〇〇銭未満なら、罰金八両とせよ。一銭未満なら、罰金……とせよ[*54]。

これによれば、たとえ一銭未満の価値しかもたぬモノであっても、それを盗んだら罰金刑に処された。また盗品の金銭的価値が六〇〇銭以上なら髠城旦春とされた。髠とは頭髪を剃られる刑罰、城旦春は重めの労役刑で、そのふたつがまとめて科された。なお城旦は男性刑、春は女性刑の名称で、ふたつまとめて城旦春とよばれる。
窃盗犯はこのように取り締まられたものの、どれほど窃盗額が大きくとも、ふつう犯人が死刑に至ることはない。せいぜい髠城旦春までだ。だが物品を盗むさい、相手にバレぬようにす

図2-11　洛陽の古墓群（2010年5月柿沼撮影）

るのではなく、相手をおどしたり、殺傷したりすれば、墓泥棒とならんできびしく処罰された。かれらは棄市《きし》（喉元《のどもと》を掻《か》き切る死刑）[*55]になり、その盗品の由来を知りながら買い取った者も棄市に処された。[*56]

こうした刑罰の存在にもかかわらず、強盗・窃盗・墓泥棒は歴史上ほとんど途絶えることなく続けられた。そこには大きな旨味があるためである。漢代には年少のチンピラまでがこうした悪事に手を染めている。[*57] しかも河南地方には墳墓が多く、現在でも「早く掘ってくれ」といわんばかりにならんでいる（図2-11）。すでに戦国時代には墓泥棒の例があり、とくに趙や中山《ちゅうざん》のあたりで猖獗《しょうけつ》をきわめたらしい。[*58]

ここでじっさいに墓泥棒の裁判の例をみてみよう。[*59] 秦王政二一年（前二二六年）に県の役人が、去疾《きょしつ》と号《ごう》という人物を江陵《こうりょう》県に護送し、このように告発した。

「こやつらは青銅器を運搬していました」。

尋問したところ、かれらは小さな馬車に乗って醴陽《れいよう》県

図2-12　長江中流域出土の殷代青銅器（新干大洋洲商墓出土。湖南博物院所蔵）

へ行き、楽《がく》という人物の手下から青銅器を買い、転売しようとしたらしい。青銅器は、かれらが所持するには分不相応なほど立派で、もしくは多量であり、だからこそ役人はそれらを盗品だと疑ったのであろう（図2－12）。

そこで関係者を捜索したところ、猩《せい》という男が捕らえられ、やがて口を割った。

「楽というヤツがいまして、カネで雇われ、青銅器を草むらのなかに隠し、保管しております」。

ここでさらに孱陵《せんりょう》県から達《たつ》という人物が護送されてきた。

かれはもともとなんらかの罪を犯して地元を逃れ、猩たちと狩猟採集をして暮らしていたが、やがて借金を負った。そのとき、漁業仲間の禄《ろく》が話しかけてきた。

「どうだい、釣れているかい」。

猩と禄の漁場は近く、船ですれ違うときに会話が始まったのかもしれない。

「うまくいかんなぁ。借金取りから逃げなくちゃならんし……」。

「なんだか不穏じゃねぇか。じつはおれもお尋ね者でよう。いまは夷道《いどう》に住んでるんだ。小屋もある。どうだ、おまえらをまとめてかくまってやろうか」。

かれの口調には少しばかり傲慢さがふくまれていた。亡命先を提供してやるかわりに、「おれの手下になれ」といわんばかりである。猩は不満を感じたものの、禄の世話になるよりほかに選択肢はなかった。

そこで猩・達・楽・蒔《じ》らは禄の小屋にゆき、猩は炊事係となった。

そののち猩以外のメンバーは盗掘をしようと話しあい、計画を実行にうつした。そして、あとになって達はそのことを猩に告げ、みずからの取り分の一部を猩に分け与えた。メンバーのなかでも猩はいちばん下っ端で、楽たちから金銭をもらい、草むらに盗掘品をあつめて保管する役目を担った。

しばらくすると、あらたに敝《へい》がメンバーとして加わった。達は敝にこういった。

「いま分けあった青銅器は、敝が来るまえにおれらが手に入れたものだから、新参者の敝にはやらねぇよ。まだ墓のなかには青銅器があるから、それを売ったときに分け前をやってもいいがな」。

蒔は敝のために口利きをしてやったが、達は意見を変えなかった。

「盗掘をはじめて一年が経つが、敝が仲間に加わったのはそのあとのことなんだから、すぐに敝に分け前をやるわけにはいかねぇよ」。

しかしやがて柔軟になり、達はこういいなおした。

「分け前をやってもよいが、以前からのメンバーの取り分は三分の二、敝は三分の一だ」。

そこで敞は条件を飲み、青銅器を買いとり、もしくは分け前を受け取ることになった。だがこの時点で事件が発覚。敞は逃亡先で捕らえられることになった。その窃盗額は六六〇銭以上に相当する。かくして一審判決により、猩は黥城旦（入れ墨を加えたうえで重労役刑）、敞は耐鬼薪（顔毛を剃ったうえで軽い労役刑）となったが、たまたま恩赦があり、かれらは放免となった。

以上が秦王政二一年（前二二六年）の判例である。これは郭解が生まれる数十年ほどまえのものだが、中国古代における墓泥棒の生活風景をうかがわせる貴重な史料だ。おそらく郭解も若いころは、こうした人たちとともに、墓泥棒などの悪事に手を染めていたにちがいない。

若いころの郭解の仕事ぶりは少々ハデで、足のつきかねない粗さを残しており、たびたび役人に追われ、おそらくは懸賞金もかけられていた。しかし『史記』游侠列伝によれば、郭解は追われる立場になるたび、自力で窮地を脱するか、もしくは偶然にも恩赦にあって、無罪放免となっている。[*60] ここに、かれの底の知れない怖さの一端が早くもあらわれている。

恩赦の謎

ここで漢代の恩赦について少しふれておきたい。郭解は罪を犯すたびに、「偶然にも恩赦にあった」とされるが、それはほんとうに偶然起こったものなのか。恩赦とはいったいなにか。まずは恩赦についてを理解するために、秦代の判例を挙げておこう。[*61] これは、隷臣《れいしん》（労役刑徒）

として服役中の田《でん》なる人物が、再審請求をしたときの記録である（図2－13）。

初審時の調書によれば、田は市《し》という女性と肉体関係をもった。田と市はいとこどうしだった。合意のうえでの関係とはいえ、これは近親相姦にあたる。そこで母智《ぶち》という人物が田を捕らえたという。

母智によれば、ある明け方に田が市と寝ているところをみつけた。報告を受けた県では、さっそく田と市を裁判にかけたが、判決よりもまえに、市の弟や親戚がやってきて母智に四〇〇〇銭のワイロを贈り、「どうかみなかったことにしてくれ」といってきた。これは市の差し金だった。母智が証言をくつがえせば、田と市の肉体関係は罪に問われないことになる。母智はいったん銭を受けとったものの、発覚を恐れて結局は返金した。田は既婚者だったので、市との関係は不倫にもあたるはずだが、そのことは罪に問われていない。

田は一連の出来事を否定し、みずからは市と肉体関係にないと主張した。そこで再審請求をしたが、母智の供述をくつがえすには至らなかった。そこで県では結局、田を有罪だと判断した。

このときにワイロの件や、田による再審請求の不正確さも問題となるべきところ、赦令よりもまえだったので、あまり取り沙汰されることはなかった。

以上が事件の顚末である。ここで重要なのは、第一に、赦令によって犯罪者の罪が軽くなる点、第二に、赦令の時期が判決以前か以後かによって判決の内容が異なる点である（基本的に赦免前の事件は取り沙汰しない)。これに加えて、前漢時代の赦令にはもうひとつ大きな特徴があった。それは、さまざまな容疑者や犯罪者のうち、死罪相当の者にたいする恩赦だけは避けられる傾向にあり、[62] しかしそれには例外もあったことである。すると、若かりし郭解が恩赦されつづけた理由は、郭解が犯罪の痕跡を残さず、地方政府が郭解を断罪しえなかったためか、郭解が赦免の出るまで逃げきったためであろう。ところが既述のとおり、かれが犯した罪は強盗・ニセガネ作り・墓泥棒で、もとより死刑に相当する。どうやら郭解は、重罪を犯したにもかかわらず、地方政府に尻尾をつかませなかったようである。

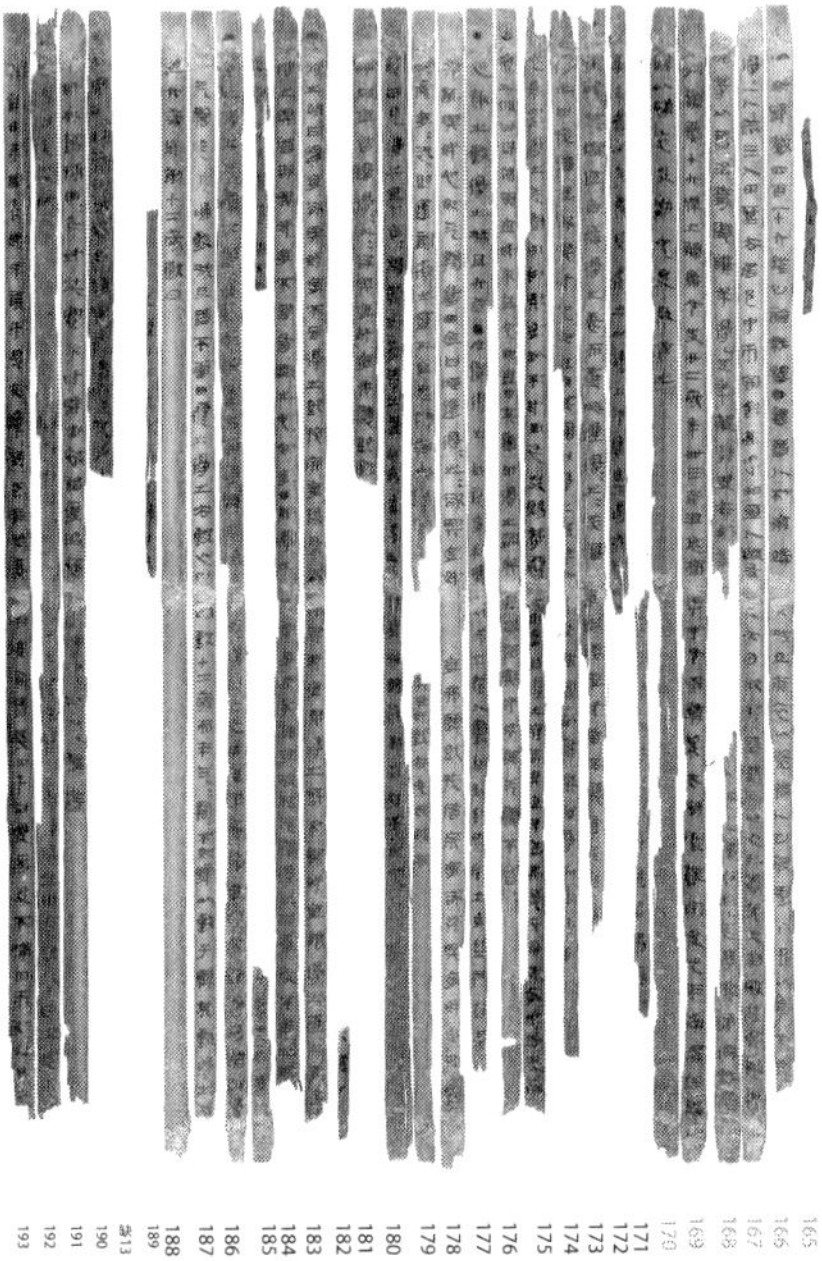

図2-13　岳麓書院蔵秦簡「為獄等状四種」案例12（陳松長氏提供）

では、赦令はふつうどのようなときに出されるものだったのか。そもそも漢では、なんらかの慶事やトラブルがあると、

表2-1　恩赦年表（柿沼作成）

帝号	紀年	月日	紀元前	状況
高祖	2	1月	205	大赦罪人
	2	6月	205	大赦罪人
	5	1月	202	赦天下殊死以下
	5	6月	202	大赦天下
	6	12月	201	大赦天下
	8	8月	199	吏有罪未発覚者赦之
	9	1月	198	丙寅前有罪殊死以下皆赦之
	10	7月	197	赦櫟陽囚死罪以下
	10	9月	197	赦代地吏民
	11	1月	196	大赦天下
	11	7月	196	赦天下死罪以下皆令従軍
	12	12月	195	赦代地吏民
	12	2月	195	赦燕地吏民
	12	4月	195	大赦天下
恵帝	4	3月	191	赦天下
	7	8月	188	大赦天下
呂后	6	4月	182	赦天下
	8	7月	180	大赦天下
	8	閏	180	赦天下
文帝	1	7月	179	赦天下
	2	1月	178	赦民謫作逋貸
	3	7月	177	曲赦済北吏民
	7	4月	173	赦天下
	15	4月	165	赦天下
	後4	5月	160	赦天下
景帝	1	4月	156	赦天下
	3	1月	154	大赦天下
	3	6月	154	曲赦七国吏民
	4	6月	153	赦天下
	中元1	4月	149	赦天下
景帝	中元4	秋	146	赦徒作陽陵者
	中元5	6月	145	赦天下
	後元1	3月	143	赦天下
武帝	建元1	2月	140	赦天下
	建元1	5月	140	赦呉楚七国帑輸罪在官者
	元光1	4月	134	赦天下
	元光4	5月	131	赦天下
	元光6	春	129	赦雁門・代郡軍士不循法者
	元朔1	3月	128	赦天下
	元朔3	3月	126	赦天下
	元朔6	2月	123	赦天下
	元狩1	4月	122	赦天下
	元狩3	5月	120	赦天下
	元鼎1	5月	116	赦天下
	元鼎5	4月	112	赦天下
	元封2	4月	109	赦所過徒
	元封2	6月	109	赦天下
	元封4	3月	107	赦汾陰・夏陽・中都死罪以下
	元封5	4月	106	赦天下
	元封6	3月	105	赦汾陰殊死以下
	元封6	3月	105	赦京師亡命令従軍
	太初2	4月	103	赦汾陰・安邑殊死以下
	天漢1	5月	100	赦天下
	天漢3	4月	98	赦天下
	太始1	6月	96	赦天下
	太始4	5月	93	赦天下
	征和3	5月	90	赦天下
	後元1	2月	88	赦天下

皇帝が恩赦を下すことがある。ここでいう慶事とは皇后・皇太子の冊立《さくりつ》や豊作、トラブルとは帝室関係者の死や天災などをさす。ただし慶事やトラブルと恩赦との因果関係は絶対的でなく、前漢前期には恩赦が数年に一度のペースで出され、景帝期以降は三〜六月に集中する傾向があり、それを生命や成長にかかわる季節とする中国古代の考え方の影響がうかがえる[*63]（表2－1）。するとと目敏《めざと》い人なら、恩赦の時期を予想するのも不可能ではなかったであろう。

しかも既述のとおり、郭解は許負の孫にあたり、許負は秦末漢初を代表する人相見で、数々の政府高官と知り合いだった。また後述するように、郭解自身も将軍衛青《えいせい》との接点をもっていた。つまり郭解は、たんなる都市のチンピラではなく、若いころから政府高官との人脈を有していた。だからかれは前もって恩赦の情報をつかみ、恩赦の頃合をみはからって官府に出頭していた可能性もある。いうまでもなく朝廷のことはすべて機密事項であり、なかには宮殿内に生えている樹木の種類さえ言の葉にのせぬ臣下もいたが[*64]、なかには秘密を漏洩する大臣もいた[*65]。秦末漢初の法律によれば、期日中に出頭しない逃亡犯であっても、まだ裁判による判決が得られるまえに出頭すれば、期日内の出頭として扱われた[*66]。郭解が「たまたま恩赦にあった」背景には、こうした諸々の事情がからんでいたことを理解しておかねばならない。

変わらぬ残忍なまなざし

いずれにせよ、やがて郭解は少しずつ落ちつきをみせるようになっていった。

漢代では、おおむね一五歳程度で結髪をし、成人を迎える。[67] かりに郭解の生年を前一七〇年ころとすれば、郭解は前一五〇年ころには二〇歳、前一四〇年ころには三〇歳程度であり、すでに威名を馳せていておかしくない。おりしも前一五四年には呉楚七国の乱がおこり、前一四一年には景帝（在位前一五七年～前一四一年）が亡くなり、新たに武帝が即位している。

游俠列伝によれば、大人になった郭解は、倹約を旨とし、怨みをいだく者にたいしては、徳によって応じるようになった。そして、みずからすすんで任俠道に邁進し、周囲の人びとから任俠とよばれることを好んだ。[68] さらに、救いをもとめる人びとの命を救い、そのことを周囲に誇るようなことはしなかったという。[69] ここからは、郭解の変化をみてとることができる。

しかし、少し考えればわかるように、ここには大きな疑問も伏在《ふくざい》している。そもそも郭解は、堅実な仕事に就いていないにもかかわらず、いまさらヤクザ稼業から足を洗ったとして、どうやって食い扶持を稼いでいたのか。まわりの人びとに厚く施しをする経済的余裕は、いったいどこから生まれたのか。

ここで想像されるのは、郭解の本性がじつは変わっていなかった可能性である。

なるほど、かれはみずから直接悪事に手を染めたり、最前線に立って危険を冒したりするような真似をしなくなった。だがそれは、かれが法を遵守し、農作業などの手堅い仕事に就いたということを意味しない。

むしろかれは、いまや大物の俠客として、おおぜいのチンピラをつきしたがえる身分になっていた。するとかれは、危険な仕事はチンピラにやらせ、みずからはその上前をハネるだけだったのではないか。そう考えれば、かれが直接悪事に手を染めないながらも、気前よく施しをできた点に説明がつく。

かれのもとに逃げこんだ人びとについても、郭解は広い度量をもって受け入れ、潤沢な資金を用いてかれらを助けた。ここでいう「逃げ込んだ人びと」とは、生活に窮した農民などをさすのではなく、どこかで不法行為を行い、もしくはだれかの仇になった者などであり、あくまでも政府でなく、郭解にかくまってもらいにきた。その後、かれらは郭解にたいして二度と頭があがらなくなり、郭解の忠実なる部下になってゆく。これこそが、郭解の変化の真相であろう。

おもしろいのは、司馬遷もこの点に気づいていたふしがあることである。というのも、游俠列伝にはこうもしるされているからである。

郭解の残忍さはその心根に染みついており、目つきにあらわれたそれは昔のままだったという。*70

ここで留意すべきは、本文の末尾には「……という」とあり、本文が伝聞の体裁をとっていることである。既述のごとく、太史公はじっさいに郭解をみたことがあった。それにもかかわらず、ここではあえて郭解に残る残忍さを、伝聞のかたちで引用している。おそらく郭解に会った本人は、そうした印象を抱かなかったか、郭解とは目を合わせなかったのではないか。かれは恐ろしい侠客で、後述するように、目が合っただけでも相手を殺すことがあったのだから。だが司馬遷はあえて伝聞のかたちで、郭解が牙を失っていないことをほのめかしたのである。ちなみに王莽期に侠名を馳せた原渉《げんしょう》は、『漢書』において「性格的におおむね郭解に似ており、外面は温厚で思いやりにあふれ、低姿勢だが、内面ではひそかに殺しを楽しんでいた」と評されている。[*71]『漢書』の撰者班固もまた、郭解の本質を見抜いていたことになる。

しかも、このとき郭解は人のために命を尽くし、かれのもとには多くの「少年《しょうねん》」が集《つど》ったとあるが、[*72]ここでいう「少年」も、たんなる「若い男の子」をさすことばではない。中国古代の史書には「少年」の語がしばしばみられるが、それには特殊な用法がある。『史記』貨殖《かしょく》列伝にはつぎのようにしるされている。

民間にいる少年は、攻め脅かして物品を奪い、人を撃ち殺して埋めた。人を誘拐して強姦し、墓泥棒をした。ニセガネを鋳造し、男だて気取りで、他人のものを自分のものにした。仲間どうし助けあって仇を報じ、奥深い山林で追いはぎをした。このように、法に抵触することを恐れず、死地におもむくときには疾走しているかのようだったが、じっさいにはかれらの目的は金銭だけだった。[*73]

中国古代の史書にみえる「少年」は、おおむねこうしたチンピラをさす。[*74] 多くは一〇代だ。かれらの罪はどれもたいへんに重い。たとえば人を身代金目的で誘拐したら死刑だが、[*75] それでもかれらは金銭を稼ぐために喜んで悪事に手を染めた。彼らは商人としての戸籍がないのに市場に店を構え、色鮮やかで傾《かぶ》いた服を身にまとい、刃物《シノギ》をもっていることが多かった。[*76]

つまり郭解のもとに集ったのは、目のキラキラした純白な青少年ではなく、むしろ金目当てで平然と不法行為に手を染めるチンピラだった。郭解はけっしてヤクザ稼業から手を引いたのではなく、むしろみずからは舞台裏にしりぞき、チンピラどもを手足のように使役する立場になっていたのである。

こうして郭解は、表面上は倹約にいそしみ、徳をもって怨みに報い、周囲に厚く施し、見返りを求めず、大人《たいじん》の風格を備えるようになった。[*77] かれはいつしか多くの賓客《ひんかく》にかこまれて街中を闊歩するようになり、かれのために法をねじ曲げる県吏さえ登場した。郭解の侠名は天下の耳目をあつめはじめていた。

第三章　血塗られた経歴——「少年」から大任侠へ

酒場で斬殺された甥

事件は酒場でとつぜん起きた。郭解の姉の子、つまり郭解の甥のひとりが何者かといっしょに酒を飲んでおり、相手に一気飲みを強制したところ、相手が怒って刀を抜き、甥をその場で刺し殺したのである。

当時の飲み会は、一気飲みあり、寝ゲロあり、三次会ありの恐怖に満ちたもので、三杯飲んだら無礼講とはいうものの、それは建前にすぎなかった。[*1] おそらくゲームでもしながら、互いにさんざん飲んでいたのかもしれない。たとえば秦代のサイコロのひとつは形状がいびつで、「不飲《ふいん》」（一回休み）、「自飲《じいん》」（罰杯《ばっはい》を飲む）、「飲左《いんさ》」（左の人が飲む）、「飲右《いんゆう》」（右の人が飲む）、「千秋《せんしゅう》」（長寿を祝ってみな飲む）、「百嘗《ひゃくしょう》」（一〇〇回酒を嘗める、つまり結局は罰杯を飲む）の文言がしるされている[*2]（図3-1）。こんな恐ろしいサイコロを振って、ゲームをしながら酒を飲みあえば、みな無傷ですむわけがない。

こうして酔っぱらったところで、「まぁまぁもう一杯どうだ」、「もう十分です」、「おれの酒が飲めねぇってのか」、「飲めないものは飲めないんだ」、「てめぇは度胸もない、力もない、そのうえ酒も飲めねぇのか」、「なんだとこの野郎」……。こうなって刃傷沙汰《にんじょうざた》に及んだのであろう。[*3]

犯人はその場で逃亡した。郭解の姉は激怒した（図3-2、図3-3）。まさか翁伯ほどの人

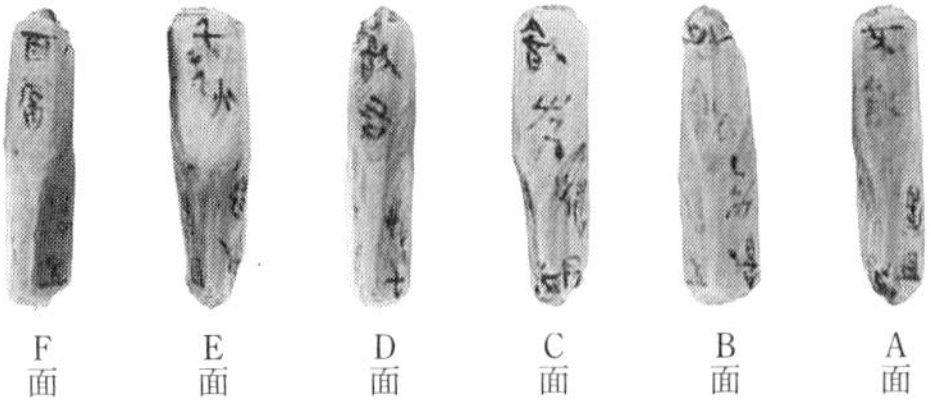

図3-1
秦代サイコロ
（北京大学所蔵）

図3-3　漢代の女性（成都六一一所後漢墓出土、成都博物館所蔵、2024年８月柿沼撮影）

図3-2　瓢をもって胸のはだけた女性俑（金堂李家梁子後漢墓出土、成都博物館所蔵、2024年８月柿沼撮影）

物の甥が居酒屋で刺殺されるとは。姉の怒りの矛先は郭解にむかった。

「いったいどこの誰がこのようなことを。弟はふだん翁伯だなどとよばれ、いい気になっているが、結局甥っ子ひとり助けられないなんて」。

怒り心頭の姉は、息子をひきとってすぐに埋葬するのではなく、あえてその遺体を殺害現場に置き去りにした。ふつうなら、かわいいわが子をいったん丁重に埋葬し、それから下手人を追いつめてもよさそうなものだ。しかし彼女にとっては、郭解への怒りが先行した。無残な息子の死にざまを公衆のまなざしに晒《さら》しつづけることで、彼女はあえて郭解の名誉を傷つけようとした。

事ここに至っては、郭解としてもだまっているわけにはいかない。さっそく人をつかわして下手人の居場所を突きとめた。監視カメラのない時代に逃亡者をみつけるというのは、並大抵の捜査網ではない。下手人はやむなく、郭解のもとへ出頭し、事情を説明した。すると郭解はここで、まわりの予想を裏切る決断を下した。

「あなたがわが甥を殺したのはとうぜんのこと。悪いのはわが甥のほうだ」。

こうして郭解は下手人を解放し、あらためて路上にうち捨てられた甥の遺体を回収し、埋葬した。多くの人びとは郭解のお裁きをすぐれたものだと評した。*4

この逸話がしめすのは、まずは既述のとおり、郭解が圧倒的な情報網をもっていたことである。つぎに注目されるのは、下手人はほんらい警察に出頭すべきところ、郭解のもとに出頭していることである。これは、郭解のほうが地元警察よりも恐ろしいということのあらわれである（後述）。そして最後に指摘すべきは、郭解が血縁者のみを優遇するのではなく、むしろ周囲の人びとの評価を気にしており、公《おおやけ》にたいして強い義務感をもっていたことである。これは現代社会でいうところの「世間が許しちゃおかねぇ」という発想に近い。

ここまで郭解の生きざまをみてきて、かれのことを現代のヤクザやマフィアとほとんど同じような存在だと思った読者も少なくあるまい。たしかに、三者には似たところがある。

そもそも日本のヤクザは組単位で組織された集団である。新しく組に入る者は、組長とのあいだで盃を交わし、以後は親子の関係になる。いくつかの組がひとつのまとまりを形成することがあり、そのときには組員どうしは親戚のような関係になり、組員はみずからの組の組長を「オヤジ」、組長の兄弟分などを「オジキ」などとよぶ。つまりヤクザは、「組」をひとつの家族に見立てて、たがいに擬制《ぎせい》的な血縁関係をむすんでいるのである。[*5] そういうところは中国古代の任侠とも似ている。

じじつ、ある関西の指定暴力団幹部は、「刑務所の中ではよく読書を楽しんだ。……自分の場合は『三国志』が好きだ。……「桃園の誓い」の名場面が特に好きだ。ヤクザになって親分と交わす親子盃や、兄弟分となる際の兄弟盃など、組織の中で血縁関係を結ぶ我々のマインドとぴったりとくる」とのべたとか。[*6] かれは、いみじくも中国古代の任侠との類似性を自覚していたのである。擬制的な血縁関係を尊重する点は、現代イタリアを中心に展開する狭義のマフィアも同じである。[*7]

しかし厳密にいえば、郭解と現代のヤクザやマフィアとのあいだには相異点もある。郭解の字は「翁伯」で、それは擬制的血縁関係の存在を彷彿とさせるのだが、かといって、かれはつねに家族を優先したわけでもない。むしろ場合によっては、ほんとうの血縁者でさえも、郭解にとっては二の次だった。かれにとってもっとも重要なのは、あくまでも世論であり、それに支えられたみずからの名誉だった。この点でいえば、一七〜一九世紀に生まれ、一九世紀後半〜二〇世紀前半に四川地方で圧倒的影響力をもったいわゆる秘密結社哥老会《がろうかい》の首領のほうが、郭解に近いかもしれない。[*8]というのも、そのひとりは、許可なく男とむすばれた娘を、みずからの威名を穢《けが》したとの理由から、大衆の面前で殺しているからだ。かれもまた、血縁関係よりも周囲の耳目を気にしたのである。

生意気な男

郭解の親族にまつわる上記事件の顚末には、よく考えれば不可解なところがある。なぜなら既述のとおり、ほんとうに街中で刺殺事件でも起きようものなら、まずは警察が動くべきだからである。だがこの事件で下手人は、もはや逃げられないと悟ると、警察でなく郭解のもとに出頭した。あげくのはて郭解は、下手人から事情を聞いたうえで、かれを無罪放免にしているが、その決定もほんらいは警察がつかさどるべきことであろう。

ここからわかるのは、郭解がじつは地元警察を上回る権力をもち、かれらを味方につけていたということである。この点を裏づける証拠は、じつはほかにもある。

たとえば郭解がひとたび街中を歩くと、人びとはみな道をゆずった。あるとき、ひとりの男が足を投げ出して道ばたに座り込み、道ゆく郭解を遠目に見上げた。[*9] すると郭解は、逆上することなく、かれのもとに部下をつかわし、その姓名を問わせた。郭解のまわりに控えていた手下たちはいきり立った。[*10]

「足を投げ出したまま翁伯を見上げるたぁ、舐めてんのか」[*11]。

現代風にいえば、このとき郭解は街中でチンピラに眼《がん》をつけられたのだ。郭解のとりまきは、たったそれだけのことで、そのチンピラをすぐに殺そうとした。落ちついて考えれば、それだけでも郭解の集団がいかに武闘派だったのかがわかる。「舐められたら殺す」というのは、武闘派の任侠がしばしば行うことである。[*12] だが郭解はあえて落ち着きはらってこういった。

「邑室《まち》にいながら尊敬されないのは、[*13] 私にまだそれだけの徳がないということだ。かれになんの罪があろうか」。

そして郭解は、ひそかに尉史《いし》（警官の一種）にこう依頼した。

「かれは大切な人物だから、践更《せんこう》のときには抜け出せるようにしてほしい」[*14]。

ここでいう践更とは、労役の当番にあたることである。当時の国家に仕える下《しも》役人や使い走りの業務形態は、常勤と非常勤とに大別される。[*15] もう少し細かく分けると、いわゆる正規雇用の者と、非正規雇用の者がおり、後者はさらに長期持続型と輪番型とに分けられていた。[*16] 現代日本において正規雇用者と非正規雇用者とがおり、後者に長期型と短期集中型のふたつがあるのと似ている。

非正規雇用の吏や使い走りのなかには、年間をとおして働いている者もいれば、年間一ヶ月間から数ヶ月間のみ官府に勤め、それ以外の時期にはプライベートで農業などにいそしんでいる者もいた。践更とは、こうした官府における労役の当番につくことであり、かれらの多くは輪番制にもとづいて、期間限定で役所勤めをする存在だった。それは、国家にたいする民の義務であり、これを避けることは原則的に許されていなかった。

ひとたび践更対象となった者は、期日までに官府にあつまり、国家のために食料を運搬したり、インフラを整備するなどの仕事に従事する。民のなかには小さな私田《しでん》しかもたぬ者もおり、かれらにとって農閑期に官府で雇われることは、じつは家計を補い、食いつなぐための重要な機会でもあった。障害者にとってもそうした機会は欠かせないものだった。[*17] つまり、国家にみずからの労働力を捧げる制度は、必ずしも負の側面ばかりをもつものではないのである。

しかしその他おおぜいの民にとっては、やりたくもない仕事をやらされているという点で、やはり践更はイヤなものだった。いわゆる村長にあたる「里典《りてん》」なども践更のひとつで、爵位の低い者から選ばれる役職だった。[*18] そして、道ばたに座り込んで郭解をにらみつけるようなチンピラにとっても、官府のなかで小役人どものいいなりになるのは罰ゲームでしかなかった。

「わしは俠者《きようじや》ぞ。小役人のもとで働かずとも、自分の食い扶持《ぶち》くらいどうとでもなるわ」。そう自負するチンピラにとって、定期的にやってくる践更はうんざりするものだった。郭解はそうした事情をみてとって、かのチンピラが践更せずともよいように役人に圧力をかけたのである。このように民を践更のサイクルから外すということは、れっきとした法律違反で、ほんらい不可能なことだった。

その後、かのチンピラはなんども践更の時期を迎えたが、結局かれのもとに労役負担の命令がくることはなかった。[*19]そこで不思議におもったかれが役所に聞きにいったところ、郭解の口利きのおかげであることがわかった。国家権力をもねじまげうる郭解の力に、その男は慄然《りつぜん》とせざるをえなかった。ささやかなプライドは完膚《かんぷ》なきまでに叩きのめされ、かれはただちに肌《はだ》脱《ぬ》ぎをして郭解のもとへ謝罪にいった。[*20]まわりの「少年」（チンピラ）たちはそのことを聞き、ますます郭解を敬慕したという。[*21]

このように、役人に口添えをして労役逃れを図る例は、ほかにもないわけではない。たとえば広陵《こうりよう》県（現在の揚州《ようしゆう》市）でも前一二〇年前後に、ある人物が人を雇って、みずからの親族の兵役を肩代わりさせ、東陽《とうよう》県（現在の安徽《あんき》省天長《てんちよう》県・盱眙《くい》県付近）の吏にその承認を得ようとしたことがある。[*22]郭解もそういう実力をもった人物だったわけである。ちなみに、役人に口添えをして労役逃れを図るのとは逆に、民をほしいままに労役に駆り立てるのも立派な犯罪であり、帝室関係者といえども、よくなしうることではなかった。[*23]そうした例からも、郭解の実力をかいまみることができる。
もっとも、それからずっとあとになって郭解が別件逮捕されたときには、「(郭解は)にらみつけられたというだけで人を殺したことがある」ということが罪状のひとつに挙げられている。[*24]これは現存史料をみるかぎり、上記の男をさすとしか考えられない。つまり郭解は結局この生意気な男を許さなかったのであり、ほとぼりが冷めたのちに始末したのであろう。

洛陽での仲裁劇

そのころ首都の洛陽では、ふたつの集団が抗争をつづけていた。両者は互いを仇だとみなし、これまでに危害を加えあってきた歴史があるらしい。『史記』には、まるでふたりの個人の抗争であるかのごとくしるされているが、かれらはすでにして互いを仇だと認識しており、その背後には延々とつづく復讐の連鎖があったとみてよかろう。[*25]つまりこれはグループ間の抗争だったのである。

しかもこの両者の争いは、けっして小規模なものではなかった。というのも、この抗争を止めるべく、洛陽にすまう「賢豪《けんごう》」(つまり任俠)[*26]がなんども仲裁を試みており、その数は二桁《ふたけた》にのぼっていたからである。かくも多くの賢豪が仲裁に入るということは、抗争の規模がけっして小さくなかったことを意味する。だが両者はそれでも抗争をやめなかった。

こうしたなか、客分《きやくぶん》のひとりが郭解に抗争の件を相談した。おそらくこの客分は、洛陽の人びとから郭解への口利きを頼まれていたのであろう。

話を聞いた郭解は、さっそく交渉にのりだした。これは郭解にとって、たいへんにうれしい出来事だったにちがいない。これは三つのことを意味する。第一に、この依頼は、郭解の名声がすでに洛陽に達していたことをしめす。第二に、この調停が成功すれば、郭解の実力は洛陽のどの親分連中よりも上であることになる。第三に、抗争中の両家は、もう二度と郭解に頭が上がらなくなるであろう。

そこで郭解は、夜中に一方の家におもむき、なんとか矛《ほこ》を収められないかと語りかけた。事前にやりとりがあり、利害関係の交渉が行われた可能性もあるが、その点は史書に明記されていない。『史記』には、郭解の説得におうじた家の者が、みずからの意見を曲げてまで郭解の提案に従い、抗争は止まったとあるのみである。ともかくあざやかな手並みというべきであろう。

このとき郭解はその家の者にこういった。

「あなた方は、洛陽のほかの人びとがかねて抗争の仲裁を求めていたのに、いうことを聞かなかったというではないか。いまあなた方は幸いにして私のいうことを聞いてくれたが、どうして私が他県の親分たちのメンツをつぶすことができようか[*27]」。

こうして郭解は、周囲の人びとにさとられぬように、夜中のうちにその場を立ち去った。そしてこう言《こと》づてした。

「しばらくのあいだ調停は成立していないこととし、私が去るのを待ってから、あらためて洛陽の豪族を仲裁に立たせ、その言葉にしたがって調停が成立したかたちにするがよい」[*28]。

郭解の面目躍如たる仕事ぶりに、洛陽の任俠たちはみな頭のあがらぬ思いをした。かりにも任俠どうしが抗争をしているなかで、どちらかに主張を曲げさせてまで和解させるということは、郭解の力が抗争中の両集団を上回っていたことを示唆する。

こうして和解は暗黙裡に成立した。

だが『史記』には、郭解による仲裁の事実がはっきりと書きこまれている。つまり、郭解がきつく口止めをしたはずの仲裁の顚末《てんまつ》は、結局世間に漏れているのである。情報をリークした犯人が郭解自身であったか否かはともかく、こうして郭解の名声は故郷を越え、洛陽にまで鳴りひびくことになった。

こうした事件のあとも、郭解はつつしみ深くよそおいつづけた。そして、しばしば近隣の郡国におもむいては、各地のもめごとを収めた。もし人からの依頼があれば、できるだけのことをしてやった。争いごとにさいして、片方に軍配をあげるのがむずかしいときには、できるだけ双方の意思を鎮めるように尽くし、そのあとで酒食をたしなむほどであった。こうして人びとは、郭解をはばかりつつも尊敬し、争うように郭解のために尽くすようになっていったのである。

県廷に馬車で入る意味

こうして台頭してきた郭解について、『史記』はその恐ろしい一面を伝えている。

郭解はあえて車に乗ったまま県廷《けんてい》に入るようなことはしなかった。[*29]

これはいったいどういう意味か。

まず注目すべきは、漢初には馬車に乗る経済的余力をもった者が少ないという事実である。しかも、経済的余裕があればだれでも馬車に乗れたわけではなく、商人などは乗車を許されていなかった。[*30]つまり車（とくに馬車）は身分的制約のある奢侈品のひとつだった。ノンキャリアの役人のなかには、馬車を自前で用立てられない者もおり、せいぜい牛車に乗れればよいほうだった。[*31]馬車に乗れる階層と、そうでない階層には、かなりはっきりとした差があったのである。[*32]そして前掲『史記』の一文をみると、郭解はほんとうは馬車をもっていたが、あえてそれに乗ったまま県廷に入ることはなかったようである。もし馬車をもっていなければ、こうした書き方になることはあるまい。後述するごとく、史書には郭解が「貧」であったとあるが、それはやはり実情と乖離したものだったのである。

つぎに県の役所の内部をみてみることにしよう[*33]（図３－４）。秦漢時代の県のかたちは時期

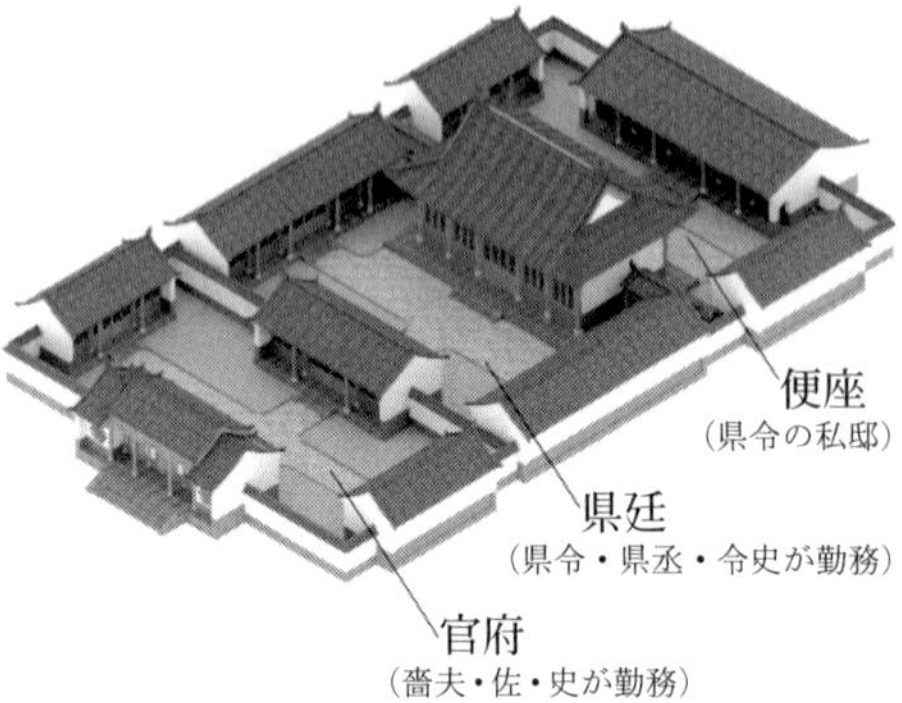

図3-4　漢代の県府モデル（柿沼作成）

におうじて変化し、武帝期はその大きな転換点にあたるが、武帝期の関連史料は多くなく、ブラックボックスに近い。そこで以下では、秦・漢初の状況について説明し、つぎに前漢後半期以降の状況にもふれる。そのうえで両方をつなぎあわせ、武帝期のおおまかな状況を推測してみよう。

もともと秦・漢初の県には、長官（県令や県長）、副長官（丞《じょう》）、そして秘書官たる令史《れいし》がおり、この三者が県行政の中枢（県廷）を担っていた。県の長官と副長官が各県にひとりずついたのにたいして、令史は複数人おり、たとえば秦代の遷陵《せんりょう》県には令史が二八人（うち一〇人は出張中）もいたことがわかっている。[*34]

令史の業務（曹《そう》）は、書記・人事案件・戸口把握・司法実務などさまざまである。県廷は県の意思決定機関で、その命令を実行するのは「官」（官嗇夫《かんしょくふ》・佐・史よりなる吏員組織）だった。「官」の役人たちは分業体制をとっており、たとえば遷陵県には一〇名の官嗇夫がおり、かれらは業務別に、司空嗇夫（建設担当）・少内《しょうない》嗇夫（財務担当）・倉《そう》嗇夫（倉担当）・畜《きゅう》官嗇夫（家畜担当）・田官嗇夫（田畑担当）などとよばれていた。[*35]ここで漢初を例にとると、県令は秩五百〜千石、その副長官は秩三百石〜四百石、官嗇夫は秩百二十〜二百五十石くらいで、[*36]令史の収入はもっと低い。[*37]令史は県令のそばに仕えているとはいえ、あくまでも秘書にすぎなかったのである。

官嗇夫とくらべて、令史たちははっきりした分業体制をとっていたわけではない。しかも、令史の業務内容（書記・人事案件・戸口把握・司法実務など）と、官嗇夫の業務内容（建設・倉・家畜・田畑の管理など）とは、互いにズレていた。だから、たとえば畜産にかかわる人事申請書が県廷に提出されたときには、令史のひとりがそれを開封し、県廷において対応策が練られ、あらためて官嗇夫のひとり（おそらく畜官嗇夫）に文書が下されるというかたちをとった。つまり、県廷と官とのあいだでは、さかんに行政文書がやりとりされ、その送信者と受信者はかなり変動的であった。[*38]それは、現代でいえば社内メールのようなものだった。

いわゆる県廷とは、このように県令・県丞・令史よりなる県行政の意思決定機関をさすとともに、かれらの勤める場所そのものをさす語でもあった。郭解が乗車したまま入らなかった「県廷」とは、まさにその場所をさしていた。そこは廷府《ていふ》ともよばれた。

以上をふまえて、県の役所全体を見渡してみよう。県廷の建物はかなり奥まったところにあるのがふつうだった。そのため、郭解が県廷に立ち入るとすれば、つぎのようなルートを経ねばならなかった。

まず城壁近くのスラム街から大通りをつたって城内にすすむと、民の居住区が左右にならんでいるのが目に入る。当時の街並みは、まだ必ずしも碁盤の目のように整えられてはおらず、雑然とした印象を受ける。それでも大通りを歩いてゆけば、いつかは県の役所にたどりつく。

大通りの幅は広く、たとえば首都長安のそれは幅四五ｍに達する。中央に皇帝専用の馳道《ちどう》二〇ｍがあり、左右に幅一二ｍ強の一般道路があり、あわせて幅四五ｍになる。郭解のすむ軹県は、そこそこ大きいほうだとはいえ、長安とは比べものにならない。その大道の広さは不明だが、おそらくもっと小規模だったのであろう。かりに同時代の午汲《ごきゅう》県城遺跡の道幅とほぼ同じだとすれば、[*39] 大通りの幅は六ｍ程度だったことになる。

しばらくすると県の役所がみえてくる。役所に近づくにつれ、左右には属吏の住居（吏舎《りしゃ》）が目立ちはじめる。やがて官嗇夫・佐・史の勤める役所が目に入る。そこは「官府《かんぷ》」とよばれ、既述のとおり、県行政のいわば実働部隊の屯所である。役所群は中庭をとりかこむようにして林立しており、中央には駐車場もある。

そのまま中庭を突っ切って奥に進むと、正面には大きな門がある。この門はふつう閉じられており、県令などがお出ましになるときにだけ開かれる。さもなくば、門の左右に小さな潜《くぐ》り戸があるので、そこから奥にすすむ。そのさきにもまた四合院形式の建物があり、中庭をとりかこむようにして、県令・県丞・令史が勤める県廷がある。[*40]

県丞や令史はともかく、県令はつねに県廷に出勤していたわけではない。県令の勤務時間はかなりいいかげんであり、数日に一回、しかも午後にだけ出勤するという例もあるほどである。

その背後にはもうひとつ四合院形式の空間があり、県令とその家族のプライベート空間となっていた。[*41] 以上が武帝期以前の県役所のおおまかな布置だった。

いうまでもなく、当時民間人が県廷にまで立ち入ることはめったにない。たとえば、なまいきな私家奴隷を処罰してもらうべく、原告が県廷におもむき、じかに県令の裁定を仰ぐといったときにかぎられる。[*42] これに加えて、官府の中庭には駐車場があり、訪問者はふつうそこで下車をするので、乗車したまま県廷に入ることはまずない。当時は一般の人びとが街中で貴人の車列とすれ違うときに下車する必要さえあったので、[*43] いわんや県廷で官吏らをまえに一般人が下車しないはずがないのである。すると、前掲『史記』の「郭解はあえて車に乗ったまま県廷に入るようなことはしなかった」という記述は、当時の一般常識をさも偉そうに確認したものにすぎないことになる。

図3-5　漢代の役人と暗殺者？（重慶市博物館所蔵）

おそらく郭解は、乗車したまま県廷に立ち入ろうとおもえば、いつでも立ち入ることができた。じっさいに漢代には、俠客が白昼堂々、県廷に乱入して仇討ちを行い、そのあと逃げおおせたという事件が起こっている[*44]（図3-5）。そうせずにルールを守ったところに郭解の謙虚さがあり、前掲『史記』はその点を称賛しているわけである。そして、その開門許可はとうぜん県令がつかさどっていた。だとすると、郭解はこのとき県令にも力を及ぼしえたことになる。[*45] これこそ郭解の恐ろしさの一面である。

第四章　ニセガネと組織犯罪

貨幣経済の陰に隠れて

郭解が男ぶりをあげるうえで資金源となったもののひとつに、既述のとおり、ニセガネ作りがある。ここでその内実に目を向けてみよう。

そもそも当時の市場では、銅銭・黄金・麻織物がおもな貨幣として流通しており、それによって人びとはなんでも買うことができた。ときには人の命さえも……。

いろいろな貨幣のなかでも、もっとも高い流動性を誇ったのが銅銭だった。銅銭は少額貨幣で、流通総量も多く、遅くとも戦国後期には民衆の懐《ふところ》に行き渡っていたようである。[*1] 青銅貨幣のなかには、国家ごとに鋳造されたものも、都市ごとに鋳造されたものもあった。中原あたりでは後者の傾向が強く、各都市の商人がそれぞれ独自に青銅貨幣を発行することもあった。[*2] 結果、中原ではいろいろなかたちの銅銭がつくられた。いわゆる刀銭・布銭・円銭などがそれである。

これにたいして新興国家の秦は半両銭《はんりょうせん》なるものを公認し（図4-1）、それ以外の青銅貨幣の流通を規制した。[*3] 民間での鋳銭も禁止され、その禁を犯した者は「盗鋳銭《とうちゅうせん》」という罪によって処罰された。盗鋳銭とはニセガネをつくること、およびニセガネそのものをさす用語である。じっさいに戦国秦の出土法制資料である睡虎地秦簡《すいこちしんかん》「封診式《ふうしんしき》」には、そのときに半両銭を盗鋳して検挙された者の例がみえる。「封診式」とは、裁判にかかわる調書の書式集のようなものである。

ある里にすむ甲と乙の二人が、丙・丁という二人の男性を捕らえ、新たに鋳造された一〇銭と、銭の鋳型を役所に持参し、こう告発した。「丙がこの銭を盗鋳し、丁が盗鋳を幇助《ほうじょ》いたしました。私たち甲・乙がかれらを捕縛し、その部屋を捜索し、盗鋳銭とその鋳《い》型《がた》を確保し、それらを持参いたしました」[*4]。

図4-1　半両銭

図4-2　五銖銭の銭范（長安鋳銭遺跡出土、中国考古博物館所蔵。2024年８月柿沼撮影）

ここでは、甲・乙の二名が、盗鋳者を捕まえ、さらに盗鋳銭とそれを作るための鋳型をも証拠物件として役所に持ち込んだことがしるされている（図4-2）。このように盗鋳銭者を捕まえたときの調書が書式集に残されていること自体、盗鋳銭罪が当時どれほど流行していたかを物語る。このほかに当時は、民の撰銭《えりぜに》（良銭と悪銭を商取引の現場で選り好みすること）を禁ずる規定もあった。[*5]

こうした盗鋳銭禁止規定は、秦国内のさまざまな銅銭をすべて半両銭に統一し、その規格と質を画一化することによって、貨幣制度を安定させるためのものだった。これは、さまざまな青銅貨幣の並存を認めていた中原諸国の制度とは、あざやかな対照をなしている。

しかし、戦国秦で強力な律令制が施行されたことの裏には、くりかえすように、絶えることなき盗鋳銭者の存在が見え隠れする。たとえば、戦国秦〜統一秦の半両銭の出土品は大小軽重さまざまである。漢代ならいざ知らず、半両銭をつくりはじめたばかりの秦でその規格が安定していないのは不可解であろう。だからこれは、当時すでに民間の人びとが好き勝手に銭を盗鋳していた証拠だといわれている。[*6]

じっさいに盗鋳銭者の例もある。たとえば秦の始皇帝のとき、項梁《こうりよう》という人物が長江上流域に潜伏し、ひそかに始皇帝を倒す計画を練っていたことがある。このとき項梁は、九〇人の決死の士を養い、ひそかに室内で大きな半両銭を偽造し、それによって武器を買いそろえたとか。[*7]かれの甥は項羽《こうう》といい、のちに反秦運動の主導者となって漢の高祖劉邦と天下を争ったのだから、反秦運動の原動力のひとつはニセガネだったことになる。

こうした民間での鋳銭行為は、漢代になってもとどまることがなかった。ゆえに前漢では、天下統一直後から第二代の恵帝が崩御する前一八八年までに、盗鋳銭禁止令が改めて出されている。[*8]それは前一七五年に撤回されたが、前一四四年にふたたび発令されている。[*9]そうした政府の四苦八苦するさまが、かえって民間鋳銭の盛んなようすを示唆している。

では当時の人びとは、じっさいにニセガネをみやぶることができなかったのか。ホンモノとニセモノの区別はそれほど曖昧だったのか。

結論からいえば、そのとおり。じつは盗鋳銭者の技術は、政府の担当官吏のそれと比べても

図4-3　鍾官の封泥（党順民・呉鎮烽「上林三官鋳銭官署新解」〈『中国銭幣』1997年第4期、41-42、32頁〉にもとづく）

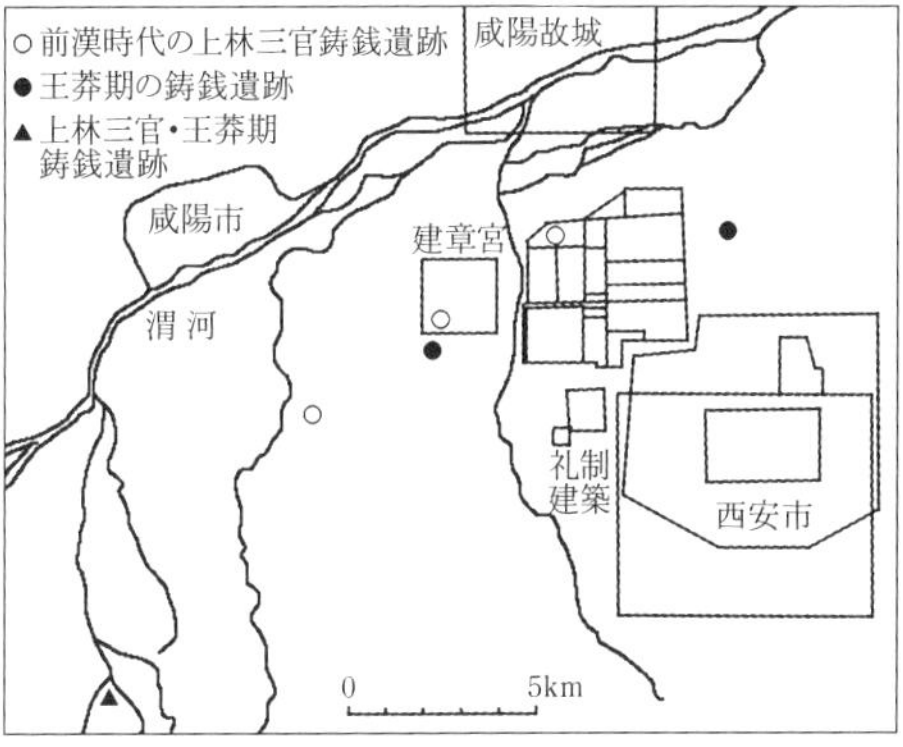

図4-4　鍾官遺跡の位置（徐龍国「漢長安城地区鋳銭遺址与上林鋳銭三官」〈『考古』2020年第10期、97〜107頁〉にもとづく）

ほとんど遜色《そんしょく》がなかった。だからこそ、たとえば紀元前後に盗鋳銭による逮捕者が一〇万人以上になったとき、男性は檻付きの車に入れられ、女や子どもは歩かされ、いずれも鍾官《しょうかん》に送られた。[10] 鍾官とは中央政府に属する鋳銭担当の部署で[11]（図4-3）、長安の西南に位置した[12]（図4-4）。盗鋳銭者は技術力が高かったので、国家主導の鋳銭に従事させられたわけである。

しかも、前漢前半期には半両銭のみが唯一の銅銭だったが、国家公認の規格や成分はたびたび変更された。漢初の法律によれば、本体に大きな損傷がなく、鉛を主成分とせず、表面の文字（「半兩」）が少しでも読める銭は、すべて公認された。[13] これは最低限の規格をしめすものにすぎず、そのなかにも良銭と悪銭の別がある。そこに盗鋳銭がまじっていても見分けがつかない。銅の成分量におうじて黄色っぽさが多少変化するくらいである。こうして盗鋳銭は社会に浸透していった。

盗鋳銭と刑罰

ここで盗鋳銭をめぐり、郭解とその手下がどのような会話をしたのかを想像してみよう。少し時代をさかのぼって、景帝期のはじめ、郭解がまだ二〇代前半のこととしてみよう。当時の制度や社会のありようをふまえるなら、たぶんつぎのような感じになる。

ある侠客は字が読めた。当時の識字率がどれほどだったかは不明だが、数千字の読み書きができる者が数万人いたのは確かである。もう少し識字能力の低い者もふくめれば、その人数は意外に少なくなかろう。[14]

かれは郭解のため、銭にかんする呂后《りょこう》期の律について紹介した。不法行為に手を染める以上、あらかじめ法律について知っておいて損はない。

銭を盗鋳する者と、それを幇助《ほうじょ》する者は、いずれも棄市《きし》（喉元《のどもと》を掻《か》き切る刑[15]）とする。同居《どうきょ》の者がそれを告発しなければ、贖耐《しょくたい》（黄金一二両を納入させる刑罰[16]）とする。里正《りせい》・里典《りてん》・田典《でんてん》・伍人《ごじん》は、それを告発しなければ、罰金四両とする。ある者が少しでもそれを告発すれば、いずれも罪を免除する。尉《い》・尉史《いし》・郷部《きょうぶ》嗇夫《しょくふ》・官《かん》嗇夫・士吏《しり》・部《ぶ》主者《しゅしゃ》は、捕らえることができなければ、罰金四両とする。[17]

竹簡にはむずかしい文面がならんでいる。句読点みたいなものもみえるが、けっして読みやすいわけではない。

「……むずかしすぎるな……」と郭解はつぶやいた。

そばにいた俠客はあわてて説明を加えた。

「漢の法律はコロコロと二転三転しており、役人どももよく理解できておりません。私がいま紹介したのは、呂后二年（前一八六年）、もしくはそれ以前からの律だといわれています。[18]このほかに最近入手したものとして、もう少しあとの時代の律もございます。おそらく文帝五年

（前一七五年）以前のもので、その内容も呂后二年のものと大きくは変わりません。[19] そのあと、盗鋳銭令は撤廃されたのですが、いつまた復活することやら……」。

「つまり銭の私鋳は危険なわけだ……」とつぶやいた郭解は、まだいろいろと質問をしたそうにしている。

　侠客はみずからの説明が不十分であることに気づくとともに、郭解に恥をかかせてはならぬと反省した。

「もしお時間があるなら、お話を聞いていただけませんでしょうか。それによっていろいろとご指導を賜われれば、私どもの仕事もより円滑になるものと思います……」。

「そうかそうか。それならば語ってくれ」と郭解はいった。

　侠客はまず刑罰のおおまかな内容について解説をはじめた。

　漢代の刑罰は、罰金刑から死刑までじつにさまざまである。罰金刑とは黄金を納入すべき刑罰で、一両から一斤[20]（約二四八g）、さらには十数斤に至るものまである。[21] 手元に黄金がなくば、銭で納めてもかまわない。たかが罰金とはいえ、ふつうの人びとにおいそれと払える金額ではなく、代わりに労役に従事する者もいる。

　罰金よりも重いのが労役刑である。ひとくちに労役刑といっても、男性に科される労役刑と、女性に科される労役刑とでは、労役内容とその刑名に違いがある。軽めなのは隷臣（男性刑）と隷妾《れいしょう》（女性刑）であり、あわせて隷臣妾とよばれる。もう少し重いものとして鬼薪（男性刑）

や白粲（女性刑）がある。もっとも重いものとして城旦（男性刑）と舂（女性刑）があり、あわせて城旦舂とよばれる。[*22]

じつは前一六七年以前には無期刑と有期刑の両方があった。[*23] もし無期刑をくらえば、ふつうなら、その場で人生は終わったと考えるところだ。なるほど、鬼薪白粲や隷臣妾なら、まだ結婚の自由くらいは認められており、刑徒どうしで家庭をつくれたが、城旦舂にはその自由もなかった。[*24] だが本書第二章でのべたように、漢代には数年に一度のペースで恩赦が出されており、じつは無期刑からの抜け道もしっかり用意されていた。しかも恩赦のときには、まるで徳政令のごとく、官民間の借金も帳消しにされた。[*25]

漢代には留置所があり、容疑者が入れられたり、もしくは死刑の執行をまつ罪人が収容されていた。[*26] ほかの労役刑徒は小屋にあつまって生活しており、[*27] 必ずしも監獄にいたわけではない。だが城旦舂は手足に鎖をつけられ、外出時には赤い衣服を身にまとわねばならず、[*28]

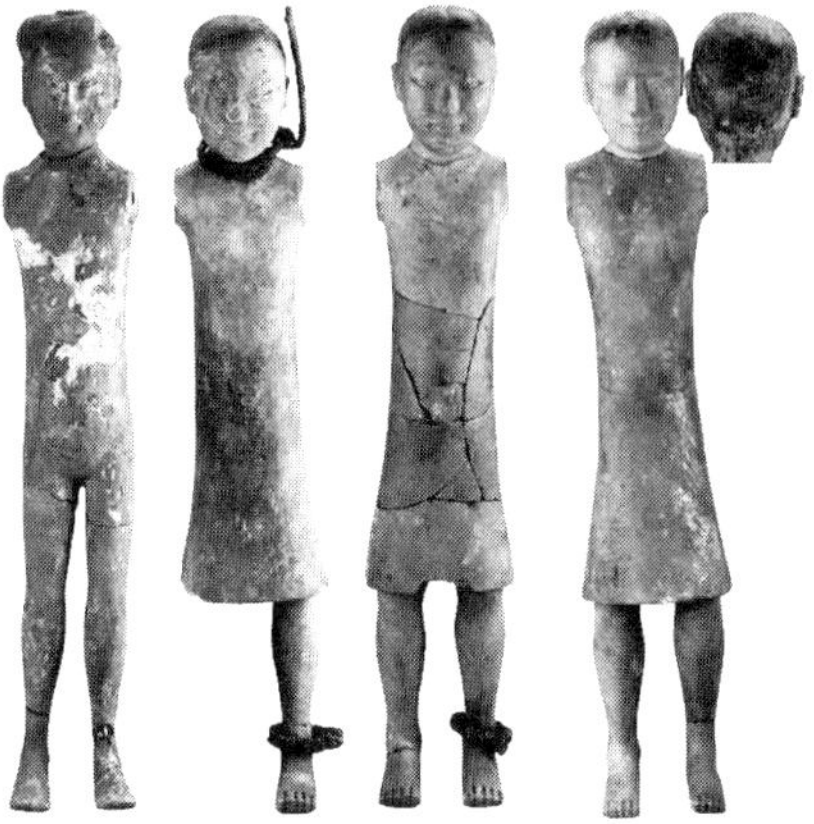

図4-5　刑徒と足かせ（文帝墓出土。「重磅！　漢文帝覇陵找到了」〈捜狐 https://www.sohu.com/a/508119303_202181、2021年12月14日掲載、2025年1月2日閲覧〉所載）

行動には大きな制約があった（図4－5）。

以上の罰金刑・労役刑よりも重いのが肉刑《にくけい》だった。肉刑にも腐《ふ》（局部切断）・斬趾《ざんし》（足きり）・劓《ぎ》（鼻そぎ）・黥《げい》（入れ墨）など、さまざまなヴァリエーションがあった。もっとも、前一六七年には刑法改革がなされ、肉刑は廃止されたようである。[*29]

このような多様な刑罰の頂点に立つのが死刑である。死刑にもいくつかの種類があった。なかでもオーソドックスなのは棄市（喉を掻き切る刑）である。棄市より重いものとして梟首《きょうしゅ》（頭部を切断したのち、それを公衆の面前にさらす刑）や、磔《たく》（処刑後に死体をさらす刑）があり、もっとも重い法定刑として腰斬《ようざん》（腰部を切断する刑）があった。[*30]

どうせ斬られて死ぬなら、どの死刑もたいして変わらなそうに思える。だがじつはそうでなく、梟首以上の死刑にはオマケがついてくる。それは、受刑者の関係者にも処罰が及ぶというもので、罪が重くなるにつれ、その範囲は広くなる。そこには、たんに犯罪行為を幇助した者だけでなく、犯罪者の家族や親族もふくまれ、ときに隣近所にすむ者までが対象となる。こうしたとばっちりを食らう人びとのことを縁坐《えんざ》とよぶ。縁坐の対象者からすれば、はっきりいっていい迷惑である。

俠客はこのように前漢前期の刑罰制度をまとめたうえで、こうつけくわえた。

「さきほどものべましたように、文帝五年（前一七五年）以降、盗鋳銭令は撤廃されていますが、それ以前は、盗鋳者は棄市とされていました。今後こうした法律が復活する恐れもあるので、お気をつけください」。

「しかし棄市である以上、縁坐はないということか」と郭解は質問した。

ふつう棄市には縁坐が適用されないので、郭解のこの質問は的を射たものだった。だが、侠客の答えは予想と異なるものだった。

「そこは微妙なところです。ふつうに考えれば、棄市には縁坐がございません。しかし恵帝期の法律によれば、ニセガネの犯罪には、該当者が棄市でも、縁坐がございました。その範囲は、犯罪者の同居・里正・里典・田典・伍人に及びました。加えて、犯罪者を捕まえられなかった尉や尉史にも罰金が科されました。国家としても、とくにニセガネを取り締まりたかったのかもしれません」。

侠客の説明にはまたしても難解な用語がふくまれている。だがそれを聞き流すことはできない。なぜならこの会話のなかにこそ、郭解の真の恐ろしさを理解するカギがあるからである。もう少し我慢してその内容をみてみよう。

盗鋳銭者と連坐の範囲

かりに盗鋳銭者やその幇助者が逮捕されると、その同居・里正・里典・田典・伍人にも累《るい》がおよぶ。では、かれらはどのような人びとだったのか。

まず「同居」とは当時の法律用語で、戸《こ》（おもに父・母・子よりなる）の人びとをさす。かれらはもっぱら同じ家屋に暮らす者たちで、血縁や年齢による制約はない。つまり幼少の者や非血縁者であっても、ひとつ屋根の下に暮らす人びとはみな「同居」とよばれる。[31] 夫が単身赴任しているとか、夫婦が別居しているとかの例外はとりあえず無視しておこう。

つぎに里正・里典・田典・伍人について知るには、まえにものべたように、集落の構造を理解せねばならない。前著で説明したことだが、[32] いまいちど簡単にまとめておこう。

そもそも漢代の人びと（とくに北中国の人びと）は、いわゆる四合院《しごういん》形式の建物に住んでいることが多かった。四合院とは、中庭をとりかこむようにして細長い建物が四角形に配置されているもので、その歴史は現代にまでつづいている。歴代の一般住宅・宮殿・役所・廟の多くも、だいたいそのかたちをしている。

だから中庭に立ってまわりをみわたすと、四方には建物がみえる。それらはいくつかの区画に分けられ、いくつかの家族（戸）が別々に暮らしている。かれらは、まったくの赤の他人どうしではなく、親戚どうしということもある。その場合、四合院は二世帯住宅や親族同居のかたちをとることになる。[33] こうして二〇人から三〇人ほどがあつまり、いわゆる宗族《そうぞく》をなす。[34] 時代や地域におうじて別姓の者どうしがひとつの四合院に集住するケースもある。[35]

漢帝国のなかには、たったひとつの四合院がポツンとたっている地域もあれば、複数の四合院がまとまって一集落をなしている地域もあった。集落には数十人〜数百人が暮らしているのがふつうだった。

漢帝国を形づくる行政単位のうち、最小の単位を「里」といった。ひとつの集落がひとつの里をなすこともあれば、複数の集落がひとつの里をなすこともある。また、ひとつの集落が複数の里にまたがっていることもあった。おそらく、集落が地元民のつくりあげたものなのにたいして、里とは国家が上から押しつけた名義上の区分であり、両者のあいだにはしばしばズレが生じたのであろう。

行政単位のうえでは、複数の里がまとまってひとつの郷を構成し、複数の郷がまとまってひとつの県を構成し、複数の県がまとまってひとつの郡を構成した。なかでも、県や郡はおおむね城壁にかこまれており、城内には一般民が暮らしているだけでなく、中央政府から派遣されてきたキャリア官僚も住んでおり、かれらが県政や郡政をつかさどっていた。

ここで河北地方の県城のひとつを例にとってみよう。それは一〇の里よりなり、全体が高さ三〜六ｍの土壁に囲まれていた。ひとつひとつの里は約三八〇ｍ×一七五ｍで、あわせて一〇〇戸程度が暮らしていた。[*36] 郡城や県城のなかは碁盤の目のようになっており、里と里のあいだには道路があり、隣接する里と里のあいだにはところどころ土壁が設けられていた。[*37] 里の門には「監門《かんもん》」とよばれる門番がいた。

郡・県・郷・里の人口規模は、時代と地域によってさまざまだ。たとえば『漢書』地理志をみると、郡は一〇三、県は一五七八、郷は六六二二、総人口は五九五九万四九七八人で、郷は平均約九〇〇〇人、県は平均約四郷、三万八〇〇〇人程度であった。伝世文献によくみられる

「一里一〇〇戸」・「一戸五口」という慣用表現に従えば、郷は平均約二〇里・二千余戸程度、里は一一万九一八九程度になろう。

また前漢前期の人口統計にかかわる簡牘をみると、東陽《とうよう》県の総戸数は九一六九戸、総人口は四万九七〇人、県内の郷は平均約一五二八戸、約六八二八人となる。[38] 一方、前漢中後期の簡牘によると、東海郡の総戸数は二六万六二九〇戸、総人口は一三九万七三四三人で、県（県・邑・侯国を含む）は平均約七〇〇七戸、約三万六七七二人、郷は平均約一五六六戸、約八二二〇人、里は平均約一〇五戸、約五五一人で、郷は平均約一四・九里となる。[39] これらによると、前漢武帝期ころの一里はおおむね一〇〇戸以下、郷は約一五〇〇〜二〇〇〇戸、県は約七〇〇〇〜一万戸の範囲に収まるといえそうである[40]（図4－6）。

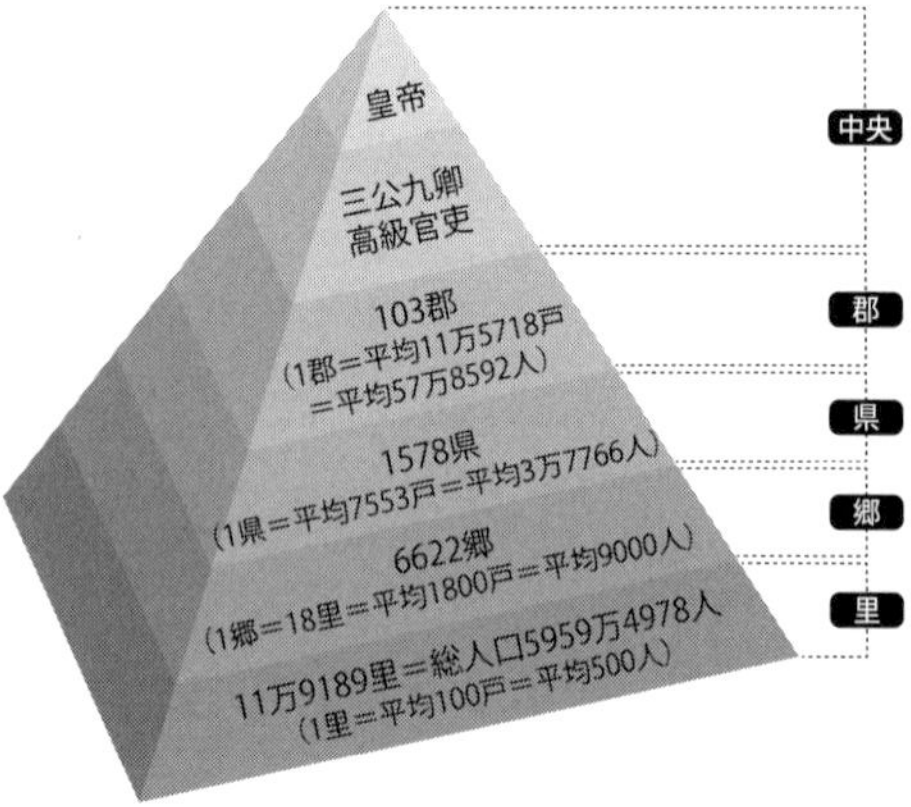

図4−6　漢代の人口と行政単位（柿沼作成）

ここであらためて、最小の行政単位である里をみてみよう。里にはおおむね数百人が暮らしており、その長を里正や里典という。里正と里典の違いはよくわかっていない。[41] ほかに父老もおり、年長者のなかから選ばれた。

おもしろいのは、里典や父老はじつは、里のなかでも身分の低い者が優先的にあてがわれる職務だったことである。[*42] どうやら里正や父老は、里をひっぱっていく重要な仕事でありながら、みなあまりやりたくないものだったらしい。もちろん、なかには率先してやりたがる者もいたようで、たとえるなら、それは現代日本のマンション組合の理事に近いだろうか。

田典は農事をつかさどる小吏である。[*43] 里典とは別物で、集落の田畑をめぐるトラブルを里典や郷吏に報告する役目だった。ただし、田畑以外にも関与している例があるため、「生活課の担当者」と訳したほうが正確かもしれない。また里人はそれぞれ五戸ごとにグループを組まされ、そのメンバーは伍人とよばれた。そして、ある里人が重罪を犯せば、その責任はしばしば伍人にも及んだ。

ニセガネを取り締まるべき者たち

以上をふまえ、あらためて盗鋳銭の法律をみてみると、盗鋳銭者とその幇助者がいたときにはその同居・里正・里典・田典・伍人も処罰された。もちろん、主犯格が棄市なのにたいし、さすがに上記関係者がみな棄市とされたわけではなく、かれらは贖耐（黄金一二両を納入させる刑罰）とされた。こうした事情をふまえ、侠客は郭解にこういった。

「要するに、文帝五年（前一七五年）以前の律令によれば、盗鋳銭者やその幇助者は死刑で、盗鋳銭者とひとつ屋根の下で暮らす者（密告者以外）はみな役所に黄金を納めねばならないということです」。

「里正らも罪に問われるわけか」。

「そうです。ご存じのとおり、里正や里典は里の長として、みずからの管轄する里のなかで起きた犯罪に責任をもたねばなりません。伍人はいわゆる隣組のようなもので、盗鋳銭者の家をとりまくように暮らしています。[44]ある家で盗鋳するとなれば、金属を溶かすために多くの燃料が運びこまれ、モクモクと煙が立つわけですし、ふつうなら気づきますからね。やはり密告せねば連帯責任だというわけでしょう」と侠客は答えた。

「われわれがなんの備えもなく、カタギの家のそばで不法行為をするわけがなかろうに……。実態を知らぬ愚か者がつくった法律とみえる」。

そういった郭解の口吻《こうふん》には、モノを知らぬ役人への侮蔑《ぶべつ》が込められていた。

侠客はそれに気づきながらも、郭解をこう戒めることを忘れなかった。

「しかし役人どもも敏感になっております。尉や尉史などは、もし管轄区域内で盗鋳銭者を捕まえられなければ、処罰され、もしくは爵位を削られますから。新たに法令が出されれば、みな躍起になって盗鋳銭者をさがすことでしょう」。

ここでいう尉や尉史などとは、犯罪を取り締まるべき役人のことである。郭解は侠客のことばに「うん」と頷いたものの、その口元にはうっすらと笑みが浮かんでいた。なぜなら郭解は、盗鋳銭者を取り締まるべき尉史らをとっくに手なずけていたからである（第三章）。これこそが郭解の恐ろしさを理解するカギになる。

侠客は「法律の文章はまだ続いております」といった。

> ある者が銭を盗鋳しているのを知り、そのために銅・炭などを買い足す者、またはそのために盗鋳したばかりの新しい銭を行《こう》する者、もしくはそのために盗鋳銭を通《つう》する者は、いずれも盗鋳者や幇助者と同じく棄市とする。[45]

つぎからつぎへとむずかしい文句がならんでいる。いちおう侠客は法律を読みあげ、このように訳したが、はたして解釈が妥当かどうかは、侠客本人もよくわかっていない。

「いったい「行」やら「通」やらの意味はなんだ」と郭解はいった。

「正直に申し上げてよくわかりません。おそらく「行」とは国家公認銭として銭を流通させること、「通」とは銭を国外に持ち出すことかと思いますが[46]……」と侠客は口を濁した。

「わからんとはどういうことだ。おぬしは役所にもぐりこんで働いていたこともあるのだろう」と郭解はたずねた。

「そのとおりです。しかし、じつは中央政府から配布される法律にはむずかしい語がふくまれており、地方の役人レベルではよくわからないこともあります。法律にかんする問答集まで作成され、役人のあいだで回し読みされるほどでして……」と俠客は弁解した。

たしかに俠客のいうとおりだった。そもそも秦漢時代の社会には、法律が細部に至るまで、網の目のようにはりめぐらされていた。もめごとがあるたび、県の官府ではしっかりと裁判がおこなわれ、担当官吏は法律に習熟している必要があった。しかし現代とは異なり、専門の裁判官・検察・弁護士がいたわけではないため、地方官吏はがんばって勉強せねばならなかった。それは官吏の昇進条件のひとつでもあった。

もっとも、日常的な業務のかたわらで勉強したところで、法律を覚え忘れることもあれば、理解できないところもある。そのうえ、裁判のなかには安易な判断を峻拒《しゅんきょ》するかのごとき、難解なものもある。だから、県レベルで判決を出すことができないこともあり、しばしば中央政府に問いあわせがなされている。そのときに「似たような先行する裁判の判決を援用するように」などのお達しがあることもあれば、[47]「そんなこともわからないのか」と怒られることもある。現代のように、担当者がコンピューターでデータベース検索をできるわけではないから、地方官吏も楽《らく》ではないのである。[48]

盗鋳者の組織化

そのあとも俠客は延々と銭にかんする律令の説明をした。だが郭解は途中で俠客の話をうちきり、うんざりしたようにこういった。

「かくも複雑な律令をどうやって覚えておけというのか。いったい律令はいつどのように発布されるものなのか」。

侠客はなんとか記憶を掘りおこしながら、漢代の律令の出される過程について答えた。

「律令の制定過程はおおむね次のようなかたちをとるようです。まず皇帝が詔《みことのり》を下します。詔は、臣下からの提案をふまえて出されることもあれば、皇帝独自の判断によって出されることもあります[*49]。その後、詔の文章のなかでもとくに法律化すべきところは令とよばれ、単行法令のかたちをとって頒布されます[*50]」。

「なるほどなぁ。それでは、律令というのは一度にまとめて体系的に作成されているわけではないのだな」と郭解はいった。

「はい。ただしそれらはたんに時代順に無編集のまま保管されているわけでもありません。令は官署名・事項名を付され、さらに甲・乙・丙などの篇にわけられ、番号がつけられてファイリングされ、各地方官府に保管されているようです。ひとたび甲に分類された令が、のちに乙や丙に再編されるといったこともあるとか[*51]。そして、これらの令のなかでも、とくに原則にかかわるものは律として分類されたようですが、このあたりの事情はよくわかりません」。

「要するに、皇帝は詔を下すことができ、そこから「律」や「令」が生まれるということだな」と郭解はいった。

「そのようです」と侠客は答えた。

「もし律令が変更されたなら、いつどのようにそれを知りうるのかね」と郭解は問うた。

「ひとたび律や令が発布されますと、その内容は檄《げき》（多面体の木簡）にしるされ、使者がそれを各地に運んでいきます。そのようすは、まるで道ゆく人びとにその内容をみせびらかすかのようですが、じっさいに歩行者がそれを読むことなどできません。檄は、あくまで記載内容を庶民にたいして周知徹底するという象徴的な意味をもつものなのです。また檄は、道沿いの役所の官吏に開示され、あるいは終着点の役所でヒモにつるされ、多くの人びとに周知されます[*52]。さらに、とりわけ重要な内容なら、市場や役所に立札がたてられ、内容の周知が図られます[*53]」

と侠客は答えた。

「では、そういう立札を毎日確認しにいけばよいのだな」と郭解はいった。

すると、侠客はあわててこう答えた。

「あなたほどの方が、おいそれと人ごみに入るべきではありません。政府もあなたの存在を警戒しはじめています。あなたを仇としてつけ狙っている者もいるとか。大衆のまえに出るのはひかえられたほうがよいでしょう」。

既述のとおり、たしかに仇にねらわれるような者は、真っ昼間から公道を歩かぬほうがよい。

「そうだな。千金の子は堂《どう》の端っこに座らず、百金の子は欄干《らんかん》によりかからず、聖明な君主はあぶない橋を渡らないというからな[*54]」。

郭解は当時はやっていた言葉を引用しつつ、笑いながらそういった。

「ところで、銭を盗鋳するには、木材だけではなく、あらかじめ青銅原料を確保しておかねばならぬ。青銅は銅と錫《すず》の合金で、それぞれ鉱山で採掘できる。鉱山の多くは南方にある。ここにも官憲の手は今後伸びてゆくと思うか」と郭解はたずねた。

郭解がそれほどまでに細かい疑問をぶつけた背景には、盗鋳銭者が当時いかに利益を得ていたのかという問題がからんでいた。

盗鋳者の利益

そもそも民間の盗鋳銭者が政府と同じ原材料と鋳造法を用いて鋳銭すれば、儲《もう》けはほとんどない。それくらい前漢時代の銭は良質だった。銅八〇%強、鉛《なまり》一〇%弱、錫五%弱といったところだ。だから、もし利鞘《りざや》を得たければ、良質の青銅によって銭を盗鋳するのではなく、より安価な鉛や鉄を混入させる必要があった。[*55]

しかし、鉛や鉄の含有量が多ければ多いほど、銭は変色する。もとより良質の青銅による銭は、赤みがかった黄金色をしている。それらは、時がたつにつれて錆びてゆき、やがて青緑色になる。これは現代日本の十円玉と同じである。だが鉛や鉄をまぜると、赤みがかった黄金色にはならない。ゆえに、あまりに鉛や鉄の成分が多かったり、意図的に銭を小さく盗鋳したりすれば、民間人であっても、すぐにそれをニセガネだとみやぶることができる。[*56]それでも盗鋳銭によって利益を得たければ、あとは原料費を下げるしかない。こうして当時の盗鋳銭者は、鉱山経営者とも連携していった。

では、前漢前期における鉱山経営とは、どのようなものであったのか。

当時の法律には、鉛をはじめとする鉱物（銀・鉄・黄金・丹砂《たんしゃ》）への課税のあり方が列記されたものがある。その方法は、民に鉱物を採取・採掘させ、入手した現物の量などを自己申告させ、それに課税するというものである。*57 これは占租《せんそ》とよばれた。*58

そのさいに鉱山では、少なくとも製錬・精錬・鉱床販売・器物製造などに関わる民間業者が別々に仕事をしており、それぞれが課税対象とされていた。盗鋳銭者は、このように分類・管理された業者などから直接的に、あるいは商人を通じて鉱物を入手し、それによって銭を盗鋳していた。つまり盗鋳銭業は、じつはさまざまな行為の複合のうえに成り立っており、そのなかには非合法的な行為のみならず、合法的な行為も混じっていたのである。

これは、鋳銭がほんらい一大産業ともなりうるもので、多くの人びとに直接的・間接的な利益をもたらすものであったことを意味する。漢初の製炭業者や精鉱業者は、必ずしも盗鋳銭者のために働いていたわけでなくとも、盗鋳銭者による原料の購買をつうじて、結果的に利益を得ていたはずである。

郭解から「南中国に集中する鉱山群にも官憲の手は今後伸びてゆくと思うか」と下問された侠客は、以上のような背景をふまえ、こう答えた。

「それは十分ありうることです。大規模な鉱山の存在はすでにひろく知られており、一部は民間業者に委ねられています。そして漢は現在、それに課税をするという対策をとっています。かつては中原にも錫《すず》などの鉱山がありましたが、[59]いまや南方にも鉱山があることが知られてきていますからね[60]」（図4－7、図4－8）。

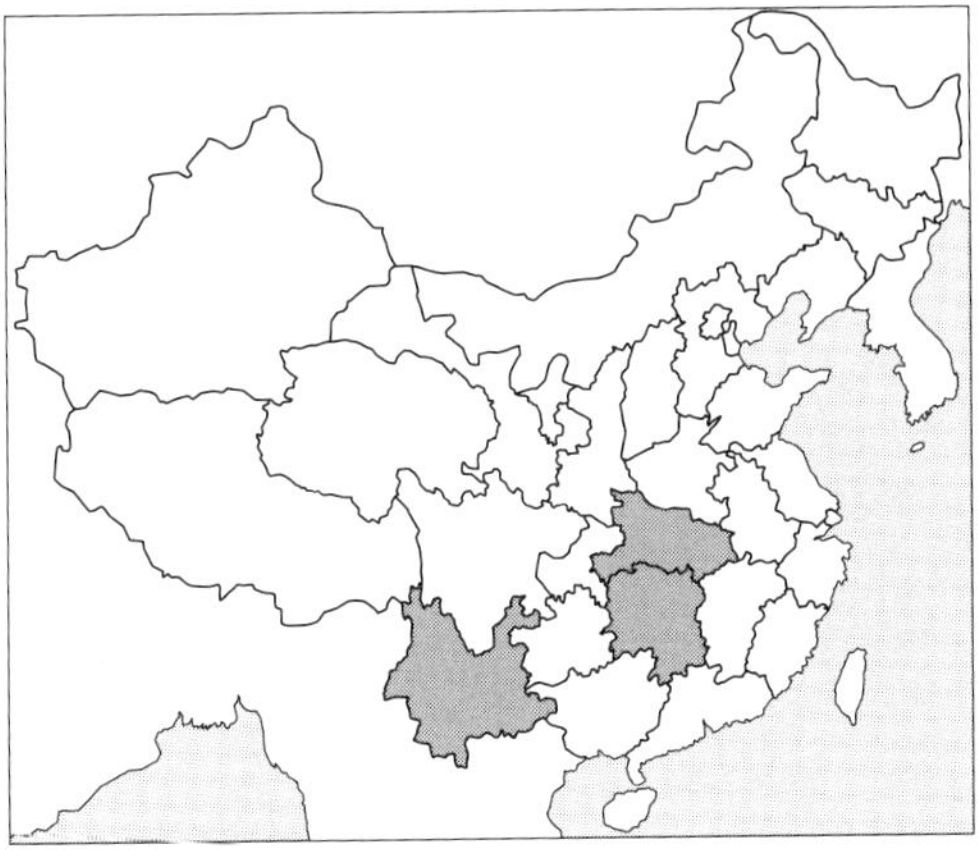

図4-7　漢代のおもな錫の産地（柿沼作成）

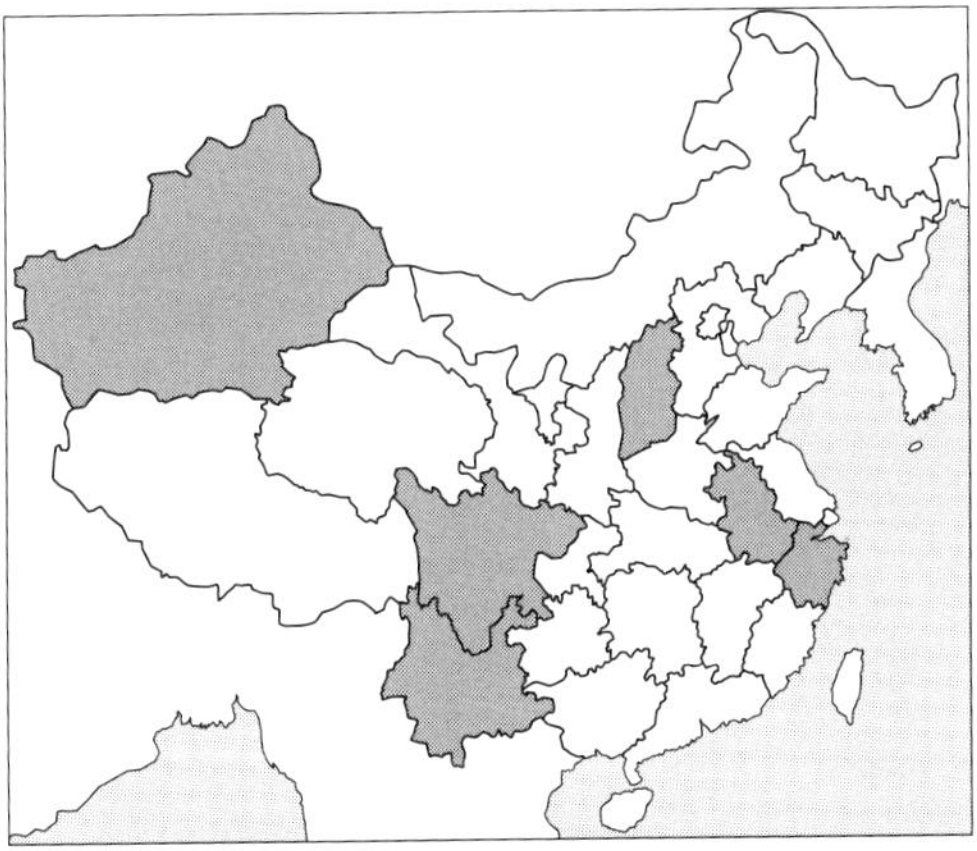

図4-8　漢代のおもな銅の産地（柿沼作成）

「木材の産地も南方が多そうだな」。

「おっしゃるとおりです。鉱石を製錬・精錬するには火力が必要で、そのためには大量の炭と、その原料たる木材が必要です。しかし、中原では森林伐採がすすみ、木材の生産量が少しずつ落ちていきます。[61]ですから、近ごろの人びとはますます人里はなれた山奥で木材を探すようになっています。[62]そこでは作業効率を上げるため、一〇〇人以上がまとまって作業をすることもあります。役人の目はそうした奥地にとどきにくく、そこでは人買いにさらわれた者などが働いており、労働環境はよくありません（第六章参照）。人買いと鉱山所有者がむすびついている以上、その親玉は非合法的組織の主であり、その鉱石が盗鋳銭に用いられている点は容易に想像がつきます。ふつう、燃料になりそうな巨木を伐採したときには自己申告納税制が適用されますが、[63]私たちはそれをろくに守っておりません。官側もそのことには気づいてます。ですので、いつ取り締まりを強化してもおかしくありません[64]」。

「それは困るな」と郭解はいった。

「とはいえ、おそらくまず問題になるのは、諸侯王による盗鋳のほうでしょう」と俠客はいった。では、諸侯王とはいったい何者なのか。

第五章　呉楚七国の乱と任侠

諸侯王国の独立性

侠客の予想はみごとに当たった。当時、漢帝国は諸侯王の処遇に苦慮していた。諸侯王のなかには銭の私鋳によって荒稼ぎする者もおり、漢はつねに取り締まりに頭を悩ませてきた。その政治的背景を理解すべく、ここで少しばかり、当時の政局について説明しておこう。

そもそも漢の高祖劉邦は、政敵項羽との熾烈《しれつ》なる戦いを勝ち抜いて、漢を建国した。このときに劉邦は、各地の有力者を服従させ、「項羽を滅ぼしたあかつきには恩賞を与える」と約束していた。劉邦がまだ一介の田舎者にすぎなかったころからの仲間にも、もちろん恩賞を約束した。かれら功臣は、こうして項羽を滅ぼしたのち、大小さまざまな土地をさずかり、そこから得られる収入をみずからの利益とすることを許された。かれらは、延々とつづく高貴な血統ゆえにその地位を得たのではなく、むしろ楚漢戦争で軍功をあげたことによって昇進を勝ち得たのだった。かれらのことを軍功受益階層《ぐんこうじゅえきかいそう》とよぶ。[*1]

こうした軍功受益階層のうち、とくに大きな版図をさずかり、ひとつの独立国のごとく自治権を与えられた者を、諸侯王といった。かれらは、封建先の地名にちなんで、楚王や呉王などとよばれた。かれらの封建先はおおむね東方に広がっていた。皇帝は、はじめから諸侯王国にたいして強い警戒心さえ抱いており、帝国直轄領から諸侯王国への物資流出を規制することもあった。[*2] 一方、諸侯王国のほうも、完全なる独立の自由を有していたわけではなかった[*3]が、

「私たちは漢と天下を共有しているのだ」との認識を強くもっていた。なお小規模な都市をさずかった者は列侯とよばれた。[*4]

「おれはもともと劉邦の友だちだったんだ。いまやあいつは皇帝だが、おれだってなかなかのもんだ。いちおうあいつには頭を下げているけど、そもそもおれたちの助けがなければ、あいつだって項羽には勝てなかったんだ」。

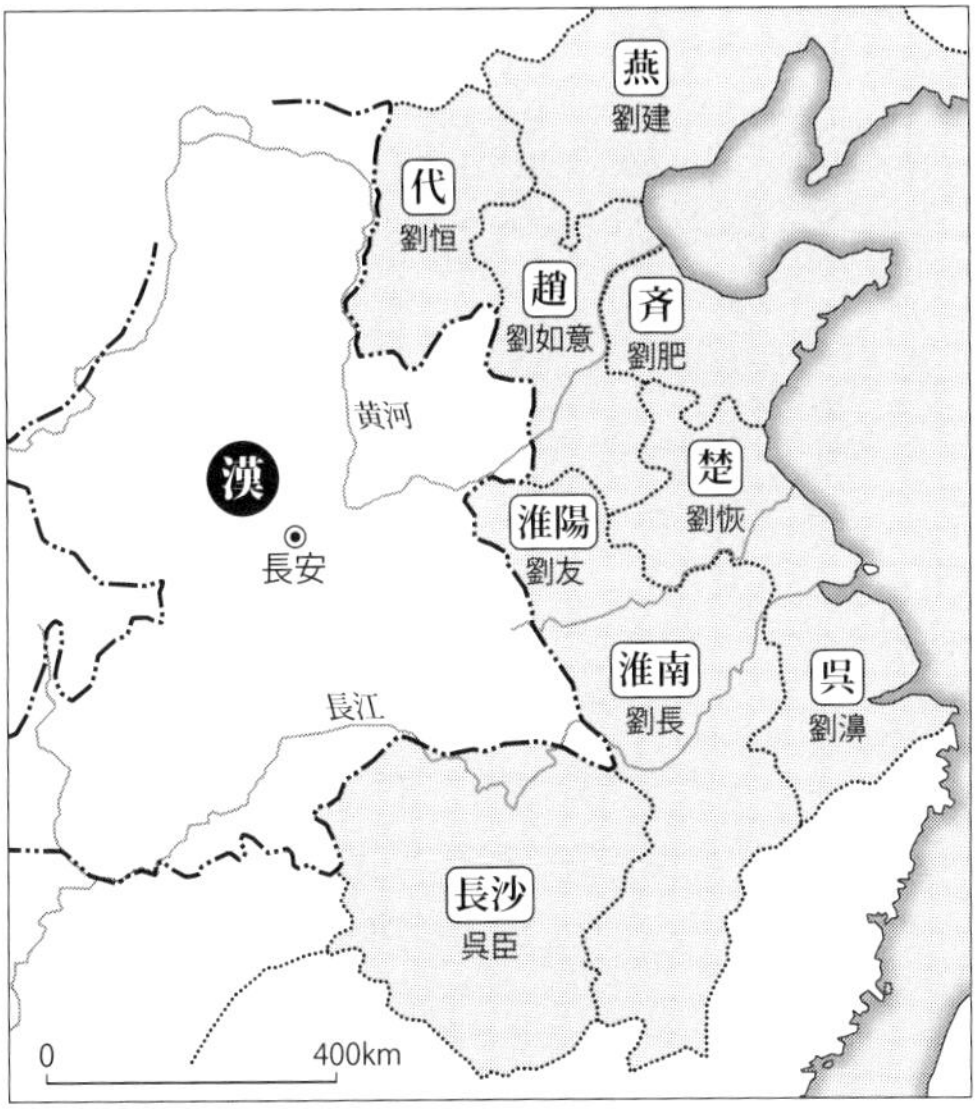

図5-1　漢初の直轄領と諸侯王国（柿沼作成）

たぶん一部の諸侯王はこんなことを考えていたにちがいない。劉邦からしても、諸侯王レベルの仲間をそうそう無下《むげ》にはできない。こうして諸侯王となった者の国は、法律的にはあくまでも漢の「外」の国として位置づけられたのである。[*5]

高祖はやがて各地の異姓諸侯王にいいがかりをつけ、次々に殺害しはじめた。とうぜん抵抗する者もいたが、晩年の劉邦はそれらの制圧に全力を注いだ。そしてみずからの子を諸侯王（同姓諸侯王）とし、劉氏一族の天下を盤石なものにしていった（図5-1）。

劉邦が崩御すると、その正妻たる呂太后が天下を牛耳った。彼女はたいへん嫉妬深く、劉邦が生前に数多くの女性を囲っていたのを怨み、劉邦の妻と子の多くを殺害しようとした。[*6] 呂氏の血をひかぬ劉氏諸侯王も、次々に中央朝廷によびだされては、殺された。だが呂太后が亡くなると、事態は沈静化した。劉邦に仕えた功臣らは、劉氏の天下が再興することを望み、文帝を奉戴し、呂氏の残党をクーデターによって滅ぼした。こうして諸侯王の位はふたたび劉氏によって占められた。

分裂の必然性

こうした支配のやり方は、いわば一族経営のグループ企業のようなものである。かりに本社の社長が父親で、支社長たちがみなその子なら、統治は円滑になされる可能性が高い。しかしそこには少なくとも三つの欠点が潜んでいた。

第一に、かりに一族経営体制がととのえられたとしても、それから数十年もたてば、親族どうしの関係は少しずつ遠くなる。もはや本社社長と支社長とのあいだには姓氏の共通性くらいしかなく、両者の関係はいとこ、はとこ、さらにはそれよりも遠くなる。そのときに、両者はなおも命をかけて助けあうことができるものなのか。たぶんムリであろう。じじつ、周王朝はこうした血縁支配のやり方を重んじたけれども、何百年にもおよぶ治世のなか、徐々にその支配にはゆるみが生じていった。

第二に、一族経営がうまくいくのは、父子関係や兄弟関係が良好なときにかぎられる。だが周知のとおり、世のなかには仲の悪い兄弟の例など枚挙に暇《いとま》がない。かりに仲が悪くなくとも、利権がからめば話はややこしくなる。西晋時代に勃発した八王《はちおう》の乱はまさにその実例である。

第三に、諸侯王に複数の子がうまれたら、いったいだれがその国を継承すべきか。かりに長男が継承者になるとして、次男以下の者はどう生計を立てていけばよいのか。長男が少しでも次男以下の兄弟に財産を分与してゆけば、諸侯王国の財産は世代交代のたびに細分化され、個々の国のサイズは小さくなっていかざるをえない。加えて、中央政府では新しい皇帝が即位するたびにその兄弟が尊重され、新たに諸侯王に任命される可能性が生じる。そのさいに既存の諸侯王の存在は邪魔になる。

こうして皇帝と諸侯王との関係は、つねに一定の緊張感につつまれる。文帝の悩みもここにあった。しかも、たとえ各地に有力な諸侯王がいたとしても、一朝有事《いっちょうゆうじ》のおりに、かれらがほんとうに中央政府を助けてくれるとはかぎらない。

むしろ文帝が即位したころには、すでに高祖劉邦の直系子孫のほとんどが呂太后によって粛清され、文帝にはその支えとなるじつの兄弟が欠けていた。そればかりか、文帝は幼少より皇太子として育成されたわけではなく、諸侯王から急遽《きゅうきょ》皇帝として擁立されたため、権力や権威の基盤も脆弱だった。[*7] だから諸侯王のなかには皇帝の命令に従わず、かってに蓄財し、中央政府をないがしろにする者さえあらわれた。[*8] 文帝は諸侯王にこれ以上つけこまれぬよう朝廷内の調和を重んじる必要があり、はじめから建国の功臣らの顔色をうかがわねばならなかった。[*9]

文帝のこうした悩みは、高祖劉邦が崩御して以来の課題であって、[*10] それは文帝の子の景帝にも継承された。建国の功臣らがわがもの顔で闊歩《かっぽ》する光景もおおむね景帝期までつづいた。[*11]

しかも景帝は子だくさんで、みずからの子に土地を分配する必要が生じた。これは、たんに景帝がわが子を愛しいと感じたからだけでなく、歴代の皇子に土地を分配することが建国以来の祖法だったからだ。だが、もし皇帝の直轄地を細分化して皇子に分け与えれば、皇帝への権力集中は削がれていく。そこで直轄地以外の土地を与えようにも、すでに高祖期や文帝期に分家した劉氏一族のだれかが封建されている。景帝は悩みぬいたあげく、文帝とは異なる道を歩みはじめた。[*12] つまり、既存の諸侯王国の削弱を試みたのである。

景帝による諸侯王国の削弱計画を推しすすめたのは、じっさいには謀臣の鼂錯《ちょうそ》だった。当時、諸侯王のなかでも景帝との関係性が深かったのは、じつの弟にあたる梁の孝王《こうおう》だけだった。これにたいして、たとえば呉王は劉邦の甥《おい》にあたり、景帝よりも年上で、政治家として老獪《ろうかい》だった。そのため、呉王ははじめから景帝のいうことに耳を傾ける気などなく、景帝からすれば、目の上のたんこぶに近い存在だった。そこで景帝は、鼂錯らとともに、呉王らの版図削減をすすめていった。

かりにそれに成功すれば、中央集権化はすすみ、漢帝国の基礎は盤石となる。そうなれば、なにかにつけて癪《しゃく》に障《さわ》る北方遊牧民の匈奴《きょうど》にたいしても、強く出ることが可能となろう。なかでも呉は、版図内に鉱山をもち、かってに銭を私鋳《しちゅう》し、海岸沿いで塩業を推しすすめ、莫大な利益をあげていた。当時の重要な戦略物資のうち、塩や鉄の産地はおもに北中国に点在していたが、南中国の一部もその恩恵に浴していたのであり、とくに長江下流域を占める呉は、豊かな塩場と銅山を有したのである（図5-2）。そしてこれによって呉王は軍事力を増強していた。

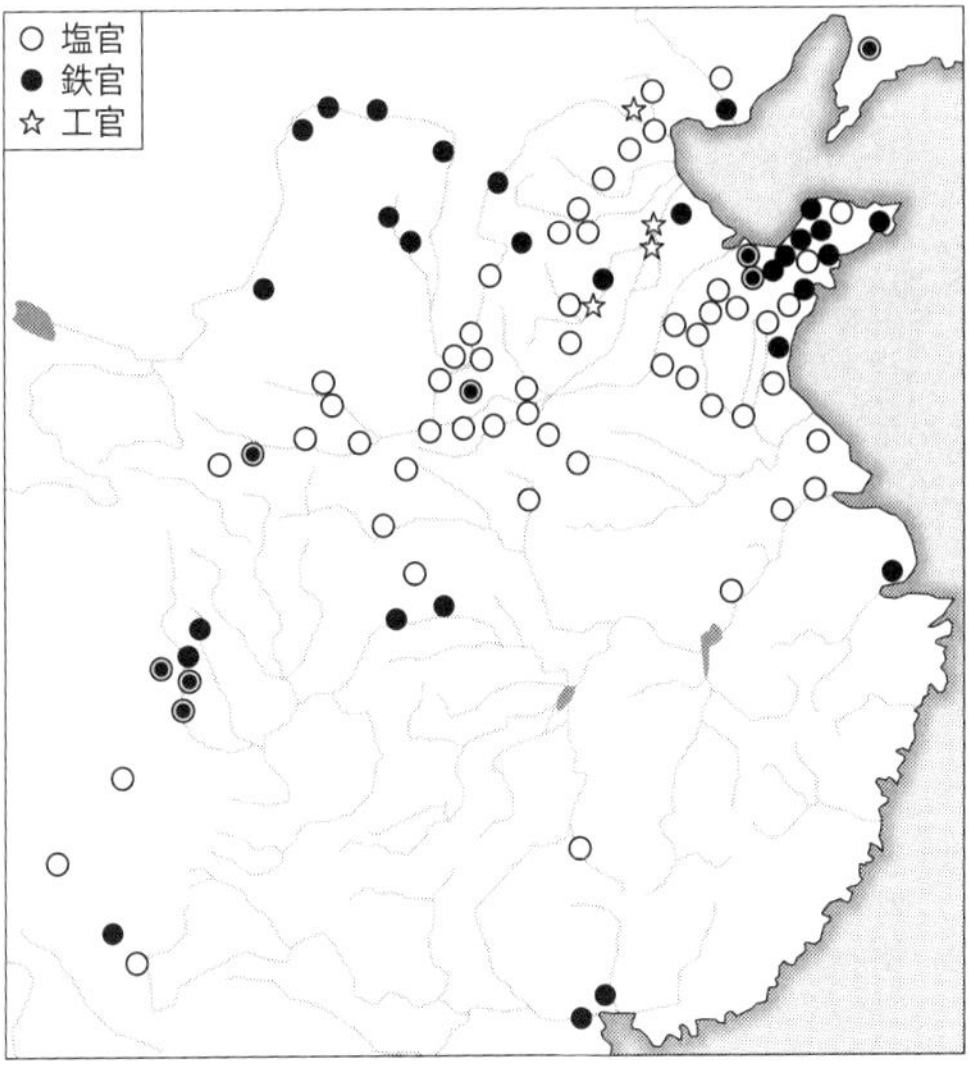

図5-2　前漢時代の塩官・鉄官・工官の分布（柿沼作成）

　第四章末に挙げた侠客が郭解との会話のなかで、「まっさきに問題となるのは諸侯王による私鋳のほうだ」といったのは、こうした呉王の動きを念頭に置いたものだった。呉王による鋳銭事業は、もはや中央政府が看過しえぬレベルに達していた。

若き郭解が河内一帯で台頭しつつあるころ、中央政府の目はちょうど呉王国の動向に注がれていたのである。

呉王の財源

呉王による鋳銭（文帝五年以前は盗鋳銭罪にあたる）の実態については、史書にこう明記されている。

> おりしも恵帝・呂后のときに天下ははじめて落ちつき、郡国の諸侯はそれぞれみずからの民を撫順《ぶじゅん》することにつとめた。呉の鄣《しょう》郡には銅山があった。劉《りゅう》濞《び》はそこで天下の亡命《ぼうめい》者《しゃ》をまねきよせて銭を盗鋳し、海水を煮沸《しゃふつ》して塩をとらせた。そのため（呉の財政は潤沢となり）、呉人は賦税を課せられることはなく、王国の財政も豊かであった。……南越王趙《ちょう》佗《た》の版図内の郡国から官吏がやってきて、呉に逃げ込んだ亡人《ぼうじん》を捕縛したいと申し出たが、呉王はそれを許可しなかった。鼂錯は上書した。「……呉では銅山を確保して銭を盗鋳し、海水によって塩をつくり、天下の亡人をまねいて反乱を企てております。……」と。……そこで呉の豫《よ》章《しょう》郡（鄣郡の誤り）を削ろうとした。[*13]

ここには、諸侯国の抑圧に乗り出した中央政府にたいして、呉王劉濞が反乱を起こすまでの過程がしるされている。これがいわゆる呉楚七国の乱である。その乱の直接の引き金になったのは、中央政府による呉の会稽《かいけい》郡・鄣郡の没収である。鄣郡には銅山があり、呉はそこで鋳銭をしていたので、鄣郡の没収はまさしく呉の財源の没収を意味する。呉王が挙兵を急いだ一因はこの点にあると思われる。[*14]

前掲の史書をみると、このとき呉王のもとで鋳銭作業をおこなっていたのは、「亡命者」だとも、「亡人」だともある。史書のべつの箇所をみると、それは「無頼の子弟・亡命」だったとも言い換えられている。[*15] ここでの「無頼」とは長江・湘水流域の方言で、悪賢い年少者をさす。[*16] つまり任侠風を吹かしている「少年」（チンピラ）のことだ。またここでの「亡命」・「亡人」は同義語で、ほかの郡国から逃亡してきた者をさす。[*17] 当時の法律によれば、「亡人」を雇用した者は、知らずとも有罪である。[*18] よって呉王はほんらい罪をまぬがれない。

かくして任侠を翼下におさめた呉王の盗鋳組織は、前掲の銭律にとって最大の敵となった。しかも、ニセガネにかんする規定は、結局は呉王に歯止めをかけることができないまま、文帝五年（前一七五年）にいったん撤廃された。だとすれば、呉王の組織は律令の実質的な破壊者だったとさえいえるかもしれない。呉王に比べれば、このころの郭解はまだ取るに足りない脅威だった。

文帝が崩御すると、呉王はますます増長していった。新たに即位した景帝は、もはや事態を

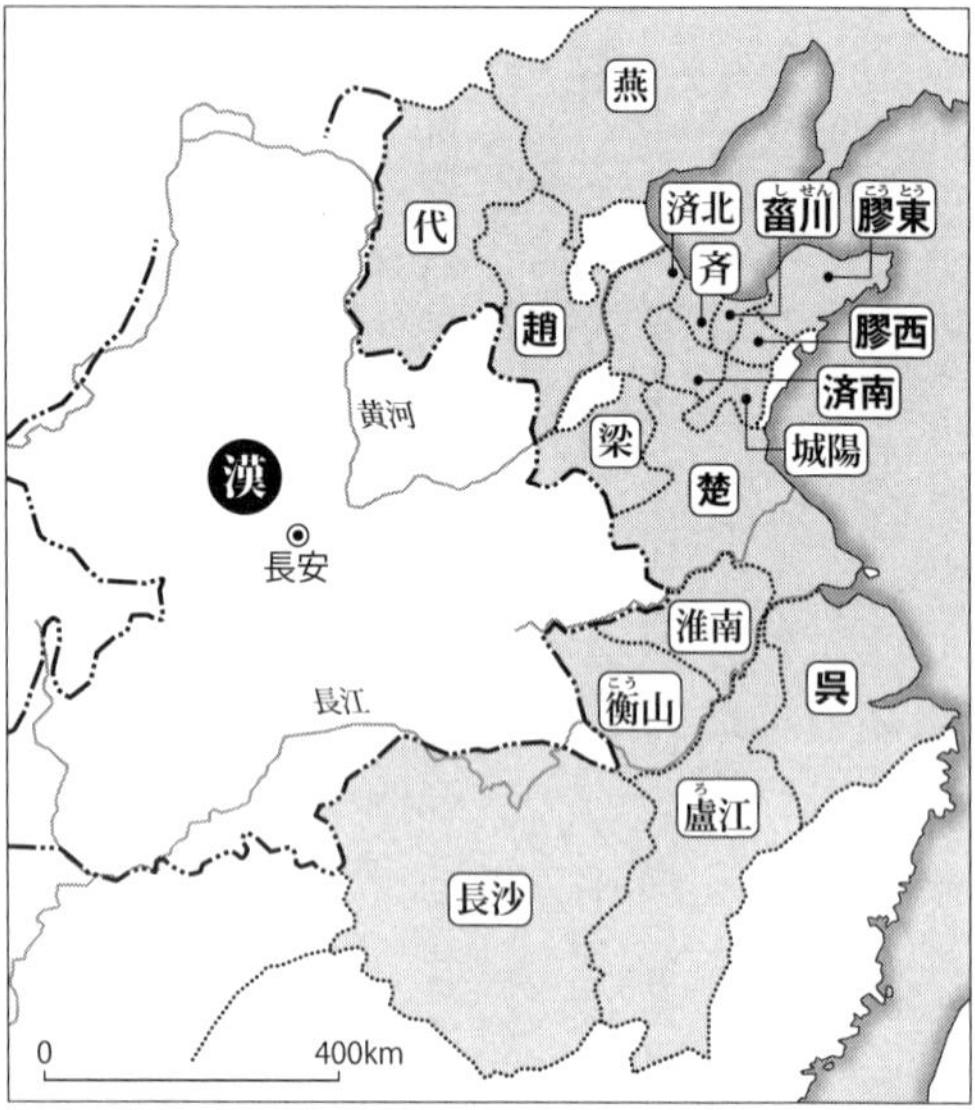

図5-3　呉楚七国の乱（反乱側はゴチック太字。柿沼作成）

看過しえないと判断した。景帝は、景帝三年（前一五四年）にいよいよ諸侯王国削弱策を実行に移した。その計画の目玉は、既述のとおり、呉の会稽郡・鄣郡を没収することであった。そこには呉王のニセガネ作りの拠点があった。ひとたび財源を奪えば、呉王らはもはや反乱を起こすことはできず、中央政府にたいして従順になるであろう。景帝と鼂錯はそのように事態をみていた。

　ところが、呉王はすんなりとは命令に従わなかった。そもそも景帝は皇太子時代に、呉王の子を口論のすえに殺したことがあった。呉王はわが子の死を嘆き悲しみ、景帝を憎んだ。以来、かれは中央朝廷に定期的に参勤するのをやめた。[*19] そこにすでに火種がくすぶっていた。加えて景帝三年（前一五四年）に、あらためて中央朝廷が呉の版図削減を命ずるや、呉はとうとう反乱にふみき

図5-4　魏晋李広画像磚（仏爺廟墓群出土、敦煌博物館所蔵）

った。それに同調する諸侯王国はほかにもあり、反乱は燎原《りょうげん》の火のごとく燃え広がった（図5－3）。

任侠がみた呉楚七国の乱

反乱軍の勢いは、景帝の予想をはるかに超えるものだった。諸侯王国のうち、淮南《わいなん》王国などはかろうじて漢の側についたものの[20]、呉や楚の軍勢は北上し、洛陽に迫らんとした。景帝はさっそく周亜夫《しゅうあふ》を太尉《たいい》（軍事長官）に任命して軍備をととのえた。周亜夫は、前漢成立時の功臣周勃《しゅうぼつ》の子で、軍才をもって知られていた。漢にはほかにも李広《りこう》などの気鋭の将がおり、その武威は北方に轟《とどろ》いていた[21]（図5－4）。けれども、呉楚七国が匈奴と密約をむすんで長安を挟撃する恐れもあり[22]、事態は予断を許さぬ状況だった。

即位して三年の景帝は、みずからの不明を恥じた。

「わが母（竇《とう》太后）はつねに黄老《こうろう》思想（急激な変化を好まず、人為よりも放任を選び、あるがままの政治を保つ思想）

を重んじ、拙速なる改革を諫めておられた。

朕《ちん》は母上のいうことを聞かず、事をあまりに急いてしまったということか……」。

　しかし景帝の師であり、かつ謀臣でもある鼂錯は、動じることなくこういった。

「想定の範囲内です」。

　それでも動揺を隠せぬ景帝は、あらためて重臣の袁盎《えんおう》に相談をもちかけた。袁盎はもと呂禄《りょろく》（呂后の親族）の付き人で、文帝期には

図5-5　漆木彩絵三魚紋耳杯（前漢初期鳳凰山168号漢墓出土。荊州博物館所蔵）

郎中《ろうちゅう》として文帝に仕えた人物だった。郎中とは皇帝直属のボディガード兼、話し相手ともいうべき官職である。袁盎は郎中をへて呉の宰相となっており、呉王の性格をよく知っていた。

　かれが呉の宰相になったとき、呉王はすでに中央政府に対抗心を燃やしつつあった。袁盎は内心その危険に気づき、呉王を諫めようとした。もともと袁盎は直言を好む気質で、なにかにつけて中央政府に逆らいたがる呉王に、少しく苛立ちを覚えていた。しかし、ここで揉めても事態は解決せぬばかりか、みずからの進退さえあやうい。そこで袁盎は呉王に「反乱はなりませんぞ」というのみで、ただ酒を飲んで日々をすごし、呉王と友好的な関係を保っていた[*23]（図5-5）。そのため景帝は、呉王を知る袁盎の話に耳を傾けたわけである。

だが、袁盎は鼂錯と前々から折り合いが悪かった。諸侯王国の削弱策を強硬に推しすすめる鼂錯とは異なり、袁盎は劉氏一門の分裂を危惧した。おりしも鼂錯が御史大夫《ぎょしたいふ》として台頭すると、袁盎は失脚し、追いつめられていった。そこで袁盎は呉楚七国の乱を契機として、コネを使って景帝に拝謁し、「反乱の責任はすべて鼂錯にある。鼂錯を殺せば、反乱はすぐに収まる」と直訴した。[*24]

事ここに至って、反乱軍を恐れた景帝はやむなく鼂錯を腰斬《ようざん》に処し、袁盎を奉常《ほうじょう》、竇嬰《とうえい》を大将軍に任じた。だが、もはや呉王の逆心をとめることはできなかった。いまさら袁盎を罰するわけにもいかず、かくして景帝は反乱の鎮圧に乗り出した。

先行きは不透明だった。当時長安にいた列侯らが金銭を借りようとしても、商人らは貸そうとしなかったほどである。ひとり無塩《むえん》氏のみが漢軍に投資し、終戦後に巨万の富を得たといわれる。[*25]

だがフタを開けてみれば、勝敗は意外に早く決した。漢側が圧勝したのである。その背景には、民間の任侠たちの助力があったらしい。

まず大将軍竇嬰は出陣にあたり、袁盎や欒布《らんぷ》といった人物を抜擢し、かれらに大盤振る舞いをした。[*26]もとより袁盎は、任侠として知られる季心《きしん》の兄貴分で、[*27]任侠界で評価を得ていた。欒布も若いころ酒屋の用心棒をやり、のちに主人のため仇討ちをした人物で、漢初の大任侠の季布と並び称される人物だった。[*28]

図5-6　賭博の風景（武威市磨嘴子漢墓出土、甘粛省博物館所蔵）

また洛陽の大任侠である劇孟《げきもう》の助力も大きかった。太尉の周亜夫は行軍の途上、劇孟と面会して喜んだ。「呉や楚は大事を起こしながら、劇孟を手に入れようとさえしていない。かれらにはなにもなしとげられまい」[*29]。

史書には、劇孟を手に入れることはあたかも一敵国を得るほどだったともある。では、劇孟のどこにそんな力があったのか。

劇孟の生きざまは、かつての大任侠である魯の朱《しゅ》家《か》に似ていた[*30]。朱家は高祖期の人物で、何百人もの亡命者をかくまい、かれらに慕われた。かれ自身は、能力をほこったり、人に恩をきせたりせず、かつて恩をほどこした相手とは二度と会おうとしなかった。人の窮状を救うときは、まずは貧賤な者を救うことからはじめた。かれは家財をもたず、衣服をかざりたてず、豪華な食事にもこだわらなかった。外出するにも、せいぜい牛車に乗るぐらいで、自己の利益を追い求めはしなかった[*31]。劇孟にも似たところがあった。少し異なるところがあるとすれば、それは劇孟が賭博を好み、子どもっぽいところがあることくらいだった[*32]（図

5-6)。こうしてみると、劇孟には高い官職や爵位があったわけでも、巨額の資産があったわけでもない。かれの力はひとえにその任侠的な名声と人脈にあった。そして周亜夫はそこに「一敵国」を凌駕するほどの実力をみてとったのである。当時の任侠がどのような存在だったのかをうかがわせる好例である。

　このように漢軍は、任侠の支持を得ることで、呉楚七国の乱に有利に対処できた。もちろん、任侠はふだんから政治権力にたいして従順であったわけではない。周亜夫が劇孟をえて喜んだという故事は、劇孟の実力をしめすとともに、劇孟がひょっとすると漢側になびかぬ可能性もあったことを示唆する。

　つまりこのころの任侠はやはり強大な力をもつ存在だったのであり、その人脈は政府の上層部にも及んでいたのである。そして、劇孟なきあとの河内《かだい》郡・河南《かなん》郡一帯で威を張ったのが郭解だった。『史記』遊侠列伝が劇孟以上に郭解をとりあげていることから推せば、ベールを脱いだ郭解の実力は劇孟をはるかに凌ぐものだったのかもしれない。

第六章　轟《とどろ》く侠名、武帝に届く

幸運なる竇姫《とうき》

つぎに前漢前期の帝室の状況をふまえ、武帝《ぶてい》の誕生とその人間関係をみてみよう。武帝とその外戚《がいせき》や近臣は、郭解と棲む世界をまったく異にしているが、それでも両者のあいだには切っても切れない関係性がある。それを浮き彫りにすべく、本章では一見迂遠《うえん》ながら、まずは帝室の人間関係を解き明かしておきたい。

呉楚七国の乱が平定されると、中央政府の力は少しずつ強まっていった。中央側についた一部の諸侯王国は、戦後にその論功行賞にあずかったものの、流れとしては斜陽の時期に入りはじめていた。*1

景帝期から武帝期にかけて、各王国では役人たちの大幅な人員削減がなされ、王国の規模についてもせいぜい郡レベルにまで縮小していった。それぞれ王となった者は版図内から税収の一部を食い扶持としてあてがわれ、実質的な行政は内史とよばれる役人がとりしきった。そして国相《こくしょう》とよばれる役人が、王家と内史の両方を監督するかたちをとり、王はお飾りのようになっていった。*2

景帝にとって残る懸案は外患《がいかん》、つまり国外の反抗勢力である。だが、即位当初から数々の心労に悩まされた景帝には、じゅうぶんな年月が残されていなかった。かれは一〇人以上にのぼる子どものなかから、まだ幼い劉徹《りゅうてつ》をえらんで皇太子にすえた。*3 これが武帝である（図6-1）。

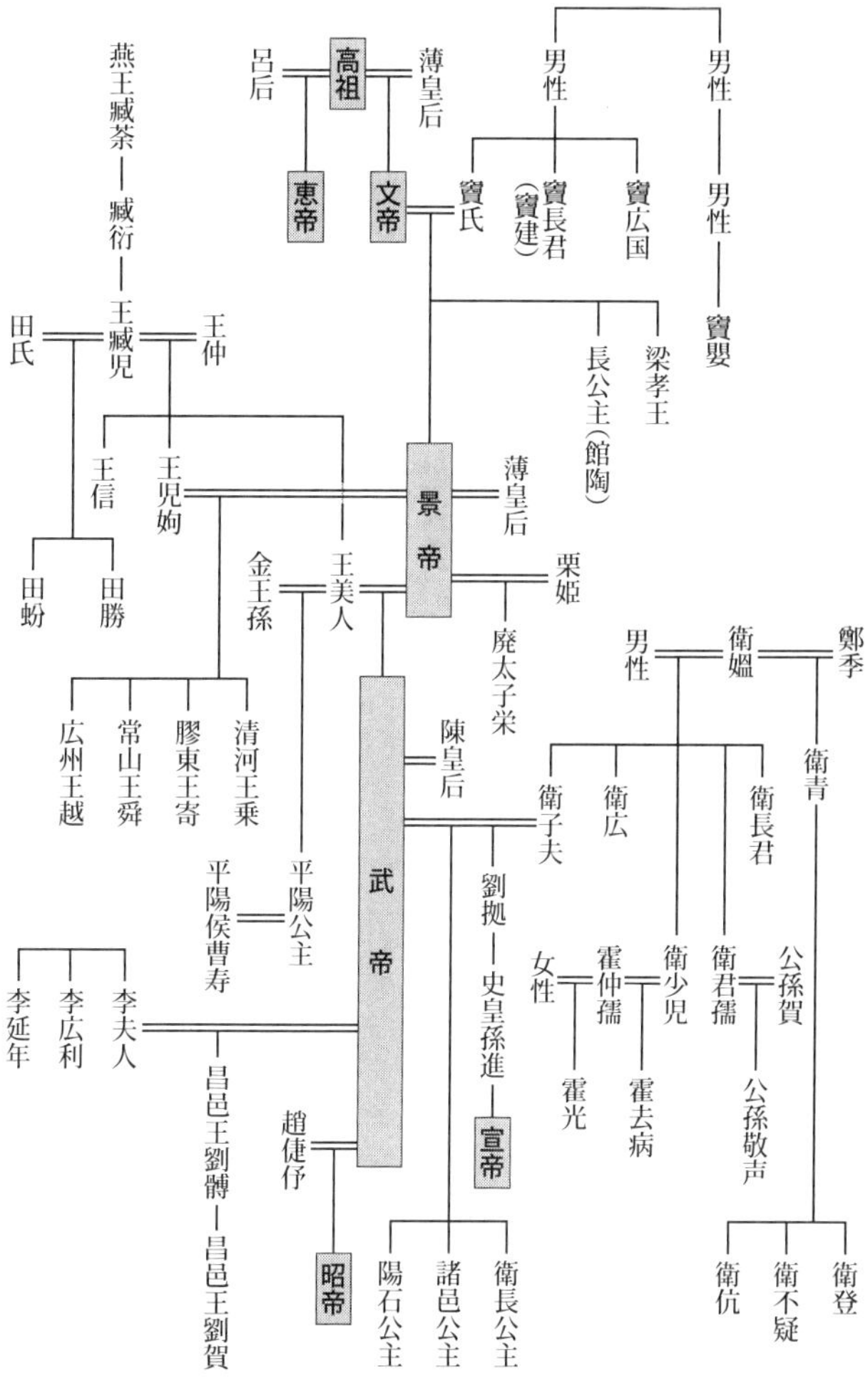

図6-1　武帝とその親族関係（柿沼作成）

漢の武帝といえば、四方八方に遠征軍をおくり、漢王朝の版図を大きくしたことで知られる。だが即位当初の武帝には、まだそれだけの実力はなかった。かれはしばらくのあいだ、祖母の竇太后の顔色をうかがって日々を過ごした。

竇太后とはどのような人物だったのか。ここで少しだけ時間をさかのぼり、竇太后から武帝へとつづく系譜の背景をさぐってみよう。じつは武帝の親族のなかにはウラで郭解につながっている者がおり、武帝の親族関係を調べておくことはムダではないのである。

竇太后は、かつては竇姫の名で知られ、文帝に仕えていた。本名は竇猗房《とうきぼう》とされるが、真相はわからない。[4] その長男劉啓《りゅうけい》がのちの景帝《けいてい》だ。劉啓が皇太子に冊立《さくりつ》されると、竇姫は皇后（つまり竇后）となり、劉啓の姉の嫖《ひょう》は長公主《ちょうこうしゅ》とよばれるようになった。[5] 翌年、竇后の末子武も代王となり、やがて梁の孝王《こうおう》に遷った。[6] こうして竇后は、文帝の正妻であるとともに、景帝・孝王・長公主の母として、天下に冠たる権力を手にした。

竇后の家族はもともと貧乏で、竇后の両親は早くに亡くなっていた。[7] 父は若くして秦末の戦乱に遭《あ》い、隠遁して釣りをしていたが、観津《かんしん》のほとりで誤って水に落ちて死んだとか。[8] この両親の死こそが、皮肉にも、竇后に政治的成功をもたらした。というのも、中央朝廷の官吏たちは当時、呂后一族の専横に辟易《へきえき》しており、二度と外戚が好き勝手をせぬようにと、つぎなる外戚の台頭を強く警戒していたからだ。両親なき竇姫なら、皇后になったとしても、親族の台頭を危ぶむ必要はない。ゆえに官吏らは文帝を擁立したとき、身寄りなき竇姫を皇后として後押しした可能性が高い。[9]
そのことを示唆するかのように、このころに文帝の身のまわりで、きな臭い事件も起こっている。じつは文帝にはすでに正妃《せいひ》がおり、彼女とのあいだには三人の男子もいたのだが、なんと文帝の即位直前に正妃は亡くなり、その子らも文帝即位後にあいついで亡くなっているのである。[10]　ふつうに考えれば、皇子三人の連続死はあきらかに異常事態である。正妃とその子どもたちは親族が多く、竇姫に比べてやっかいな存在だと大臣連中にみなされたのであろうか。真相は闇のなかである。こうして竇姫のライバルも消え、竇姫は皇后に冊立された。

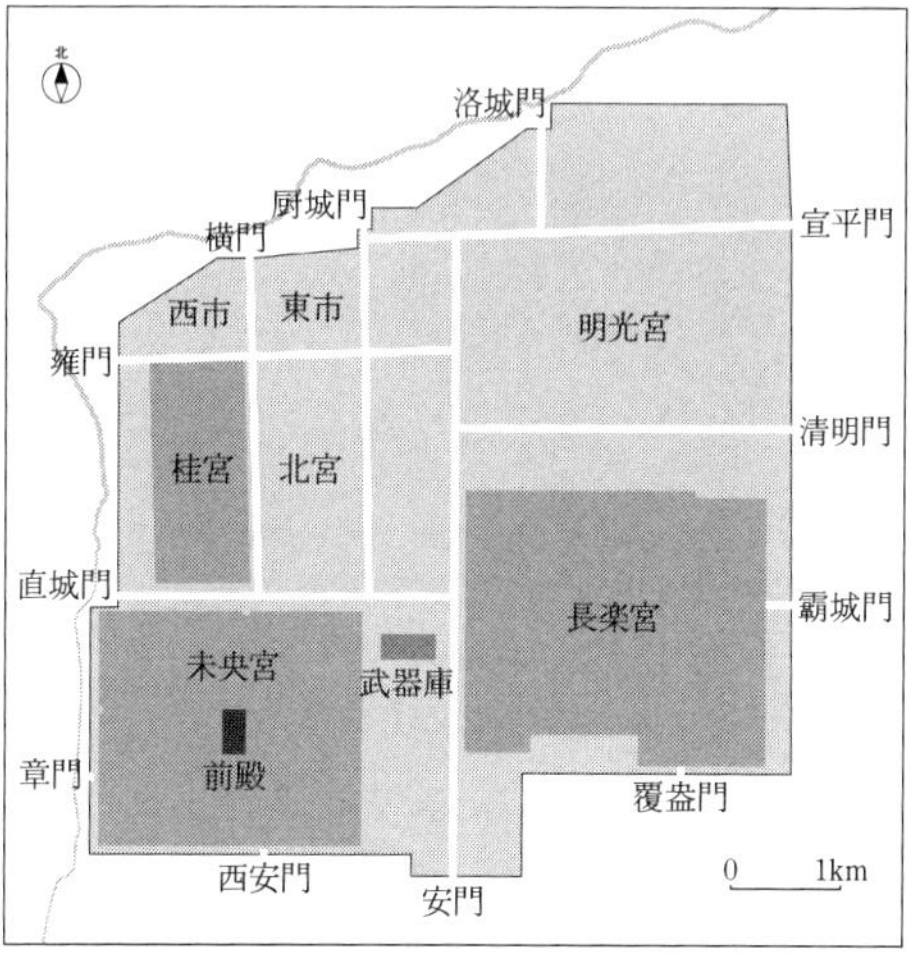

図6-2　前漢長安城（柿沼作成）

　ところで、前漢時代の皇帝（二代目の恵帝以降）は首都長安の未央宮《びおうきゅう》に住み、そのなかに後宮もあった[11]（図6-2）。そこには皇帝の正妻である皇后のほかに、妾《しょう》（夫人・美人・良人《りょうじん》・八子《はっし》・七子《しちし》・長使《ちょうし》・少使《しょうし》）がいた（図6-3）。美人以下の妾のうち、

嫡妻	皇后
貴妾	夫人
賤妾	美人
	良人
	八子
	七子
	長使
	少使

図6-3　前漢時代の後宮と序列（柿沼作成）

図6-4　前漢の宮女（徐州銅山出土、南京博物院所蔵。2014年9月柿沼撮影）

とくに寵愛を受けた者を姫《き》とよんだ。皇后のすまいは中宮《ちゅうきゅう》や椒房《しゅくぼう》とよばれ、妾の住む掖庭《えきてい》とは区別されていた。妾であっても、寵愛を受ければ宮殿（たとえば鉤弋宮《こうよくきゅう》や昭陽舎《しょうようしゃ》）を賜わる場合があったが、それは例外だった。

中宮には詹事《せんじ》以下、中長秋《ちゅうちょうしゅう》・私府《しふ》・永巷《えいこう》・倉廏《そうきゅう》・祠祀《しし》・食官《しょくかん》などの役人が勤めていた。掖庭には事務全般をとりしきる役人がおり、少府《しょうふ》に属していた。中宮や掖庭には、役人や宦《かん》官《がん》に加え、八歳以上の官婢《かんび》より選ばれた宮女たちも働いていた（図6-4）。夫たる皇帝が亡くなると、皇后は皇太后となり、未央宮から長楽宮に移った。長楽宮は東にあったので、皇太后は東宮《とうきゅう》ともよばれた。武帝期に入ると、後宮の女性数は激増するが、それ以前はきわめて小規模であり、皇后以下の女性も微賤《びせん》の出身であることが多かった。ただし、なかには「良《りょう》家《か》」（後述）出身の者もおり、そのひとりが竇姫だった。[*12]

竇姫は、文帝の即位とともに竇皇后となり、中宮にすまうことになった。既述のごとく、まわりには微賤の出身者も少なくなく、女性の人数もまだそれほど多くはなかったが、後宮の財源は大きかった。

当時、徴収された税金は、すべからく国家財政か帝室財政かのいずれかに割り振られていた。国家財政とはいわゆる公的財政のことで、軍事費・官吏の俸禄・インフラ整備費などに用いられた。一方、帝室財政は皇帝のポケットマネーのことで、帝室関係者の生活費や後宮運営費などに用いられた。現代人の感覚からすれば、多いのはとうぜん国家財政であるべきかもしれないが、じつは帝室財政のほうが圧倒的なシェアを占めていた。*13 つまり、民から徴収した税金の大半は皇帝のプライベートな支出にまわされ、後宮の経費もそこから捻出され、ゆえに後宮の予算も多かった。それが後宮内の少ない人員に割り振られ、竇后は頂点に位置したわけだから、彼女が手にした権威と財力はたいへんなものだった。

竇氏と任侠の関係

ところで、竇后は早くに両親を亡くし、一族の力は脆弱だったが、まったくの天涯孤独ではなかった。彼女には兄弟がおり、兄は竇建《とうけん》、弟は竇広国《とうこうこく》といった。ただし、弟の竇広国は四、五歳のとき、実家があまりに貧乏で、口減らしのために人買いにつれさられ、竇氏の人びとはそのあとのゆくえを知る由もなかった。*14

竇家はもともと歴史のある「良家」ではあった。「良家」の意味については、医者・巫（シャーマン）・商賈《しょうこ》（商人）・百工《ひゃくこう》（手工業者）以外の者とする説[15]や、七科讁《しちかたく》以外の出身者をさすとする説がある。[16] 七科讁とは、犯罪歴のある吏、亡命中の者、贅婿《ぜいせい》（入り婿《むこ》）、賈人（商人）、かつて市籍を有していた者、父母が市籍をもつ者、祖父母が市籍をもつ者の計七者をさす。ほかにも諸説あってよくわからないが[17]、ともかく竇家は悪くない家柄だった。

だが竇家は早くに大黒柱たる父を失い、経済的には自活困難な状況にあった。[18] しかも、ちょうどこのころに、長女である竇姫の宮廷入りが決まった。結果、竇兄弟の面倒をみる者はほとんどいなくなった。親族があつまって四合院に住むという当時の宗族のあり方をふまえるなら、おそらく親族のだれかが幼い兄弟の面倒をみたはずだが、以下にのべるように、ろくな待遇は受けられなかったらしい。

竇姫は去りぎわに、実弟の竇広国の髪の毛を洗い、食べ物を与え、泣く泣くその場を離れた。[19]
竇姫には、竇広国の哀れな未来が想像できたのかもしれない。史料の書きぶりをみても、竇広国はどうやら人買いに拉致されたというよりも、奴隷として売られたとみたほうがよい。竇家には兄の竇建もいたが、弟が売られるのを避けることはできなかったようだ。

その後、竇広国は苦労をかさね、一〇以上もの家を転々とし、やがて宜陽《ぎよう》県に至り、当時仕えていた主人のため、山奥で炭をつくる仕事に従事した。[20]

その仕事は過酷をきわめた。もとより人買いにさらわれてきた以上、文句もいえない。朝から晩まで、いつ崩れるかわからない切り立った山々で森林を伐採し、炭をつくる。そして、完成した炭を少しずつトロッコで運び出し、[21] 一部は都市部で販売する。[22] 残る一部はそのまま近くの鉱山にうつし、鉱石の製錬・精錬にもちいる。[23] 竇広国らには、安心して夜を過ごせる屋根つきの宿舎すら与えられなかった。木々のもとでひっそりと日光や雨を避けるだけだった。仲間のなかには脱走する者もいたが、あとになって捕まる例も少なくない。[24]

竇広国の作業現場は、さきほどのべたように、宜陽県の山奥だった。そこは大都市洛陽のすぐ西側に位置し、山奥とはいっても都市部に近いほうである。そして洛陽といえば、景帝期ごろから郭解の縄張りに入りつつあるところだった。郭解の収入源のひとつはニセガネ作りで、ニセガネの鋳造には青銅原料とそれを精錬するための火力の燃料、すなわち木炭が必要である。竇広国らの作業場は、そうした盗鋳銭の原料や燃料を提供する場としてピッタリだ。竇広国がじつは郭解集団の末端に属していた可能性もある。

さて、ある日の夕方、竇広国をふくむ百余人ほどが崖下で寝そべっていた。すると、突如として崖が崩れ、寝ていた者はみな圧死し、竇広国だけが生き残った。

「これは運命ではないか――」。

竇広国はそう感じた。そこでみずから占いをしたところ、「数日で諸侯になるであろう」との占辞《せんじ》がえられた。

竇広国はさっそくそのことを主人に話した。主人は人買いから人夫を手に入れ、かれらを山奥で強制労働させるような人物であり、いわゆるヤクザ者であったとみられるが、いまや大きな損失を抱え、とほうに暮れていた。そうしたなか、たったひとり生き残った竇広国の占辞をみて、思わずそれを信じたのかもしれない。さっそく竇広国をつれて、当時の都である長安に赴いた。*25 長安には数多くの帝室関係者が住んでいるため、ひょっとしたらほんとうに諸侯の仲間入りができるのではないか。

ちょうどそのとき、竇広国らの耳に驚くべきニュースが飛び込んできた。皇后が新たに冊立され、その姓氏が「竇」だというのである。竇広国は幼いころの記憶をたぐりよせ、なんとか主人にこういった。

「私には生き別れた姉がいます。姉は宮廷に入内《じゅだい》しまして、その後どうなったのかは知りませんが、ひょっとすると……」。

それを聞いて主人も驚愕。占いの結果もあり、なんとか人づてに、竇氏へ手紙を送ることに成功した。

こうした手紙はふつう皇后の手元にまでたどりつかない。もし手紙の内容がウソだったら仲介役の役人も皇后をたぶらかした罪に問われかねない。それでも役人は思いきって手紙を竇后に献上したらしい。

竇后は歓喜に打ち震えた。竇后と竇広国は、たしかに実の姉と弟であった。竇広国は宮廷に召喚され、両者は対面を果たし、泣いて喜びあった。*26 竇広国は、苦労を重ねたものの、すなおな青年であった。みずからが人買いにさらわれても、兄や姉を怨むことはなかった。その証拠に、このころに兄の竇建も竇后のもとに参内し、立身出世を遂げているが、竇后・竇建・竇広国の仲が悪かったことを伝える史料はひとつもない。むしろ史書には、竇建と竇広国の性格の良さが記録されている。

こうして竇后は、竇建と竇広国という二人の外戚を得ることになった。しかし、これに警戒心を抱いたのが、朝廷の大臣らであった。というのも、もし竇后の兄弟が野心をもてば、かつての呂氏のごとく、朝廷内でむやみに勢力を広めないともかぎらないからだ。そこで建国の功臣である周勃や灌嬰《かんえい》はこのように相談しあった。

「われらの運命は竇氏の兄弟に握られている。二人は微賤の出自ゆえ、かれらの指導者や賓客をこちらのほうで選定すべきだ。その人選には慎重さが求められる。さもなくば、呂氏のごとき大事が起ころう」。

そこでかれらは徳行高き長者と、節義を守る高士《こうし》を選び、あらためて竇兄弟をサポートさせた。竇の二君はまだ若く、まるで真綿が水を吸い込むように、学問とその心を体得していった。こうしてかれらは謙譲な君子となり、おごり高ぶることはなかったという。[*27] 竇建は文帝後期に、竇広国は恵帝七年に亡くなったが、[*28] かれらの子孫は代々封侯され、これによって竇后一族は安定的な勢力を築くことができた。

なお、景帝の子のひとりである中山靖王《ちゅうざんせいおう》の劉勝《りゅうしょう》は酒と女が大好きな放蕩者で、その王后は

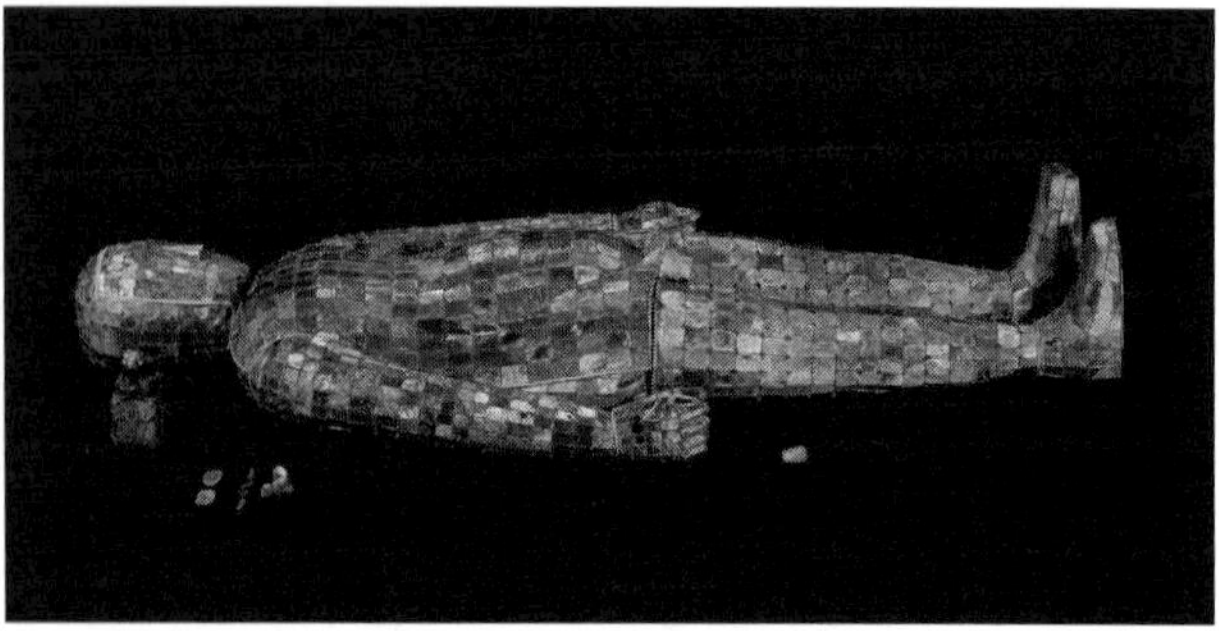

図6-5　中山靖王の遺体（満城漢墓出土、河北博物院所蔵）

竇綰《とうわん》（字は君須《くんしゅ》）といい、竇氏の血縁者とおぼしい[*29]（図6－5）。また竇太后にはいとこの竇甫《とうほ》もおり、長楽衛尉《ちょうらくえいい》になっていた。[*30] かれらも竇后の心の支えになったようだ。

栗姫《りつき》の失敗

しばらくして文帝は崩御し、景帝劉啓が即位した。竇后は文帝の正妻、かつ景帝の母として、竇太后とよばれるようになった。ただし、文帝の母である薄太皇太后は存命で、なおも後宮の支配者として君臨していた。薄太皇太后は、あらかじめ一族のなかから女性を選び、まだ皇太子だった劉啓にめあわせていた。

「竇后はわが子劉啓の嫁として、よく尽くしてくれている。しかし、もしわたくしが亡くなれば、わが薄氏はいまの待遇を失うであろう。いまのうちに竇氏の力を掣肘《せいちゅう》し、薄氏のなかからつぎの皇后を選んでおくべきだわ」。

薄太皇太后はそう考えたようだ。もし子どもを生めば、劉氏と薄氏のむすびつきはますます強くなろう。じっさいに景帝が即位すると、薄氏は皇后になった。

だが、ふたりのあいだに子はできなかった。景帝は、祖母から半強制的にあてがわれた薄氏を愛していなかった。そのため、景帝二年（前一五五年）に薄太皇太后が亡くなると、景帝はすぐさま皇后薄氏を廃している。[*31]

代わりに台頭したのが栗姫だった。彼女は早くに栄《えい》という男の子をもうけ、栄は景帝の長男として将来有望だった。[*32]だが、唯一にして最大の問題があった。それは、長公主《ちょうこうしゅ》（景帝の姉）と折り合いが悪かったことである。

長公主は娘を栄に嫁がせようとしたが、栗姫はその申し出を断った。というのも、かねて長公主はみずからの弟景帝のために、しばしば美女を選んで後宮に入れる手助けをしてきたからである。

このことについて栗姫は不満げに、長公主にこういった。

「お義姉さま、すでに陛下のまわりには、わたくしもふくめ、たいへん多くの女性がおります。もうこれ以上、女性を後宮に入れずともよいとおもいます」。

「そんなことないわ。陛下の血をひく子が多ければ多いほど、わが漢王朝の根幹は定まるのよ。ふつうの民が不貞に走るのとは訳がちがうわ」と長公主は反論した。

目下どれほどの寵愛を受けていようとも、栗姫はしょせん景帝の寵姫のひとりにすぎない。景帝の姉である長公主には逆らいようがなかった。しかも、景帝や長公主の母である竇太后は存命で、娘である長公主との関係はきわめて良好だった。竇太后は病気のために目を悪くしており、[33]長公主を頼りにし、やがては財産を彼女に譲りたいとさえおもっていた。[34]

これでは栗姫に勝ち目などない。景帝自身も、母や姉に逆らってまで禁欲しようとはおもわない。こうして長公主はつぎつぎに美女を景帝に紹介し、景帝も彼女たちに目をかけた。[35]栗姫としては、とうぜんおもしろくない。

そのため栗姫は、長公主がみずからの娘を栗姫の長男に嫁がせようとしたとき、ここぞとばかりに不満を爆発させた。

（いったい何様のつもりなの。このままいけば、わが子が皇太子に、そしてやがては皇帝になるわ。だからあの女はあせっているのよ。いうとおりになんてするものですか）。

このとき栗姫は復讐心にかられ、後宮内の力関係をかんぜんに見誤っていた。立腹した長公主は、なんと娘の嫁ぎ先を変更し、王美人の男の子（劉徹）に嫁がせたのである。劉徹は幼く、もとより帝位継承戦に名乗りをあげるほどの存在ではなかった。だが、景帝の姉が後ろ盾になったことで、劉徹は皇太子の筆頭候補に名乗りをあげた。[36]

ところで、皇太子の候補はもともと景帝の実子以外にもいた。後宮を牛耳っていた竇太后自身は、景帝の実弟である梁の孝王を溺愛し、かれこそがつぎの皇帝にふさわしいと考えていた。[37]梁の孝王は文学にも巧みで、版図内に「忘憂《ぼうゆう》」（憂いを忘れる）なる館をたて、そこに枚乗《ばいじょう》・路喬如《ろきょうじょ》・公孫詭《こうそんき》・鄒陽《すうよう》・公孫乗《こうそんじょう》・羊勝《ようしょう》・韓安国《かんあんこく》ら、当代一流の文人をあつめた。かれらは賦《ふ》

（韻文の一種）をつくる文学サロンを形成するとともに、[38] 孝王の政治的な支持母体となった。
だが、長公主が王美人と結んだことで、事態は一変。長公主は姉として景帝と会い、そのたびに栗姫のことをそしった。[39] また梁の孝王については、重臣の袁盎や竇嬰らが帝位の兄弟継承は尋常ならざることだとの理由で、不支持を表明した。[40] はじめは弟の帝位継承を認めていたかにおもわれた景帝も、[41] 事ここに至って、劉徹を支持しはじめた。孝王は袁盎らを怨んで暗殺するが、[42] 支持者は増えず、かえって景帝の怒りをかい、[43] 継承戦から脱落していった。

こうして景帝は、最後には太子の栄を廃した。周亜夫ら大臣連中はなおも栗姫と太子栄を弁護したが、[44] もはや景帝の意思を変えることはできなかった。栗姫は、景帝と会う機会さえ得られなくなり、憂悶のうちに死んだ。王美人は皇后となり、子劉徹は七歳にして皇太子となった。景帝七年（前一五〇年）のことである。[45]

燕王臧荼《ぞうと》の末裔

新しい皇后の王氏の血統をさかのぼってみると、意外にも由緒正しき家柄にいきつく。彼女の母親は臧児《ぞうじ》といい、高祖劉邦の時代に一国を担っていた燕王臧荼の孫だった。[46]

臧荼はもともと項羽によって燕王に封建され、のちに劉邦側になびき、項羽滅亡後に諸王とともに劉邦に「皇帝」の尊号を奉った人物だ。しかしその同年に、臧荼は謀反を企て、滅ぼされ、[47] 子の臧衍《ぞうえん》は匈奴に亡命した。亡命は当時「族《ぞく》」にあたる大罪で、「族」とは家族皆殺しをさす（第七章）。すると、臧荼・臧衍の一族はこのとき皆殺しにされたはずだが、なぜか娘の臧児は生き残った。おそらくすでに他家に嫁いでいたか、もしくは特権階級ゆえに助かったのであろう。

臧児の嫁ぎ先は王仲《おうちゅう》という男性で、息子の信《しん》と、娘二人を生んだ。そのうちのひとりが、のちに武帝の母になる王氏である。もっとも、王仲は早くに亡くなり、臧児は田氏と再婚し、新たに田蚡《でんふん》・田勝《でんしょう》を生んだ。臧児の子どもたちは、やがて中央の政界に大輪の花を咲かせ、若かりし武帝の治世を支えていく。

ともかくこのように、王氏は実父を早くに失い、長女として臧児の子どもたちの面倒をみた。その後、金王孫《きんおうそん》なる人物のもとに嫁ぎ、女子を生んだ。だが、母の臧児があらためて子どもの運命を占ったところ、「娘二人は貴《たっと》くなる」との結果が出た。そこで臧児は暴挙にでる。長女（王氏）をむりに離縁させ、あらためて太子（のちの景帝）の宮に入れたのだ。なお臧児は、このときに娘の児姁《じく》をも太子宮に入れ、彼女はのちに四人の男子を授かっている。

臧児がどうしてこんな決断をしたのか、王氏がそれを内心どうおもっていたのかは、知るよしもない。しかし結果的には、これが臧児と王氏の未来を変えた。なんと皇太子が王氏を寵愛し、三女一男をもうけたのだ。とくに男子をみごもったときには、王氏は「太陽が懐に入った夢をみた」といったと伝わる。これこそが武帝である。

このように、若かりし武帝のもとには、強力な権力と血脈をもった竇太后と臧児というふたりの祖母がいた。景帝が崩御したとき、武帝はまだ一六歳だった。[48]まず実権をふるったのは、竇太后だった。彼女こそは文帝の妻、景帝の母で、漢帝国の象徴だった。竇太后はその後、約六年間にわたって絶大な権力をふるう。なお、武帝即位直後の元号は一般に「建元《けんげん》」とされ、竇太后が亡くなると、元光《げんこう》・元朔《げんさく》・元狩《げんしゅ》・元鼎《げんてい》・元封《げんぽう》・太初《たいしょ》の元号がつづいたとされるが、じつは武帝が最初に実施した元号は太初で、建元〜元封は太初以後に後づけされた年号だとの説もある。[49]本書では便宜上、年数表記時に建元以後の元号を付しておくが、注意を喚起しておきたい。

こうして竇太后は大権を掌握することになったが、彼女は黄老思想の信奉者で、できるだけ波風をたてぬ政治を理想とした。そうしたなか、年若き武帝はしだいに自我をもちはじめる。かれは儒学に肩入れするようになり、みずからの努力によってよりよい世界を実現できると信じていた。そうした武帝の夢に惹かれてか、はたまた私欲のためか、武帝のまわりには徐々に人があつまりはじめていた。

たとえば、祖母の竇太后の縁戚《えんせき》にあたる竇嬰や、母の王氏の縁戚にあたる田蚡などは、年若き武帝を補佐し、なんとか政権中枢を担おうとした。竇嬰は、かの呉楚七国の乱のときに漢軍を戦勝にみちびいた人物で、自負するところがあった。にもかかわらず、景帝は竇嬰の人間性を信じずに起用をためらったため、[50]竇嬰は鬱屈した感情を抱いていた。

しかし、儒学的素養をもった人材を抜擢しようとする武帝の試みは、なおも制約をうけつづけた。[*51] たとえば武帝は、儒学にもとづいて養老政策（社会福祉政策）を充実させ、[*52] 明堂《めいどう》（儒学的祭祀用の建物）をたてようとした。さらに一部の大臣連中は、竇太后を政治から遠ざけ、武帝の親政体制をととのえようとした。[*53] だが竇太后は、必要以上に言葉を飾り立てて表面的に仰々しい儒学者にたいして批判的であった。むしろ朴訥《ぼくとつ》に、質素に、寡黙に粛々と仕事をこなす者をほめたたえた。[*54]

それでも武帝と竇太后との関係が悪化したとの史料はない。七歳のときに皇太子になり、一六歳で即位した武帝にとって、竇太后のいうことを聴きながら政務を執ることは、慣れ親しんだことだった。祖母ももう高齢で、いったいいつまでいっしょにいられるか不安だった。彼女はずいぶんまえから失明し、生活にさえ不自由をしていた。むすめの長公主を心の支えにしながら生きる竇太后のようすをみて、武帝は憐憫《れんびん》の情すら抱いていたであろう。だからこそ武帝は、竇太后に精一杯つくした。当時の武帝にとっての楽しみは、夜中にお忍びで外出し、ときたま数日外泊することくらいだったが、そのなかでもかれは、五日に一度の竇太后への挨拶をかかさなかった。[*55]

武帝の親政

このように即位直後の武帝は、しばしばお忍びの外出を楽しんだが、その行動範囲はやがて少しずつ大きくなっていった。親政しえぬ鬱屈した感情がじつは蓄積しており、かれを遊びにむかわせたのであろうか。武帝は狩猟を好み、秦代以来の大庭園たる上林苑《じょうりんえん》を中心に行動していたが、[56] とうとう民の土地にまで足を踏み入れるほどになった（図6-6）。かれの趣味は、弓矢で鳥を射ること、いわゆる流鏑馬《やぶさめ》の腕前を競うこと、犬や馬のレースをすること、サッカーをすることと、手芸をすることなど、じつにさまざまだった。[57] かなりストレスもたまっていたらしく、狩りのときにあえてイノシシやクマをねらうなどして、側近から諫められている。[58]

だが建元六年（前一三五年）になると、事態は一変した。竇太后が亡くなったのだ。頭上の重しがとれた武帝は、さっそく親政を開始する。その手始めとして、田蚡を丞相に、韓安国を御史大夫に任命した。

田蚡は母方（つまり臧氏に連なる）の親族で、天下を治めようとの気概をもち、武帝の政治を実質的にとりしきった。若き武帝は、わざわざ田蚡に気を遣って政治をするほどだった。ただし、武帝と田蚡は似たような政治的理念をもっており、両者が表立って対立することはあまりなかった。[59]

これにたいして、竇太后の縁戚としてかねて武帝の親政を支持していた竇嬰は、けっきょく中央政府に返り咲くことができなかった。竇嬰は武帝を信じ、儒学を信じ、それによって竇太后とぶつかることさえあったが、その権力はあくまで

図6-6　「上林」の瓦当（古陶文明博物館所蔵、2009年3月柿沼撮影）

も竇太后という後ろ盾があってのものだった。かれは若いころに呉楚七国の乱で大功をあげ、魏其侯《ぎきこう》に封ぜられたが、朝廷内でしばしば傲慢な態度をとり、田蚡とも対立関係にあった。そのため田蚡に陥れられ、やがて悲劇的な最期をとげる。かつて武帝を支えたふたりの祖母のうち、最終的に勝ち残ったのは臧児の血脈だった。

武帝は、徐々にその政治姿勢を鮮明にしていった。武帝は生まれながらにして漢帝国の貴人であり、みずから戦場に立った経験はなく、そのなかで華夏思想（いわゆる中華思想）をはぐくんでいった。

（そもそも世界、ひいては宇宙全体が漢帝国による支配を待ち望んでいる。いまはまだ皇帝の徳が及ばぬ地域もあるが、それらはやがて漢化され、人びとは偉大なる中華文明の恩恵をこうむることになる）。

武帝は本気でそう考えていた。その観点からすれば、万里の長城以北のまつろわぬ匈奴ごときは、屈服させるべき蛮族以外のなにものでもない。問題は、遊牧民の匈奴がたいへん強力で、漢の高祖すらかつて惨敗したほどの相手だったことである。[*60]

高祖以来、漢はたびたび匈奴に公主を送って懐柔を図り、つかの間の平和を維持してきた。[*61]かれらとは交易関係をむすぶこともあった。しかし、強力な華夏思想を抱く武帝にとって、匈奴の横行をいつまでも容認しておくわけにはいかない。戦場を知らぬ武帝は、いささか匈奴の実力を甘くみていた。

おりしも匈奴のなかで、漢帝国に帰順してきた者がおり、武帝にこう告げた。

「かつて匈奴は、遊牧世界での覇権をめぐって、月氏《げっし》と対立したことがあります。月氏の王は敗れ、匈奴は月氏の王の頭蓋骨を盃代わりにしました。こうして月氏は西方へ遁走したのですが、いまでも匈奴を怨んでいるとか[*62]」。

「よい機会だ」と武帝はおもった。偉大なる漢軍がほんらい匈奴におくれをとるなど、あるはずがない。

そこで武帝は、西方へと使者を派遣し、月氏と同盟をむすび、匈奴を挟撃するという作戦をたてた。漢帝国の西北方面にはつとに「月氏道」という行政区画があり、「蛮夷」の居住区域として知られていた[*63]。そこにはかつて月氏の人びとが暮らしていたが、いまやかれらは匈奴によって駆逐され、一部の勢力を残すのみとなっていた。かれらの本拠地ははるか西方にうつっており、武帝はそこに使者を派遣しようとした。

さっそく人材を募集したところ、張騫《ちょうけん》なる人物が名乗りをあげた[*64]。張騫は西方へ旅立っていった。武帝が即位して以来、漢と匈奴との関係は小康状態にあり、国境付近では貿易もおこなわれていたが、武帝はひそかに匈奴打倒を誓っていたわけである[*65]。

もっとも、張騫の西域行は困難をきわめ[*66]、月氏国も匈奴との再戦を望んでいなかった[*67]。またもうひとつの悩みの種として、現在の南京・上海あたりから香港、さらにはベトナムに至る地域に「越《えつ》」と総称される人びとがいた。なかでも南越《なんえつ》の王は、秦漢帝国と同じように漢字を用い、漢の中央朝廷に巨大な珊瑚の樹・サメ・ライチを献上するなど[68]、表面的には恭順の姿勢を崩さなかった。だが南越国内に語りかけるときには「帝」号を自称し、秦漢の年号を採用せず、独自の法律を用い[69]、周辺の君長に南越への服属を迫った[70]。匈奴と連携をとる構えもみせ、漢は南北から挟撃されかねなかった[71]。だから漢としては、匈奴のまえに南越を屈服させねばならなかったが、これもうまくいかなかった[72]。

こうしたなか、ある大臣が奇策を立案する。小康状態にある匈奴の単于を国境付近におびきよせ、急襲して首をとれ、と。元光二年（前一三三年）に実行された奇襲作戦は、しかし見事に失敗し、漢と匈奴は熾烈な全面戦争に突入する[73]。武帝が親政をはじめてから、わずか二年たらずのことだった。

衛青と郭解

ところで武帝は即位後数年間、子どもがなかった。すでに皇后は冊立されていたが、彼女は嫉妬深く、地位も不安定だった[74]。武帝に跡嗣ぎができぬことを心配した平陽公主《へいようこうしゅ》は、良家の子女十数人を捜し、飾り立ててみずからの家に置いた。そして、あるとき武帝が平陽公主の家を訪れたさい、えりすぐりの美女らに武帝を接待させた。

そのなかに衛子夫《えいしふ》という女性がいた。武帝はさっそく彼女を気に入り、宴席のさなかにトイレにいったおり、彼女も同行してその場でむすばれた。衛子夫は正式に後宮入りを果たし、やがて寵愛され、兄の衛長君《えいちょうくん》や、異父弟の衛青も抜擢された。衛子夫は三女一男をもうけた。男の子は劉拠《りゅうきょ》といい、のち皇太子となった。衛子夫は皇后にのぼった。兄の衛長君はすぐ亡くなったが、弟の衛青は将軍になり、匈奴討伐に多大な功績をあげた。

衛青は河東郡平陽県の出身である。父の鄭季《ていき》は官吏で、平陽侯に仕え、侯妾の衛媼《えいおう》と私通して、衛青を生んだ。同母の兄に衛長君、姉に衛子夫がいた。鄭季はバツイチで、前妻とのあいだに数名の子どもがおり、かれらはみな衛青をこきつかった。しかし建元二年春に、衛子夫が後宮に入って武帝に寵愛されると、衛青も姉とともに武帝に仕えた。元光五年（前一三〇年）には、衛青は車騎将軍《しゃきしょうぐん》にのぼり、いよいよ匈奴へと出兵する。[*75]

ここで衛青の話をもちだしたのは、じつはかれと郭解のあいだには、うっすら関係があるからだ。そのひとつに以下の故事がある。

元朔二年（前一二七年）になると、にわかに郭解の身辺があわただしくなってきた。[*76]というのも、郭解を茂陵《もりょう》県へと強制移住させる話がでてきたからである。郭解を前一七〇年ころの生まれとすれば、元朔二年の郭解はおおよそ四三歳になっていたことになる。

さかのぼれば、建元二年（前一三九年）に、武帝は早くも茂陵の県邑の建設を開始していた。そのあたりはもともと槐里《かいり》県の茂郷《もきょう》とよばれ、一万六〇〇〇戸がそのまま茂陵県に移管された。[*77]そばには武帝の墳墓が築かれる手はずになっていた。そこは、長安城から七〇里（約二八㎞）ほど離れたところにあった。[*78]

図6-7　茂陵（2010年８月柿沼撮影）

武帝もそれ以前の皇帝たちと同様、不老長寿への憧憬を捨てきれずにいたが、[*79] その一方で、それはかなわぬ夢だとも実感していたのであろう。だからこそ武帝は、即位後二年目にして、早くも墳墓の建設予定地に県邑をつくりはじめた。そしてそこに、新たに各地から裕福な豪族らを強制的に移住させ、にぎわいのある街並みを整えようとした（図６-７）。こういう巨大なインフラ事業が企画されると、現代日本と同様、漢代でも往々にして建設利権をめぐる争いが起こる。[*80] このときもそうだったはずだが、郭解との絡みは記録されていない。

茂陵県に徙民《しみん》したさいに、その対象は三〇〇万銭以上の資産家に限られていたらしい。だが、郭解の家は表面上たいへんに貧しく、資産は三〇〇万銭未満であった。そのため郭解は、ルール上は徙民対象になりうるはずがなかった。しかし、どうやら最初に名簿を作成した官吏は、郭解がほんとうは貧乏でないことを知っていたようである。

しかし郭解本人に住処《すみか》をうつす気はなかった。武帝の意図はみえすいている。茂陵県という新都市に各地の有力者を一堂にあつめ、そこに閉じ込めれば、漢帝国はかれらを監視下に置くことができる。首都圏以外の地域を過疎化させ、かれらの力を抑えられる。これは強幹弱枝《きょうかんじゃくし》策とよばれ、古代帝国がしばしば採用したやり口だった。自由をおもんずる郭解にとって、それは認められぬことだった。そこで郭解は、かねて懇意にしている衛青に、武帝への口添えを頼んだ可能性がある。じっさいに衛青はつぎのように武帝に進言した。衛青は武帝にとって気心の知れた臣下であり、かしこまって話す必要のない存在だった[*81]。

「郭解の家は貧しく、徙民対象には該当しません」。

しかし、武帝はすぐにそのウソに気づいた。武帝は、一庶民でありながら大将軍に口添えさせる権勢をもつ郭解が貧乏のはずはないと喝破した。

「庶民のくせにその権威は、将軍に助言させるほどだ。これは郭解の家がじつのところ貧しくないということだ」。

武帝は玉製の几《ひじかけ》によりかかり、そのうえに敷かれている厚織の錦の端っこをいじりながら[*82]、そう反論した。そして玉製の硯をつかい、酒をまぜた墨水をつくり[*83]、おもむろに筆をとった。筆には金銀や宝石が象嵌《ぞうがん》されており、穂先には細く尖ったウサギの毛が用いられ[*84]、それによって詔の文章が生みだされた。

こうして郭解の家は、茂陵にうつされることになった。そのときに名士や高官から郭解へ贈られた餞別《せんべつ》は数千万銭に達した。旅立つ者に餞別を贈る慣習はすでに漢代に根ざしており、ふつうは一人あたり二〇〇〜三〇〇銭程度をつつむものだった。[*85] また当時、貧家の財産（動産・不動産込み）は一万〜三万銭、中家は五万〜一〇万銭、富家は一〇万銭以上だったといわれる。[*86] これらと比べて、郭解への餞別はなんという巨額であろう。皇帝の外戚でさえ、資産額が一〇〇〇万銭に達する者は多くないというのに。[*87] これは、郭解を結節点とする人間どうしの非公式的な「つながり」が、いかに価値を有していたのかを物語る一齣《ひとこま》だった。

第七章　勅命との対峙

茂陵《もりょう》への徙民《しみん》

茂陵（現陝西省興平県《こうへい》）への移動がきまると、郭解はさっそく函谷関《かんこくかん》をこえ（図7－1、図7－2）、首都圏の長安一帯に足を踏み入れた。かれの名声はすでに洛陽一帯をこえ、長安にまで轟《とどろ》いていた。

「聞いたか。あの翁伯が長安にやってくるらしいぞ。どうやら皇帝による茂陵への強制移住政策の対象に選ばれたとか」。

「選定基準は財産の多さだというじゃないか。でも、翁伯は宵越《よいご》しの金をもたない主義だと聞いていたのだが……」。

「それはそうだが、翁伯がひとたび声をかければ、カネなんぞはいくらでもあつまる。政府の側もそれに気づいたということなんだろう」。

「ともかく翁伯がやってくるとなれば、長安で一悶着ありそうだな。大侠客の劇孟なきあと[*1]、洛陽一帯の縄張りはほとんどが翁伯に帰したというじゃないか。長安一帯もすべて翁伯にひれ伏すんじゃないだろうか」。

おそらくはこのようなかたちで、街中は郭解の噂でもちきりとなったであろう。茂陵は長安城から七〇里（約二八㎞）の距離にあり[*2]、郭解の勢威が茂陵から長安城内にまで波及する可能性は十分にあった。

思い起こせば、漢初は侠客が割拠した時代だった。たとえば、沛《はい》郡符離《ふり》県（現安徽《あんき》省宿州《しゅくしゅう》市）の王孟《おうもう》、済南《せいなん》郡（現山東省済南市東北）の瞯氏《かんし》、陳郡（現河南省周口《しゅうこう》市東）の周庸《しゅうよう》（もしくは周膚《しゅうふ》）、代郡（河北省蔚《うつ》県）の白氏《はくし》、梁国（現河南省商丘《しょうきゅう》市）の韓無辟《かんむへき》（もしくは韓毋辟《かんぶへき》）、潁川郡陽翟《ようてき》県（現河南省禹《う》州市）の薛兄《せつけい》、弘農郡陝県（現河南省三門峡《さんもんきょう》市）の韓孺《かんじゅ》（もしくは寒孺）

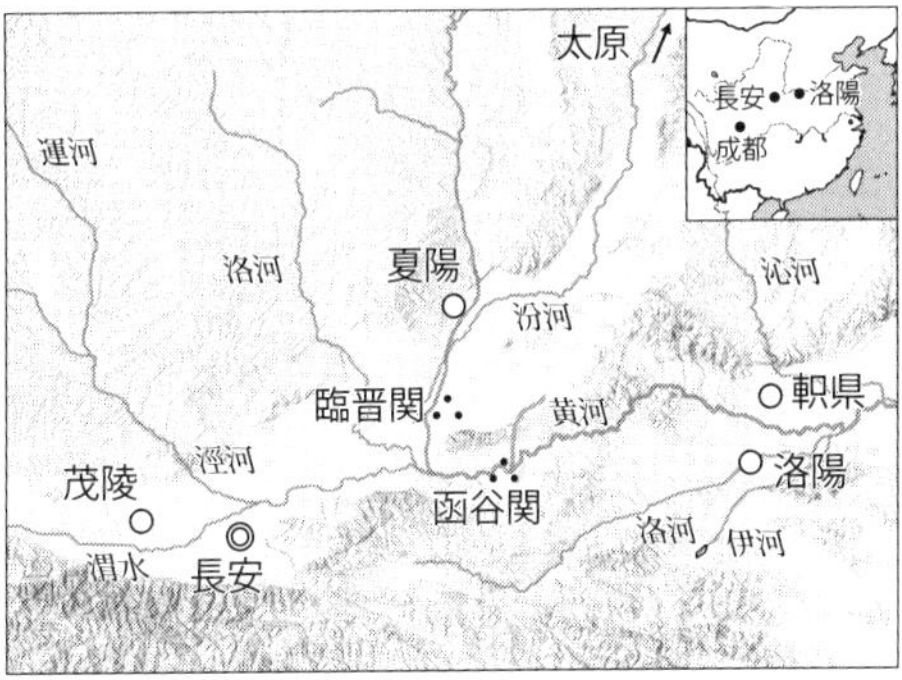

図7-1　軹県から茂陵県への道のり（柿沼作成）

図7-2　前114年以前の函谷関（復元。2023年11月柿沼撮影）

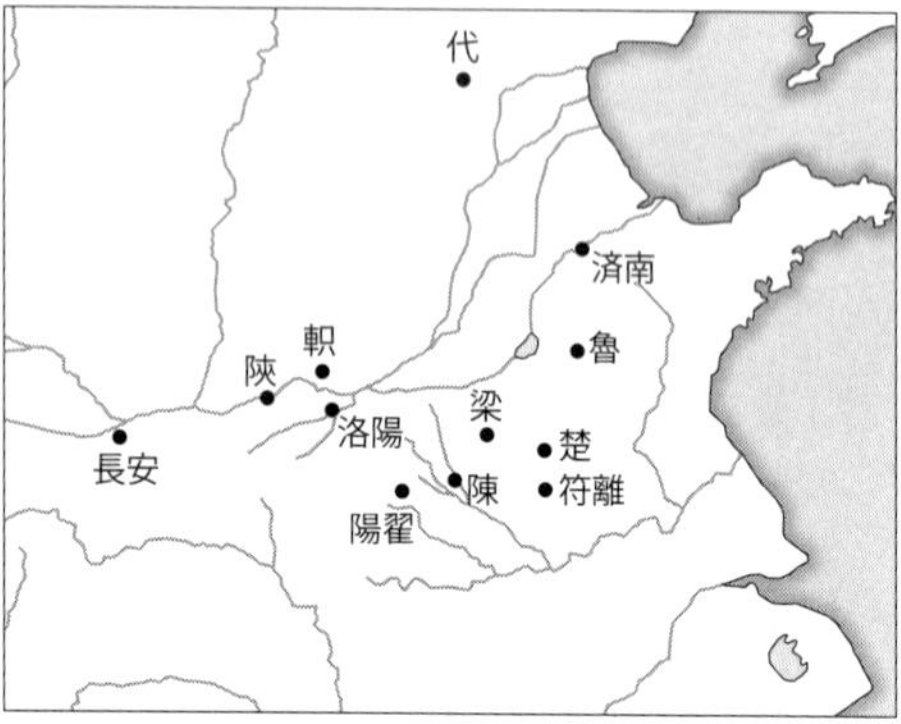

図7-3　漢代任侠分布図（郭解以前。柿沼作成）

なども、各地に縄張りをもつ任侠だった（図7-3）。なかでも瞯氏は三百余家よりなる勢力だった。[3] だが、一部は景帝によって追討され、一部は時代とともに消えていった。[4] かれらは、何世代にもわたる現代日本のヤクザの組[5]や、近現代中国のギルド[6]、もしくは秘密結社の幇《ばん》などとは異なり[7]、基本的には個人のカリスマ性によって興起し、当人の死とともに、その勢力も消失していく存在であった。

　ところが、いまや長安にめぼしい侠客はいなかった。たとえば右内史《ないし》の長安県の樊仲子《はんちゅうし》、槐里県の趙王孫《ちょうおうそん》、左内史長陵《ちょうりょう》県の高公子《こうこうし》、西河《せいが》郡の郭公仲《かくこうちゅう》（もしくは郭翁中《かくおうちゅう》）、太原《たいげん》郡の鹵公孺《ろこうじゅ》（もしくは魯翁孺《ろおうじゅ》）、臨淮《りんわい》郡の児長卿《げいちょうけい》、同郡東陽県の田君孺《でんくんじゅ》（もしくは陳君孺《ちんくんじゅ》）も有名で、さらに長安の北に姚《よう》氏《し》、西に杜《と》氏、南に仇景《きゅうけい》、東に趙他羽《ちょうたう》（後述）、南陽郡に趙調《ちょうちょう》がいたが、かれらの台頭は郭解の死後で、しかも郭解ほどの大物ではなかった。[8] のちに武帝末期に京師で侠名を馳せた朱安世さえ、『史記』游侠列伝や『漢書』游侠伝に列せられていない。かれは、丞相公孫《こうそん》賀《が》が子の罪を贖《あがな》う代わりに捕縛を試み、しかしかえってその反対に、公孫父子らの隠れた罪状をあばき、帝室関係者をふくむ多くを罪に陥れた人物だが、[9]それでも郭解には及ばなかったのだ。

　そこには、名前すらはっきりしない者もふくまれる。たとえば趙他羽（字は公子）は、じつは趙他と羽公子《うこうし》の二人をさすとか、佗羽《たう》（字は公子）だとする説もあり、佗翁子《たおうし》や佗公子《たこうし》の可能性もある。[10]また田君孺は、最近その墓らしきものがみつかり、多くの漆器が副葬されていた。[11]いずれにせよ、かれらの侠名は郭解に及ぶべくもない。なお侠客とはみなしがたい強盗集団もいた。南陽の梅免《ばいめん》・白政《はくせい》、楚の段中《だんちゅう》・杜少《としょう》、斉の徐勃《じょぼつ》、燕・趙の堅盧《けんろ》・范主《はんしゅ》などがその例だ。[12]たぶんかれらは侠客としての義がほとんどなかったのであろう。

　しかし侠客と盗賊団との違いは往々にして曖昧だ。[13]侠客とはいっても、あいかわらずチンピラふぜいはどこにでもおり、各地で侠客どうしの小競りあいはつづいていた。[14]ちょうど前一二〇年前後には、平安県（現在の江蘇省宝応《ほうおう》県付近）で「少年」（チンピラ）がのさばり、地方官吏が手を焼いていた。[15]だが、多くのチンピラを丸飲みにできるほどの大侠客は、なかなか長安にあらわれなかった。それゆえ、洛陽一帯にすでに威名を轟かせている郭解がのりこめば、かれが縄張りを拡大することになるのは目にみえていた。延々とつづく各地の小競りあいも、これによって一挙に調停可能となるかもしれない。こうして長安の人びとは、恐怖と期待の入り交じった感情を抱きつつ、郭解の到来を待っていた。

　ちなみに、史書をみるかぎり、郭解がこれ以前に表立って長安を訪れた形跡はない。しかし史書には同時に、郭解の名声を耳にした人びとが、直接郭解と会ったことがあるか否かを問わず、みな郭解のもとにあいさつに赴いたとある。[*16] つまり、長安にすむ任侠や豪族のなかには、郭解の名を耳にしたことがある者だけでなく、すでに郭解と面識のある者もいたらしい。これは、かれらが郭解の故郷軹県を訪れただけでなく、むしろ郭解のほうが長安に赴いた経験があった可能性をも示唆する。じじつ史書によれば、郭解は洛陽一帯のみならず、近隣地域のいろいろな問題にも口を出し、任侠どうしを仲裁したことがあった。[*17] このときに郭解が長安に足を延ばしていたとしても不思議はない。こうして郭解は茂陵への移動準備をはじめた。

司馬遷との出会い

郭解は、かの若き司馬遷に出会った可能性がある（後述するように、郭解と会ったのは司馬談の可能性もある）。ときに前一二七年のことだ。司馬遷は当時まだ無名の若者だった。郭解はすでに威名の轟く大侠客で、両者の関係はまったく対等なものではない。司馬遷は郭解をみかけ、郭解が話している内容をその近くで耳にしたにすぎない。もし郭解と目があえば殺されかねないので（第二章）、おそらく伏し目がちに「あれが郭解か」などと思ったことであろう。そして耳をそばだて、かれのしゃべる内容を盗み聞きしたのではないか。一方、当の郭解は司馬遷のことなど歯牙にもかけていなかったであろう。

ところで、司馬遷の生まれた年については従来、前一四五年説、前一三五年説、前一二九年説があり、私見によれば、少なくとも前一二九年説は成立しない。[*18] 生まれたところは内史（首都圏）の夏陽《かよう》県で、[*19] 前一二七年よりもまえに郭解がそこを訪れた形跡はない。司馬遷は一〇歳くらいまで夏陽県で暮らした。[*20]

成長した司馬遷は、父司馬談の命により、全国各地に旅に出る。一説には一三歳のときともいわれるが、[*21] 司馬遷本人は『史記』太史公自序で、二〇歳のときに旅に出たと明記している。[*22] いずれにせよ、そのときの旅行ルートに茂陵県や軹県はふくまれておらず、やはり郭解との接点はみいだせない。司馬遷はその後もいくどか外遊しているが、そのあとの旅は前一一二年以後で、すでに郭解は亡くなっている。[*23] 以上によれば、前一二七年よりまえの司馬遷は郭解となんら接点をもちえず、旅行中に郭解をみかける機会もなかったであろう。

ところで司馬遷は成長してゆく過程で、父司馬談とともに茂陵に移り住んでいる。[*24] 問題はその時期だ。前章でのべたように、茂陵は前一三九年につくられ、茂陵への徙民は前一三八年と前一二七年に実施され、郭解は前一二七年に移住している。よって司馬遷が前一四五年生まれなら、前一二七年には一九歳で、郭解と茂陵ですれ違っていた可能性が浮上する。[*25] だが郭解本人がほんとうに茂陵まで移動したのかには疑問もある。函谷関に入ったことまでは確実なのだが、その先がよくわからないのだ。

そこで司馬遷が前一三五年生まれとすると、前一二七年には九歳で、まだ故郷の夏陽県にいたことになる。郭解は、後述する事件のせいで逃亡し、母を夏陽県に送り届けたことがあり、そこで司馬遷と出会った可能性が出てくる。[*26]

このほかに、『史記』のなかで郭解を評した「太史公」はじつは父の司馬談だったという可能性もなくはない。すなわち前一二七年には、司馬談は長安城に勤めて久しく、休日のみ自宅(夏陽県、もしくは茂陵県)に帰る生活を送っていた。[*27] 当時のキャリア官吏はだいたい官舎に泊まり、おおよそ五日に一度、休日をとって自宅に帰った。そうした休日は一年間にまとめて数十日間与えられるケースもあり、役人の休日のとり方はさまざまだった。[*28] そうした生活環境にあった司馬談が、休日に帰宅したおりに郭解を目にした可能性は、皆無ではないのである。

以上の諸説をまとめると、司馬遷も司馬談も郭解と出会った可能性がある。だが、いずれにせよ郭解評を最終的に『史記』にもりこんだのは司馬遷であり、そこに司馬遷の意図が込められていた点は確実である。

要するにここで重要なのは、郭解をみたのがほんとうは誰かというよりも、むしろ司馬遷が郭解評を最終的に『史記』に書き入れた理由は何かである。その内容はつぎのとおり。

私は郭解をみたことがある。その風貌は人並み以下だった。しゃべっていた内容も、とりたてて掲載するほどのものではない。しかし天下の人びとは、賢人か否かを問わず、そして郭解と知り合いか否かを問わず、みなその名声を慕っている。俠者《きょうじゃ》についていうときには、みなが郭解の名前を引き合いにだしてくる。ことわざにも「人の外見と、その高い名声とは、つねに一致しているとはかぎらない」とあるではないか。ああ、惜しいものだな。[*29]

どうやら司馬遷は、郭解の小柄な身体や、他愛ない話しぶりと、その漢土《かんど》にひびきわたる名声とのギャップに驚きつつも、郭解のもつ底知れぬ魅力にひきよせられていたようである。そしてかれを称揚することによって、外見にあらわれることなき茫漠とした任侠的名声を高く評価したのである。プロローグで論じたように、筆者はここに司馬遷の武帝への不満をみてとることも可能だと考えている。

楊掾《ようえん》の殺害事件

こうして郭解は茂陵に向かい、函谷関の門をくぐった。だが郭解の一族のなかには、なおも軹県にとどまりつづけようとした者がいた。事件はその引っ越し作業の途中で起きた。

当時、軹県には楊季主《ようきしゅ》という人物がおり、息子は県の掾だった。前漢前期の県行政についてはすでに第三章で説明したが、武帝期にはさらに改革がおこなわれ、新たに「掾」なるものが登場している。少々やっかいなので、ここで説明をつけくわえておこう。

もともと県の中枢には、県の長官（県令）と副官（県丞）、そして数名の令史《れいし》がおり、かれらが意思決定機関の県廷を担っていた。そのもとには一〇人前後の官嗇夫《かんしょくふ》なる役人がおり、それぞれ専門の業務をとりしきっていた。これは本書第三章でのべたとおりである。

しかし武帝期に入ると、県の役所では、たとえば人事担当の令史、戸口担当の令史、裁判業務担当の令史のごとく、令史のあいだで分業化がすすんだ。それとともに、それぞれの令史のもとには専門の実務担当の部下が配備された。かれらはもともと県の役人で、県令を頂点とするピラミッドに組み込まれているが、それとはべつに、令史のもとで専門的実務を担当するようになったわけだ。こうしてできた令史ごとのグループは「曹」とよばれた。

さかのぼれば、秦代にも「曹」という用語はなくはなかったが、それは「業務」を意味する言葉だった。これにたいして武帝期以降の「曹」はいわば「部局」とでも訳すべきもので、特定のプロジェクトを遂行するところだった。その「曹」に属する吏は、基本的な上下関係とはべつに、いわば部局の独自の序列にも組み込まれ、後者の序列は掾や史に大別された。このようにかれらは、部署（官）に所属するとともに、曹にも配属され、そのなかで独自に上下関係を形成していたのである。[*30]

なんともややこしい話であるが、これと似たような話は、じつは現代日本の会社や学校の内部にもみいだせる。たとえば早稲田大学には、教授・准教授・講師・助教・助手という上下関係があり、給料もそれにおうじて異なっている。それとはべつに、早稲田大学の研究者はそれぞれプロジェクトを立ちあげ、複数人の同僚とともに研究所を組織することがある。たとえば若き准教授であっても、たいへんに魅力的な研究課題を設定すれば、かれを所長とする研究所には多くの人員があつまり、そこに教授もふくまれうる。ほんらい教授のほうが准教授より上位だが、研究所では准教授が所長となり、教授がその下につくわけである。このようにプロジェクト単位で人があつめられ、そのつど新たに上下関係が組成されるようすは、企業にもよくみられる光景であろう。

このように会社や学校では、往々にして次元を異にする序列が並存している。これと同様、前漢後半期の郡・県の役人たちもいくつかの別次元の序列に組み込まれていた。前漢後期にはそうした新たな上下関係こそが職事上重要だったのであり、そのなかに令史になったうえで「曹」の掾や史に「署」されるといった人物の例もふくまれる。そうしたなかで軹県の楊季主の息子は県掾を務《つと》めたのであり、県掾とは県内の一部局のメンバーをさす。

楊掾はおそらく警備もしくは徙民を管轄する部局に属し、郭解らを監視していたのであろう。そのなかで郭解の友人・知人は、茂陵県へ旅立つ郭解のために大々的に送別式を開き、餞別を贈った。[*31] 楊掾はこれに気分を害したらしく、送別会の邪魔をした。事件はこのときに起きた。郭解の兄の子がこれに激怒し、いきなり楊掾の首を斬ったのだ。これによって、楊氏と郭氏とは仇敵関係になった。[*32]

斬られた楊掾は、いわゆるキャリア官僚だったわけではない。既述のとおり、漢代の地方官吏にはキャリアとノンキャリアの別があった。県令や県丞はキャリア、掾などはノンキャリアである。よって楊掾は、役人としては低位だった。

ただし、キャリアとノンキャリアのあいだには、たんなる職位の上下にとどまらない違いもあった。それは、ノンキャリアが地元出身者から起用されるのにたいして、キャリアはそうでなかった点である。[*33] そのため地元民からすると、県令などは外来の客分にすぎなかった。しかも当時の県令は、中央政界のエリートコースから放逐された存在といったおもむきで、[*34] 県令から中央に舞い戻って公卿などに昇進する者はまれだった。[*35] つまり県令は、上からも下からも、距離感をもって接せられやすい存在だった。

これにたいして地元の実力者は、えてして地方のノンキャリアのなかに潜んでいた。かれらは地元出身者であり、地元の利益を代表する存在だった。かれらなりに地元に尽くし、キャリア官僚にたいしては「事件は現場で起きてるんだ」と不満をこぼすこともあったであろう。なかにはキャリア官僚にたいして意地悪をするノンキャリアもいたくらいだ。[*36]

楊掾の一族も、どうやら並大抵の者たちではなかったらしい。河南省に名を轟かせる郭解に対抗しようとすれば結果は明白なのに、楊掾はそれを敢行した。その点からみても、楊掾が脆弱な一族の出身だったとはおもわれない。しかも楊掾は、まがりなりにも役人であり、そこには傲りがあった。ところが、いうまでもなく郭解の一族の権勢は、楊氏のそれをはるかに凌ぐものだった。そうしたすれ違いが事件につながった。

郭解のゆくえ

周囲の人びとが郭解に贈った餞別は、既述のごとく、なんと数千万銭にも及んだ。[*37] 郭解は一般に「貧」だとみなされており、武帝だけは「そんなはずはない」と喝破していた。それがここに立証されたわけである。すでに本書第一章で論じたように、漢代社会には一貫して大きな貧富の格差があり、なかでも高級官吏は高給取りで、とくに総理大臣級の者は月俸数万銭だった。しかし、郭解への餞別はその千倍に及ぶ。要するに郭解は貧乏ではないのである。

郭解の兄の子は、こうした権勢と財力を背景として、容赦なく楊掾を殺した。もちろん、役人を殺した以上、郭解の兄の子もただですむはずがない。警察が動くのも時間の問題におもわれた。ところが驚くことに、事態はそうならなかった。なんと警察の捜査がはじまるよりもまえに、楊掾の父の楊季主までもが殺されたのだ。

図7-4　漢代の門闕（後漢鳳闕画像磚、四川博物院所蔵、柿沼撮影）

ふつう殺人が白昼堂々おこなわれ、証拠が出そろっていたなら、その裁判は粛々と県の役所でおこなわれるものだ。ところが、そうはならなかった。しかも、楊季主が殺されたということは、おそらく楊季主は独自に報復に動いており、だから郭氏はかれを危険視したのであろう。そして郭解の兄の子は、機先を制するかたちで、楊季主をも殺したとみられる。

主を失った楊氏は、それでも郭氏への報復をあきらめず、とうとうそのひとりが県の役所に直訴におもむいた。だがその人物も白昼堂々、県の役所の門闕《もんけつ》のまえで斬り殺された*38（図7－4）。

一連の殺人事件の話題は、とうとう武帝の耳にまでとどいた。

武帝はさっそく郭解の捕縛を命じた。つまり中央朝廷では、一連の事件の首謀者を郭解であるとみていたのだ。これまでの経緯にかんがみれば、中央朝廷で当時権力の頂点にいた衛青が、またもや郭解に口添えをする可能性もあった。だが、いかなる反対意見も、もはや武帝の意思をとめることはできなかった。

こうして捕縛隊が組織され、郭解のもとにむかった。しかし、郭解は逃亡したあとだった。既述のとおり、郭解はすでに長安一帯に入っており、地元から遠く離れた場所にいたことになるが、それでもなお周囲にはおおぜいの支持者がおり、情報網が張り巡らされていた。だからかれは逃げおおせた。

このときかれは、どうやら家族とともに逃亡したらしい。だが、郭解の母だけは老いており、ともに逃げるのがむずかしかった。そこで郭解は、母を夏陽県にゆかせ、みずからは臨晋《りんしん》県におもむいた*39。つまり郭解らは西から東へ移動し、黄河を目のまえにしたのであり、そこから母のみを北上させ、みずからは東へ渡河したのだ。もしくは、母とともに北上して夏陽県に入ったのち、母をその場におき、みずからはふたたび臨晋県にもどり、そこから東へ渡河したのである（図7-1）。

臨晋県は関中の喉元《のどもと》にあたる場所のひとつであり、臨晋関という関所があった。臨晋関は時代におうじてたびたび名称を変更しており、蒲坂関《ほはん》・蒲津関《ほしん》・大慶関《だいけい》などとよばれていたこともある。それは山西省永済県《えいさい》の西、もしくは陝西省大茘県《だいらい》の西南に位置し、黄河の西岸に面していた。そこには浮橋が設置されていた。[*40] 漢代初期には扞関《かん》・鄖関《うん》・武関・函谷関とならんで、関中を守る要所のひとつであった。[*41]

ここを通過してさらに東進できれば、いったんは追跡の手を逃れられる。なぜなら、臨晋県の東と西は、いずれも漢王朝の版図にふくまれるとはいえ、それぞれの行政を統括する部署が異なっていたからである。しかも、ひとたび臨晋関を通過すれば、あとは河東《かとう》の塩池《えんち》をへて、洛陽に帰ることもできる。もしくは、そのまま北上して太原へと逃げることもできる。

もっとも、臨晋関を抜けるのは至難だった。そこで郭解は、臨晋関をつかさどっていた籍少公を頼った。史書には、かれは郭解と面識がなく、郭解のほうも別人を装っていたため、郭解はぶじに臨晋関から東へ出られたとある。[*42]

ところが、籍少公がほんとうに郭解に気づかなかったかといえば、これには疑問が残る。当時、関所を通過するためには割符が必要だった。割符は、現代のパスポートのような機能をもち、偽造をするのは容易でなかった。[*43] 参考までに、民間人が用いた伝《でん》（パスポート）の例を挙げておこう。文面はつぎのとおり。[*44]

> 始建国《しけんこく》元年（後九年）八月庚子《こうし》朔《さく》乙巳《いつみ》、南郷《なんきょう》の有秩《ゆうちつ》の博《はく》が報告する。悉意里《しついり》の虞章《ぐしょう》が家の事情で居延《きょえん》県まで出張したいと申請している。パスポートを取得させるように。つつしんで検討したところ、虞章が三六歳で、爵位が公乗《こうじょう》である点は別文書のとおり。虞章には、裁判関連で官府に出頭せねばならぬような事情はなく、パスポートを発行されて然るべきである。申請書は居延県の索津《さくしん》関に送り、その出入にさいしては、むやみに勾留《こうりゅう》することがないようにせよ。律令のとおりにせよ。八月乙巳、觻得《ろくとく》県の県長と県丞（県副長官）代理の褒《ほう》が過所《かしょ》という文書を送る。写して送れ。律令のとおりにせよ。掾の戎《じゅう》。令史の代理の商。

内容はむずかしく、少々面食らった読者もおられるとおもうが、それは現代のパスポート上の文面も同じであろう。

　こうして発行されたパスポートは、現代日本のそれと同じように、たいへん大きな力をもった。ゆえにその発行にさいしては、官吏による身元調査もしっかり行われるのがふつうだった。申請者のすむ集落の長のような人たち（父老や里正）が連帯保証人となることもあった。[*45]

　発行の手順としては、まず旅行者自身が役所に申請し、郷レベルで審査が行われ、のちに郷から県へ上申がなされ、県が各地の関所に通過許可を要請するといった具合だ。郷から県への上申にさいしては、尉史《いし》が一枚噛むこともある。[46] 本書第四～五章でのべたように、郭解は早くから軹県の尉史と裏でつながっており、本籍地が移るまえにかれに働きかけて伝を偽造させた可能性もなくはない。だが史料を読むと、ここでは臨晋関の籍少公のみが事件に関与していたようで、パスポートの偽造は籍少公個人の裁量でなされたとみたほうがよさそうである。どうやらかれは、県の文書行政を左右しうる存在だったらしい。

では、なぜ籍少公は、どこの馬の骨ともわからぬ者のためにパスポートを偽造してやったのか。しかも、追捕《ついぶ》の吏が臨晋関にやってくるかどうかというときに、籍少公は自殺し、それによって郭解のその後の消息はとだえた。なぜ籍少公は自殺したのか。たんに死刑相当の者を捕らえそこなっただけなら、担当捜査官はせいぜい贖耐（罰金刑）くらいであるが、[47] 関所抜けを手伝えば重罪である。あるいは罪人をかくまった者は、罪人と同罪である。[48] しかしそれにしてもなぜ……。

ここまで考えると、どうやら籍少公は郭解の素性やその行く先を事前に知っていたようにも思える。じっさいに、郭解は行く先々でみずからの素性を明かしている。[49] 史書にはその一方で、郭解は籍少公にのみ素性を明かさなかったとするが、籍少公のみを特別扱いする理由はない。むしろ籍少公も知っていたからこそ、パスポートの偽造に加担し、その後みずからが吏に捕らえられ、拷問によって口を割ることを恐れ、郭解を守るべく自殺したのではないか。真相は闇のなかとはいえ、ありえぬ推測ではなかろう。その後、郭解が方向を変えて太原にむかったあたりで、郭解の消息はとだえている。[*50]

殺される儒者

しばらくしてから、郭解はとうとう捕らえられた。郭解ほどの人物がなぜ捕まるようなヘマをしたのか。『史記』はこのときの事情について、こうしるしている。

その罪状を糾問したものの、郭解による殺人は、すべて大赦よりもまえにおこなわれたものだった。[*51]

先述した恩赦制度をしっかり理解していれば、読者の方々もこの一文に秘められた背景がわかるであろう（第二章参照）。つまり郭解は、なんらかの事情で大赦が発布されることを見越していた可能性があり、発布後にはじめて役所へ出頭したのである。なお大赦の発布時期をしらべると、前一二六年三月があてはまる（表2－1）。

既述のとおり、これは郭解が若いころから採っていたやり口であった。郭解は大将軍の衛青らと深くつながっていたから、あらかじめ恩赦の発布時期を把握していた可能性もある。郭解を無罪放免にするため、衛青らがウラで蠢動《しゅんどう》し、郭解のために恩赦が発布されるように武帝に働きかけた可能性さえ否めない。

さらにおどろくべきは、郭解の勢力がその後もいささかも衰えていないことである。まるで郭解の母も、兄の子も、だれひとり捕まっていないかのようだ。そればかりか、郭解はけっきょく茂陵県には移動せず、恩赦後は軹県に舞いもどっている。後述するように、郭解の死後に、郭氏が茂陵県に強制移住させられたのはまちがいないが、郭解関連の事件はその後も軹県で起こっており、郭解が死ぬまでのあいだ、郭氏は軹県にとどまりつづけていたとわかる。

ここで新たな事件が勃発した。使者（おそらく郭解を赦免するための使者）が軹県を訪れたときのこと。使者につき従っていた儒者が郭解の客と席を共にした。[*52] おそらくは、役人側と郭解側とで、すでに手打ちがなされていたのであろう。あるいは、かれらは最初からつながっていたのかもしれない。問題は、この儒者だけが郭解に批判的だったことである。

食客が郭解を称賛したところ、儒者はこういってのけた。

「郭解はほしいままに悪さをして公法をやぶっている。どうして賢《けん》といえようか」。

ここでの「賢」とは、知能指数が高いとか、知識が豊富であるといった意味ではない。それは、遠方からの客人を惹きつけ、目下の者から強く信頼される人格や、然諾《ぜんだく》を重んじる誠実さ、任侠としての名声などをさす当時の美称で、そうした人物は史書のなかで賢大夫《けんたいふ》や賢豪《けんごう》などとよばれていた。[*53] また「賢」には謙譲の意もある。ここでの「賢」とは後者の意かもしれない。

その場にいた郭解の食客は、これを聞いて激怒した。

「なんたる非礼、なんたる暴論。翁伯《おやじ》にたいしてそのような口の利き方をするとは。たかが儒者ふぜいに、任侠の心など理解できるか」。

郭解の食客は儒者を殺し、その舌を斬った。このときに斬られた人物は、『史記』の原文では「儒生《じゅせい》」とよばれており、氏名などはわからない。後述するように、郭解と儒者とは、遅かれ早かれ衝突する運命であった。しかし今回の殺人事件については、あまりに突然のことだったらしく、当の郭解もまったく知る由もなかった。さすがの郭解も逃げる間もなく、役人に拘束されることになった。

『史記』はこのときの顚末について、つぎのように付記している。

官吏はこれによって郭解を責めたが、郭解はほんとうに殺人者のことを知らなかった。殺人者もまた、ついに連絡をたち、誰だかわからなくなった。

これは裏を返せば、やはりそれ以前に起きた数々の事件の首謀者がじつは郭解本人だったことを示唆する。少なくとも政府関係者はそう考えていたらしく、だからこそ本文には「郭解はほんとうに殺人者のことを知らなかった」とあり、今回は郭解がほんとうに知らなかったという点が強調されているのであろう。では、冤罪《えんざい》で身柄を拘束された郭解は、その後いったいどうなったのか。事件は、周囲の人びとが思いもよらぬ方向へと発展していくことになる。

第八章　郭解の最期

——そして伝説へ

御史大夫の上奏

この事件の直接の加害者と被害者は、もとより明白である。ただし被害者はすでに亡く、加害者も逃亡中である。しかも事件の発端は加害者の恩人を被害者が侮辱したことにあり、加害者は有罪にせよ、その恩人・知人・親族に縁坐が及ぶような大事件ではない。[*1] つまり当時の法律にかんがみれば、これが理由で郭解が有罪になる可能性は低い。県の役人らも、さすがに郭解は無罪であるべきではないかと報告している。[*2] こうして郭解の事案は御史大夫の手に委ねられた。

およそ前漢前期の裁判では、おもに地元の役人だけで判決を下せないときや、裁判関係者に特殊な身分の者がいるときには、上級機関の判決を仰ぐことになっていた。[*3] すると本事件についても、郭解を無罪とする見解が県吏の主流を占めた一方で、「先例なき重罪だ」との反対意見も皆無ではなかったために、郡、そして中央へと上奏されたのであろう。

このことを確認するため、当時の裁判と上奏のやり方をみてみよう。

まず刑事事件が起きると、ふつうは県が取り調べをおこない、裁判に向けて書類をととのえる。そして審理の結果、法律にてらして死刑にあたらない場合、そのまま判決を下し、刑罰も執行される。しかし容易に判決の下せぬ場合や、死刑になる見込みがある場合には、上位の行政単位の郡に判断を仰ぐ。そこで郡においてあらためて審理がなされ、多くは判決に至り、それをふまえて県が刑を執行する。だが、なおも判決を下せぬ案例については、いよいよ中央の廷尉《ていい》へと報告され、そこでの審議でも決着がつかねば、皇帝の判断を仰ぐことになる。つまり「県→郡→廷尉→皇帝」というのが裁判の基本形だった。[*4]

ただし郭解の場合は、御史大夫も判決にかかわっている。これはどういうことか。

ここで指摘すべきは、御史大夫が百官を統括する副丞相だったことである。

もともと裁判関係にかぎらず、郡国から上申があった場合には、中央の担当部署がそれを検討し、具体的な対応策を練る。そのうえで丞相や御史大夫が上奏文を作成し、皇帝に奉る。もしくは関連部署の提案を受けて、丞相や御史大夫が具体的な法案を練って上奏する。そののち、皇帝は上奏文の作成者に直接返答する。作成者が丞相なら丞相に、御史大夫なら御史大夫に、丞相・御史大夫なら丞相・御史大夫に返答がなされる。ただし皇帝が内外の諸官にむけて詔を発した場合には、まずその文書が御史大夫に下され、のちに丞相へ転送され、丞相から内外へ発布されるかたちをとる。このほかに、吏や民がじかに皇帝の裁可を仰ぎたければ、公車司馬《こうしゃしば》の役所に出向き、上書の正本と副本を提出する。そして尚書が副本を開封してチェックし、正本が皇帝に上奏される。このプロセスに御史大夫はかかわらない。つまり御史大夫は、上奏文のすべてをチェックして取捨選択するような皇帝秘書官ではなく、百官を監察する官でもなく、丞相に次ぐ官界のナンバー2として関連文書行政にたずさわり、百官を統括する存在だった。[*5]

すると、御史大夫が郭解の裁判にかかわった背景はつぎのごとくであろう。すなわち、郭解

図8-1　張湯墓出土の「張湯」銅印（西漢御史大夫張湯墓遺址陳列館所蔵）

の案件はまず「県→郡→廷尉」の順に審議され、廷尉府でも判決には至らなかった。そこで廷尉は皇帝にお伺いを立てるべく、部下をつうじて御史大夫に文書をとどけさせ、御史大夫が上奏文をしたためて皇帝に献上した。もしくは、廷尉は皇帝に上書をし、皇帝は御史大夫に下問した。そこで御史大夫はあらためて上奏文を作成した。これが筆者の見立てである。なお郭解の案件をつかさどった御史大夫は公孫《こうそん》弘《こう》だった。かれが御史大夫だったのは前一二六年〜前一二四年一一月ゆえ、本件の上奏時期はそのころのことだったとわかる。[*6]

当時の政府高官には、御史大夫の公孫弘のほかにも、丞相の薛澤《せったく》、太僕《たいぼく》の公孫賀、衛尉《えいい》の韓安国（のち蘇建《そけん》）、太常《たいじょう》の孔臧《こうぞう》、廷尉の翟公《てきこう》（のち張湯《ちょうとう》）、大行令《たいこうれい》の丘《きゅう》某（姓不明）、大農令《だいのうれい》の鄭《てい》当時《とうじ》、中尉の趙禹《ちょうう》（のち李息《りそく》）、少府の孟賁《もうほん》、主爵都尉《しゅしゃくとい》の汲黯《きゅうあん》、左内史の李沮《りそ》がいる。太尉は未設置で、宗正《そうせい》と郎中令《ろうちゅうれい》の任官者は不明である。[*7] かれらが郭解の件にどれくらい関与していたはよくわからない（図8-1）。[*8]

さて、御史大夫のいる御史府という役所のようすをみてみよう。そこには柏の樹がたちならび、樹木のうえには数千羽にもおよぶカラスがすんでいた。カラスたちは明け方にいずこかに飛びたち、夕方には帰ってくることから、朝夕烏《ちょうせきう》などとよばれ、親しまれていた。[*9]カラスのやどる樹木の下では、御史大夫直属の役人二、三〇〇名が忙しく働いていた。[*10]そこに郭解の案件がもちこまれた。おそらく大騒ぎになったことであろう。その判断は御史大夫公孫弘に委ねられ、かれは郭解を死刑相当だと奏上した。このときの公孫弘による上奏文には、はっきりと郭解への敵意がしめされている。

「郭解は民として任侠の行いをし、やりたい放題をし、にらみつけられたというだけで、かつて人を殺したことがあります。このたびの事件については、郭解が知らないこととは申せ、この罪は郭解本人が殺人をしたことよりも重罪です。大逆無道にあたります」。

ここでいう大逆無道とは、大逆不道ともいい、いわゆる国家反逆罪のことだ。[*11]当時、大逆無道によって処罰された者は族刑に処された。それは三族刑ともよばれ、いかなる罪に処されるかは時代によって多少異なる。ただし少なくとも当時の法律では、ひとたび族刑とされた犯人は腰斬《ようざん》とされ、その父母・妻子・兄弟姉妹らもみな棄市《きし》とされた。[*12]これは、犯罪者の罪があまりに重いとき、その家族や親戚にまで咎《とが》が及ぶという、いわゆる縁坐の規定による。

つまり公孫弘は、郭解の管理責任を問い、それによって郭解のみならず、かれの父母・妻子・兄弟らに至るまで処刑すべきだと上奏したのである。しかも、大逆不道はふつう恩赦の対象とならない。[*13]その最終判断は武帝に委ねられたが、[*14]これまでの経緯からみれば、武帝が郭解を許すはずもなかった。公孫弘とふだん会うときには冠さえかぶらぬ武帝だったが[15]、このときばかりは衣服を正して郭解の判決を裁可した。いよいよ郭解に最期が迫っていた。いったいなぜ公孫弘はここまで郭解を敵視したのか。このことを理解するには、公孫弘と儒学との関係を知らねばならない。

公孫弘と郭解

そもそも武帝期よりまえの儒学の歴史には紆余曲折があった。

高祖劉邦は儒学のことが大嫌いだったが[16]、天下統一後は陸賈《りくか》の助言によって、しぶしぶその価値の一部を認め[17]、そこから漢代儒学史がはじまった。

さらに文帝期には賈誼《かぎ》という若手エリート官僚が登場し、儒学的な礼儀の重要性を説いた。ひとたび朝廷内の礼儀が定まれば、それは勧善と、悪を未然に防ぐことにつながる[18]。だから賈誼は、暦や服色（官服の色）、さらには朝廷の行事にさいしての音楽の整備を提案した[19]。また、諸侯王の力を弱めるべきだと主張し[20]、匈奴にたいして強硬策を展開した[21]。景帝・文帝期には黄老思想という自由放任的な考え方が優位にあり[22]、賈誼の主張がどこまで官界に影響を与えたのかには疑問がある。

しかし第六章で触れたように、黄老思想の支持者だった竇太后が亡くなると、武帝は少しずつ儒学への傾斜を強めていく。前一三四年には、はじめて地方から孝廉《こうれん》を募った。孝廉とは、儒学的徳目を評価基準とする資格試験で、合格者はキャリア官僚の候補となる。このとき論文を提出して名声を高めた儒者に、董仲舒《とうちゅうじょ》や公孫弘らがいた。

なかでも董仲舒は、「君主自身が民の模範たれ」と主張した人物で、[*23]ふつうは「漢代儒学を国教の地位にまで高めた大功労者」だと目されることが多い。だがじっさいには、元朔《げんさく》五年（前一二四年）～武帝末年（前八七年）に、キャリア官僚のトップクラス（公卿《こうけい》）にのぼりつめた者一〇三名のうち、「儒生」はわずか二名（二・九％）で、ようやく宣帝期に一八・二％、元帝期に二六・七％にすぎない。[*24]つまり当時の官界で儒学者が独占的地位を占めたとはとうていいえない。

また従来は、董仲舒の提案によって五経博士《ごけいはくし》が置かれ、そのもとで官学システムが整備され、それが儒学を国教たらしめたといわれてきたが、その典拠は武帝期以降の史料ばかりで、「五経」の語例も武帝期にはほぼみられない。そのうえ漢代の「博士」は、現代日本における学位資格とは異なり、れっきとした官職のひとつだった。そしてその起源は戦国時代にさかのぼり、景帝期にはすでに詩《し》博士・書《しょ》博士・春秋《しゅんじゅう》博士がいた。[*25]だから五経博士の設置とは、既存の三博士に、あらたに易《えき》博士と礼《れい》博士を追加したことをさす。しかし目下知られている武帝期の博士の名前は『詩』『書』『春秋』の専門家のもののみである。つまり、五経博士の設置はそもそも史実でない可能性がある。[*26]

このように近年の研究によれば、武帝が儒教を国教化した点と、董仲舒がその大功労者だった点には疑問がある。むしろ当時はまだ、複数の思想が朝廷のなかで入りまじって流行しており、儒者は武帝のサポートを得つつ、少しずつ台頭していたところだった。しかも、儒者のなかでも当時とくに実力者だったのは、董仲舒というよりも、むしろ公孫弘だった。公孫弘こそは、儒者として御史大夫、さらには最終的に丞相にまでのぼりつめた巨人だった。

かれは若いころ苦労をかさね、老境に入ってから中央政界で台頭した儒者で、[27]世渡りのむずかしさを理解していた。だから朝廷では、それほど表立って意見を表明せず、[28]つねに質素な服装に身をつつんで体面に注意を払い、賓客を厚く接待しつづけた。[29]対外的に強攻策を好まぬ点以外は、[30]武帝に迎合することが多かった。裏表のある性格で、仲の悪い者には必ず報復したともいわれるが、[31]郭解にたいして個人的な怨みがあったわけではなさそうである。

それでも公孫弘が郭解を糾弾した理由は、郭解の客が儒者を殺したためであろう。後述するように、公孫弘は当時の儒者の代表格で、儒者の殺害を容認できる立場になかった。エピローグで論ずるように、公孫弘らの信じる儒学と、郭解らの重んじる任俠的な考え方には、重なるところもあったが、もともと根本的に相反するところもあった。本事件の発端も、郭解の行いを儒者が批判したことにある。

ひとくちに儒学といっても、当時からさまざまな学派がある。[32]儒学の系譜に属する書物は多岐にわたり、学者や官吏はそのどれかに習熟するのが常だった。そして、同じく儒家系の書物であるとはいえ、書物と書物のあいだには往々にして見解の相異があり、それが学派の対立を生む。

たとえば『春秋』は、魯の隠公《いんこう》（前七二二年）から哀公《あいこう》（前四八一年）に至る国の政治的事件を編年体によってしるしたもので、春秋時代の一国の記録だ。戦国時代の思想家孟子はそれを孔子の作だと主張した。その是非《ぜひ》については現在も論争があるが、*33ともかくその後の人びとは、『春秋』のなかに孔子の思想を読みとろうと躍起《やっき》になった。その文章は簡潔をきわめ、補足説明がなくてはよく読めない。そこでのちに注釈書の『春秋穀梁《こくりょう》伝』・『春秋左氏《さし》伝』・『春秋公羊《くよう》伝』が生みだされた。

なかでも『公羊伝』は、武帝期ころに有力な書物だった。*34それを信奉する人びと（公羊学派）は、『春秋』を毀誉褒貶《きよほうへん》・是非善悪《ぜんあく》の価値基準にかかわる書物だとし、その考え方を司法の現場でも役立てようとした。そして人びとの犯罪行為をはかる基準として、結果よりも動機を重視した。*35さらに、歴史上さまざまな人が復讐を敢行した点をとりあげ、それを容認する姿勢を押し出した。*36

公孫弘も公羊学派に近い立場をとっていた。*37すると、任侠による「報仇《ほうきゅう》」について公孫弘は内心《ないしん》同情的だったとしてもおかしくはない。しかし既述のとおり、公孫弘はひとりの思想家であるよりも、むしろ当時の儒学界を象徴する存在だった。またかれは、御史大夫として国家を担う柱石のひとりでもあり、不法行為を認めるわけにはいかなかった。

ちなみに、当時はちょうど峻《しゅん》厳《げん》なる司法官として張湯が廷尉に就任したころであり、公孫弘とは昵懇《じっこん》の仲だった。一方、実務官僚の汲黯《きゅうあん》のごとく、黄老思想を信奉する者もいた。[*38] 頑固なかれは、丞相の田蚡にもこびへつらわず、武帝さえ辟易することがあり、[*39] 公孫弘や張湯と対立した。[*40] 他方、外戚の衛青とは仲がよく、衛青は郭解ともつながっていた。[*41] こうした複雑な人間関係のなか、郭解を弁護した高官もひとりくらいはいたかもしれないが、武帝と公孫弘の意思はそれをはるかに上回っていたのであろう。

郭解の処刑

こうして郭解は、現場の判断ではなく、むしろ武帝と公孫弘による上からの判断によって、「大逆無道」（国家反逆罪）の名のもと、腰斬の刑に処されることになった。これは、大任侠の郭解の力でさえも武帝の専制権力のまえでは鴻毛《こうもう》より軽く、任侠的な人間どうしのつながりだけでは皇帝の決断を覆せなかったことをしめす。

しかしそれは、地方官吏（少なくともその一部）が無罪判決案を上奏したのに、公孫弘と武帝がその意見を聞かず、頭ごなしに郭解に死刑を命じたことによる。かりに郭解が武帝の面前で無礼を働き、その場で武帝が郭解を手討ちにしたならともかく、[*42] 公孫弘と武帝は司法の場で、確たる証拠がないにもかかわらず、強引に有罪判決を下したのだ。これは、武帝といえども、合法的な裁判では郭解の数多くの罪状とその証拠を明示できなかったこと、にもかかわらず武帝と公孫弘が郭解を処刑せねばならないほど、武帝と公孫弘が郭解のもつ任侠的なつながりを恐れていたことを物語る。

　けっきょく、漢を支える法律をみずから枉《ま》げた時点で、武帝は試合に勝ち、真の勝負に負けたといってよい。じっさいに郭解に会ったこともある太史公は、『史記』のなかでかれの死を悼んでいるが、その裏にも郭解への共感・同情と、武帝へのささやかなトゲが感じられる。漢帝国をかたちづくるさまざまな人間どうしのつながりには、皇帝でさえも思いどおりにならないものがあり、その力を軽視することはできなかったのだ。

　ちなみに、公孫弘が御史大夫に昇進したのは前一二六年のことで、かれは前一二四年には丞相に昇進している。よって既述のとおり、公孫弘が御史大夫として郭解の処刑を進言できたのは前一二六年~前一二四年の時期となる。かりに郭解の生まれた年を前一七〇年ころとすれば、かれは四五歳前後に刑死したことになる。当時、死刑の執行時期は冬に設定されやすく、[43]しかも望日《ぼうじつ》（陰暦一五日）以後がよいとされていたので、[44]おそらく郭解の処刑も冬（旧暦一〇~一二月）の一五日以後に執行されたのではないか。

　さて、前漢前期の行政単位（大きいものから順に郡・県・郷・里）のうち、郡・里には「獄」（監獄）がなく、郷には臨時的な拘置所があるのみで、正規の監獄は県にあったらしい。[45]県獄は円形で、周囲は高い壁と、トゲのある植物によって囲まれ、中央には監視塔があった。[46]後世の一望監視施設《パノプティコン》を彷彿とさせる構造である。すると郭解も県獄に収容されたのであろう。

　県獄で死刑を宣告された郭解が、どのように残された日々を過ごしたかはわかっていない。

おそらく外部からの差し入れなども原則的には禁止され、獄吏におびえる孤独な日々を過ごした。[*47]なかには獄吏に袖の下を握らせ、囚人に差し入れをする親族や関係者もいたが、[*48]捕まる可能性は十分にある。[*49]

県獄には個室が並び、郭解の家族は別々に収監され、互いに会話をすることくらいは可能であり、夜にはひとりずつ点呼をとられた。未決囚と死刑囚の部屋は隣り合わせで並んでおり、かりに死刑囚が死刑執行のために外に連れ出されても、それを隣室の者が知ることはない。夜になって点呼の数が減ったときに、囚人は隣室の者が死んだことを知るのみだ。[*50]ただし南朝宋の元嘉《げんか》二二年（四四五年）の例ではあるが、死刑囚が最後の食事をとったあとで、家族との面会を希望するか否か、獄吏から尋ねられている場合もある。[*51]また処刑台に赴く途中、市場のなかで叫んだ者もいれば、[*52]見送りの者とともに酒を飲む者もいた。[*53]そうして最後には衣服を脱がされ、処刑台に横たえられ、斧で斬られる。[*54]おそらく郭解の最期も似たようなものだったであろう。

族滅されたはずの郭氏

こうして郭解は腰斬に、父母・妻子・兄弟らは棄市に処された。[*55]おそらく死体は一〇日以上晒されたままだったであろう。[*56]

ところが『後漢書』巻三一郭伋《かくきゅう》列伝には、驚くべき記載が残されている。

郭伋は、字を細侯《さいこう》といい、扶風《ふふう》郡茂陵県の人である。高祖父の郭解は、武帝のときに任侠をもってその名を知られていた。父の郭梵《かくぼん》は、蜀郡太守となった。郭伋は若いころから志と行いがすぐれており、哀帝《あいてい》から平帝《へいてい》の御代には大司空府《だいしくうふ》に辟召《へきしょう》され、三度にわたって漁陽都尉《りょうようとい》となった。王莽のときに上谷大尹《じょうこくだいいん》となり、并州牧《へいしゅうぼく》に遷《うつ》った。

これによれば、前漢後期には郭解の子孫が生き残っていたらしい。それぱかりか、哀帝（在位前七年～前一年）～平帝（在位前一年～後六年）の時代に、そのうちのひとりは高位高官にのぼっていたようである。これを系譜にすると以下のとおり。これはいったいどういうことか。

高祖父（郭解）―曽祖父―祖父―父（郭梵）―子（郭伋）―……

郭伋は「茂陵県の人」だとされており、郭氏は郭解の死後に、やはり茂陵県に強制移住させられていたとわかる。系譜をみると、郭解は郭梵の曽祖父であった。また郭梵は蜀郡太守にのぼっているが、郡太守ほどの高位高官にのぼるにはふつう、家族が一定の財産をもっているか、高官とのあいだに相応のコネクションを有していなければならない。とすれば、郭梵の父もまた、並大抵の人物ではなかったことになる。

すると、こう考えることが可能であろう。すなわち、まず郭解は腰斬に処され、その老母・妻子・兄弟も棄市に処された。「大逆」者の妻は、かりに判決前に離婚してべつの男性と再婚していたとしても、無罪にはならない。むしろ中央政府がそれについて議論し、あらためて無罪判決を下すようになったのは武帝期以降のことだ。[*57] それでも郭解の子孫は生き延び、のちに郭家は興隆したのだ、と。

では郭解の子孫はどうやって生き延びたのか。

まず思いつくのは、郭解にはじつは孫がおり、族刑による連坐の対象にふくまれていなかった可能性である。既述のとおり、郭解はそのとき四五歳以上ゆえ、孫もいた可能性がある。しかしこれには史料的根拠がない。

これに対して、もうひとつの可能性を提示してくれるのが、明・王立道《おうりつどう》『具茨集《ぐししゅう》』文集巻三郭索《かくさく》伝（『四庫全書《しこぜんしょ》』集部六別集類五）である。これによれば、郭解には妾《めかけ》がおり、両者のあいだには子の郭索がいた。だが母の身分が賤しかったため、母子は遠ざけられていた。このことが幸いし、郭解が処刑されたおり、母子は官憲による監視をまぬがれた。やがて郭解のもとの客がその存在を知って大将軍の衛青に報告すると、衛青は郭索をひきとって面倒をみた。衛青の権威が衰えてからも、郭索と任安《じんあん》だけは衛青のもとを離れなかった。やがて衛青が亡くなると、郭索の子孫は散らばって江湖や海辺に移り住み、その後も侠名を馳せたという。

『具茨集』とは一七七九年二月に校訂をへて、清《しん》の乾隆帝《けんりゅうてい》に献上された書籍で、明の王立道の作である。王立道は無錫《むしゃく》の人で、嘉靖《かせい》一四年（一五三五）に進士《しんし》となり、翰林院《かんりんいん》編修の官に就いた。本書は彼の詩や論文をふくみ、三巻目に郭索と孔方《こうほう》という人物の異聞を収録している。なかでも「孔方」は、文中で前漢前期の人だとされているが、ほんとうは実在しない。「孔方」とは方孔円銭（当時の貨幣）のことで、本文の原作は銭を人物に見立て、銭にむらがる前漢の寵臣鄧通《とうつう》を諷刺し、ひいては貨幣まみれの現世を批判する文学作品だったとみられる。すると、残る郭索の伝記もあやしい。管見のかぎり、郭索伝は明代以前にみえず、史実として素直に受けとることは少々憚《はばか》られる。

しかし郭解の刑死後に子孫がふたたび興隆していくプロセスをのべたものとしては、これがほとんど唯一の民間伝承である。この作品をとりあげた先行研究もみあたらない。そこでここでは、とりあえず当該史料を参考に、郭解には生前に孫がいたとするよりも、むしろ「郭解の妾のひとりが子をなし、かれがのちのち郭家再興の足がかりをつくった」という可能性のほうを信じておきたい。

語り継がれる郭解の子孫

ところで当時の任侠の位は、いまのマフィアやヤクザのように、ファミリーや組をつくって代々継承していくものではない。任侠としての名声はその個人に付着しているものであり、ほとんどの場合、子孫には継承されない。そこには諸行無常の響きと一抹の淋しさがある。

かつて廷尉(最高位の裁判官)だったときに賓客に囲まれ、退職後に閑散とした家に住み、廷尉に再任されると再度あつまる賓客のようすをみた翟公《てきこう》という人物は、門にこう大書したという。

一死一生《いっしいっしょう》、乃《すなわ》ち交情を知る。一貧一富《いっぴんいっぷ》、乃ち交態を知る。一貴一賤《いっきいっせん》、交情乃ち見《あら》わる。*58

これは任俠と客の関係にもおおむねあてはまることばであろう。じっさいに右の文は『史記』に収録されたもので、司馬遷はこれを翟公のことばとして引用しつつ、同時に、任俠的な官僚として知られた鄭当時を評することばとしても用いている。同一の格言は『説苑《ぜいえん》』にもみられ、「一浮一没《いっぷいっぼつ》、交情乃ち出《い》ず」の語がつづく。*59 ここでいわれているのは、浮き沈みのなかでこそ真の友情や交誼がわかるということであり、いわゆる友情や交誼のなかには表面的関係にすぎぬものがあるという意味だ。どれほど俠名を馳せた人物であっても、ひとたび死ねば、その遺族は忘れられがちになる。当時の人びとはここに諸行無常の響きと一抹の淋しさを感じていた。

ただし司馬遷からみても、郭解だけは少々別格だった。凡百のいわゆる任俠とは異なり、かれだけは死後もその名声が語り継がれている。ましてや刑死しているというのに。となると、郭解の遺族には周囲の人びとから莫大な贈り物がなされつづけた可能性がある。

また郭解の親族の家々には、生前に郭解から贈られた財産の一部が隠匿されていた可能性もある。じっさいに、そうした環境下で子孫が成長し、やがて郭梵を生んだのであり、だからこそ郭梵は、経済的・人的資本のおかげで蜀郡太守に昇進できたのではないか。

加えて、郭伋の地方行政官としての能力は傑出していた。郭伋は前漢後期に抜擢され、各地の地方長官を歴任し、盗賊をきびしく取り締まるとともに、匈奴を寄せつけなかった。後漢時代には潁川《えいせん》郡太守になり、[*60] 西暦四七年に生涯を終えた。その業績は史書に散見し、かれは『後漢書』に立伝され、[*61] その名は後世の石刻にもみえる。

たとえば北魏の劉耳《りゆうじ》は、地方長官として活躍した人物で、その手腕は前漢の名地方長官の賈琮《かそう》や郭伋に比肩すると称賛された。[*62] また南朝梁《りよう》の公子蕭憺《しようたん》も墓誌のなかで、「前漢の郭伋や黄覇《こうは》のような行政手腕だ」と評されている。[*63] こうした石刻における郭伋への言及は、おおむね南北朝時代にはじまり、唐代にも散見する。

唐代には郭伋の子孫を名乗る一族もおり、その石刻の文章も残されている。七五〇年の「郭《かく》柱国《ちゆうこく》墓誌」だ。[*64] それによると、太原《たいげん》郡の郭盛《かくせい》は、郭伋の子孫を名乗った。官歴や事績が明記されているのは、曽祖父の郭宝《かくほう》、父の郭愍《かくびん》、そして郭盛本人にかぎられ、郭盛は七二八年に亡くなっている。子は郭神安《かくじんあん》といい、七三八年に亡くなっている。この親子は七五〇年に太原郡の南に合葬され、そのときこの墓誌がつくられたらしい。

注目すべきは、この墓誌に郭解が登場せず、郭伋への称賛のみがみえることだ。これは、郭

図8-2　唐給事中戴令言墓誌拓本（北京図書館金石組編『北京図書館蔵中国歴代石刻拓本滙編』第21冊〈中州古籍出版社、1989年、26頁〉所収）

伋が名地方長官として広く認知され、郭盛が郭伋の子孫であることを誇りに思っていたことをしめす。ただしそれなら、郭盛は郭解の子孫でもあったことになるが、墓誌は郭解に触れない。もとより『漢書』に遅れるかたちで、[*65]『史記』の人気も唐代には高まっており、『史記』の郭解の評価は低くない。だが唐代の人びとは、『史記』を評価しながらも、『史記』の抱く任侠的価値観を手放しで褒めたたえるようなことはしなかった。唐代の官僚にとって、みずからの祖先として挙げるべきは名地方長官のほうであり、郭解はしょせん民間の一任侠にすぎなかった。だから郭解は郭伋の陰に隠れるかたちになったのであろう。

ただし、任侠への憧憬や郭解にまつわる民間伝承は、漢代以降も決して完全に失われたわけではなかった。たとえば、漢代とそれ以降の詩歌には、任侠的気風をもった若者（游侠児・少年）がしばしば登場する。その先駆として、漢代の楽府詩《がふし》や、三国時代の曹植《そうしょく》の詩歌などがある。[*66] また唐代に編まれた児童用教科書の『蒙求《もうぎゅう》』にも「郭解借交《かくかいしゃくこう》、朱家脱急《しゅけだっきゅう》」の語がみえ、任侠として人助けをした郭解や朱家が称えられている。唐詩にも郭解はみえる。[*67] 唐代墓誌でも郭解は、任侠の典型例として挙げられている（図8-2）。つまり郭解は、唐代の貴族がみずからの祖先として公認したくなるほどの偶像ではなかったものの、あいかわらずその行いは憧憬の対象として人びとの目に映りつづけたのである。

エピローグ

不法分子としての任侠

こうして郭解はその生涯を終えた。

任侠について触れた先行研究は少なくないが、そのほとんどは任侠的人間を何人か史料から選び出してその生きざまを列記し、そこから任侠の特徴を捉えようとするものである。これにたいして本書では、当時路地裏の任侠の代表格と目されていた郭解に焦点をしぼり、まずその生涯をていねいに跡づけ、ひとつひとつの行為を検証し、そこから当時の任侠と、かれらの跋扈する裏社会の一端を浮き上がらせようとした。

ここであらためて郭解の生涯を振り返ってみると、それは不法行為に満ちたものだった。郭解のさまざまな行いの裏に、私利私欲への傾斜をみてとることはむずかしくない。かれのように蛮勇をふるい、郷里のなかをわが物顔で闊歩し、法律をねじまげる者のことを、中国古代の人びとは「任侠」や「游侠」とよんで恐れた。『史記』游侠列伝によれば、郭解はその代表格だった。つまり任侠や游侠ということばには、もとよりマイナスの意味合いがふくまれていたのである。

古今の論客のなかにはじっさい、法に反する任侠・游侠の行為を批判し、その暴力性を憎む者が少なからずいた。法を重んずる者からみれば、強盗・墓泥棒・ニセガネ作りに加え、仇討ちさえも、警察や司法を無視した不法行為として断罪されねばならない。たとえば法治を重んずる戦国時代の思想家韓非子《かんびし》は、君主による信賞必罰を説くとともに、任侠の行いを賛美する当時の世論をつぎのように批判している。

賞は手厚く確実に施すべきだ。民衆がそれを欲しがるようなものがもっともよい。罰はきびしく逃れがたいものとして設定し、民衆が恐れるようなのがもっともよい。……だから君主は、賞を与えるときになって賞の内容を変えるようなことはせず、罰を下すときになってお目こぼしをするようなこともすべきではない。……しかし現状はそうなっていない。……およそ、兄弟が他人から害を受けたら必ず報復することが廉直とされている。友人が恥辱を受けたらその仇を討つのが貞節だとされている。だが廉直・貞節の行いが成立すると、君主の法は破られる。いまどきの君主は廉直・貞節を重んずるあまり、それによって法律が破られた点を忘れている。……儒者は学問によって法をかき乱し、侠客は剣をふるって法律を破っているが、いまどきの君主はその両方を礼遇しており、これこそ国家

（『韓非子』五蠹《ごと》篇）[*1]

の乱れる原因である。

ここで指摘されているのは、法律を枉《ま》げてまで仇討ちを敢行する侠客がいたことと、それが法治と相反する側面をもっていたことである。

もっとも、暴力をふるうのは古来、任侠だけとはかぎらない。もとより現代の国家は一般に「ある特定の領域において……正当な物理的な暴力の行使を独占することを要求し、それに成功している唯一の共同体」だとされている。[*2] 現代国家を初めてそう定義したのがだれであるのか、この定義が妥当であるのか否か、これが古代国家の定義にもあてはまるものであるのか否かには議論もあるが、[*3] 物理的な暴力装置（軍隊・警察）を大なり小なり備えている点は、たしかに中国古代国家も同じである。なぜ悪いことをした人間が死刑になるかといえば、それは中国古代国家がかれらの生殺与奪を握っているからである。人びとが国家のいうことを聞く理由は、さもなくば警察に捕まって刑罰を受けるからである。

それでも国家の暴力のみが正当とされるゆえんは、国家が合法性を担保しているからである。だが、その法律はだれが決めたのかといえば国家であり、ここに循環論法がある。国家はいわば、法措定的暴力（法をつくりだす力）と法維持的暴力（勝手な現状変更を許さぬ力）の両方をたずさえているのである。[*4]

こうした点からみれば、古代の任侠は国家の敵となる。かれらは、私的に暴力をふるうという点で、一般の民に怖がられるとともに、国家による物理的暴力の影響力をおびやかすものとして、国家からはげしく敵視されることになる。

本書では、こうした国家の法的秩序が及ばず、任侠が闊歩《かっぽ》するような空間を「裏社会」とよんだ。当時の民は少なからず裏社会と接点をもち、表社会と裏社会の区別は曖昧を残していた。そうはいっても、前著で描き出した日常の生活風景と、本書で描き出した風景とは、かなり異質であろう。郭解の生涯をたどりつつ、そうした裏社会をかいまみることが本書の目的だった。

法家と儒家による任侠の評価

ところで前掲五蠹篇では、任侠とともに、儒者も法治を乱す存在として指弾されている。理由は、儒家が法家と同じようにルールを重んじ、社会の平和と安定をめざす存在でありながら、儒家の思い描く秩序（礼）が独特で、しばしば現実の法律と乖離することもあったからである。では、儒者は裏社会に属するのかといえば、むろんそうではない。しかし任侠・儒者・裏社会の三者関係は少々入り組んでいる。

もともと儒家は、諸国家の林立する春秋時代にうまれた思想で、「どうすれば諸国家が対立する現状を治められるか」をひとつの課題としていた。現代社会と同じく、春秋時代の諸国も私利私欲にまみれ、いつ終わるともしれぬ争いに加わり、多くの犠牲者を出していた。それは、ひとえに政治を主導する国家と君主に問題があるからだ。儒家はそう考えた。

だが、国家が人間の集まりである以上、国家のありようを改善するには、一人ひとりの生き方を改善するところからはじめねばならない。じじつ、私たち個々の人間は、他人と必ずしもつねにうまく折りあっているわけではなく、なかには知人や親子のあいだでさえ日々争っている者もいる。そんな状態で、国家どうしを仲直りさせることなんてムリだ。だから私たちは、まずいちばん大切な家族・親族を中心に、親疎《しんそ》の関係をはっきりさせ、かつ父と子、兄と弟、君主と臣下、夫と妻などのように、各方面にわたって上下関係を守らねばならない。そうして人間関係の秩序がわかりやすく整備され、維持されれば、個々人をとりまく人間関係は落ちつき、やがては人間の集合体である国家、さらには天下の安定につながるであろう。

こうして儒家は、親兄弟や君臣関係を重んずるルール作りに励んだ。だが既述のとおり、これがしばしば現行法に抵触することになった。

たとえば「親兄弟や君主を殺された者は復讐に走ってよいか」は、たびたび争点となってきたものである。[*5] 歴史上、殺人者は原則的に罰せられるべきだが、条件によっては殺人者が死刑にならぬこともある。端的な例として、戦争でおおぜいの敵兵を殺した人物も勝てば官軍となり、処罰されない。血みどろの政争を経た者も、勝利すればその後の人生を謳歌《おうか》できる。では、そのとき被害者側や敗北者側の親兄弟はどうふるまえばよいのか。もし君主への忠、親への孝が大切だというなら、君主や親が殺された場合、復讐は認められるべきではないのか。少なくとも前漢前期に力をもった儒家の公羊学派《くようがくは》はそう考え、報仇を称賛する傾向にあった。[*6] ここに、儒家的ルールと現行法との矛盾を生むきっかけがあった。

儒家が法律違反を認めた例は枚挙に暇《いとま》がない。この問題は、儒学を重んずる東アジア諸国でしばしば顕在化してきた。漢代にも似たような例は多い。たとえば、虞偉高《ぐいこう》は父を殺した敵を狙っていたが、目的を遂げるよりまえに、病に倒れてしまった。いまわの際に、かれは泣きながら友人の何顒《かぎょう》にいった。「どうかおれの代わりに復讐を……」。何顒はみごと虞偉高のかわりに復讐をなしとげ、仇敵の首を虞偉高とその父の墓前に捧げたとか。[7] こうした私的な殺人行為は法的に許されるべきものではないが、親孝行を助けるという儒家的倫理には寄りそっている。

要するに儒家や任侠は、いずれも現行法に抵触することがあり、だから現行法を重んずる法家としばしば対立したのである。

ただしここで、そもそも現行法がなにをめざして制定されたのかという点まで掘りさげると、事態はいっそう複雑となる。なぜなら、前漢では儒家的理想をふくみこんだかたちで現行法が設計され、[8] その傾向は前漢後期に強まってゆくからである。このとき儒家と法家のまなざしは同じ方向を向いてゆく。しかも儒家はほんらい秩序の維持を重視するのであり、そうした傾向がとくに強い儒者からみれば、任侠は邪魔な存在でしかない。こうして儒者のなかでも任侠の評価は変化した。

たとえば、儒者の班固は『漢書』巻一〇〇叙伝で、游侠伝の編纂理由をこうまとめている。

国をつくり、家を継承する場合、法律や制度がある。だから各々の家は武器を私蔵せず、国は勝手に人を処刑することもない。ましてや平等な民どうしが脅しあったり、恩恵を施しあったりすることが許されるわけがない。そうした事態を正さずして礼・法があるなどとはいえない。そこで游俠伝を編纂した。[*9]

班固は儒者で、とくに漢による儒家的秩序を重視した。漢が少しずつ儒家的理想に近づくなか、[*10]班固にとって儒家的礼と漢法は相似《そうじ》すべきもので、任俠による私的暴力はそれを乱す要因でしかない。荀悦《じゅんえつ》や揚雄《ようゆう》などの儒者も任俠には手きびしい。[*11]こうした任俠への低評価は、『史記』とは大いに異なっている。

このように儒家・法家・任俠の三者関係には、互いに親和的な場面もあれば、敵対的な場面もあり、これにともなって郭解の評価も二転三転した。では、当時の民は郭解をどのように眺めていたのか。

ルサンチマンの行く先

法家は、くりかえすように、おおむね報仇を私的行為として断罪している。かかる法家の考え方は、現代に生きる私たちにも理解しやすいものであろう。というのも、私たちはいちおう法治国家に暮らしているからである。「ルールはルールで、大人はルールに従わねばならない」、「悪法も法だ」というわけだ。

しかしその反面、みなさんは新聞やニュースをつうじて、理不尽な裁判の判決を目にした経験はないか。「これほど多くの人間を殺しておいて、こいつは死刑じゃないのか」、「これでは被害者が救われない」等々……。まして被害者が家族・親族・友人であったら、私たちの心は余計にかき乱されるのではないか。

こうした感情をもつのは、相手が殺人犯である場合にかぎられない。たとえば、「こんなにひどい目に遭った。あいつに天罰が下ればよいのに」という愚痴の数々は、どこかの飲み屋で日々だれかがつぶやいていることであろう。

とりわけ身分格差のある漢代社会では、たとえ上位者が下位者に理不尽なふるまいをしても、下位者はどうしようもない。たとえ親を殺されても、君主を殺されても、黙っていなければならない。かりに報仇に走れば、法律で処罰されるのがオチである。

こうして弱者のあいだで交わされるのが、「あいつにはいつか罰があたる」、「あの世で必ず処罰を受ける」、「被害者は復讐なんて望んでいない」等々の言葉である。そこからフリードリヒ・ニーチェの思想まではあと一歩である。

ニーチェによれば、世のなかには強者と弱者がおり、弱者は不平不満《ルサンチマン》を抱え込みやすい。結果、弱者は心中ひっそりと復讐と自己正当化を図るものである。たとえば、「あの金持ちは死んでから処罰を受けるはずだ」、「私は善人だから救われるはずだ」等々……。これが俗にいう、正義や倫理の正体だ。つまり、いわゆる神や善などというものは、信じる者に生きる意味を与えているから、そう信じられているにすぎない。[*12]

これと似た状況は時代と場所を問わず、いろいろなところで生じている。法律がますます強化され、ありとあらゆることが法律の網の目に絡《から》めとられつつあるなか、それでも現行法が国民全員の不満を解消してくれるわけではない。たとえば、ひとりの人間を殺したくらいでは加害者が死刑になることなどほとんどない現代日本で、[*13]もし親兄弟や友人を理不尽に殺されたら、遺族の気持ちはどこに向かえばよいのか。そういう人びとにたいして「それでもルールはルールだから」、「死刑は野蛮だから」というべきなのか。

そもそも私たち人間は、好むと好まざるとにかかわらず、この世に生み出され、既存のルールを押しつけられながら育ってきた。かりにルールの一部に変更を迫ることはできたとしても、上述のように変更不可であることも多い。相手がルールを破り、みずからの愛する存在を殺したとき、もし現行法に満足できなければ、私たちはどうすればよいのか。

現状に満足できなければ、私たちがとりうる方法はふつう、その場から離脱するか、その場にとどまって発言するくらいである。[*14]だが、前者を選べば復讐対象を見逃すことになる。さもなくば、現行法の支持者と言論闘争し、少しでも法の改善を図るほかない。じっさいに一部の法哲学者は、これこそ法の本質的なありようだと説いている。[*15]だがこれには長い年月がかかるうえ、満足のいく結果が得られるともかぎらない。

　こうした法治主義の問題点にたいして、明白な「否」をつきつけたのが任俠であり、その典型が郭解だった。郭解は目のまえの弱者や被害者に泣き寝入りをすすめるのではなく、べつの逃げ道（宗教や信仰にすがること）を与えるのでもなく、物理的な答えを用意した。それが報仇の代行であり、仇敵の血塗られた首だった。さらに郭解は施しを好んだことでも知られ、それはいわば任俠の特徴のひとつだった。

　結果、郭解は民衆から称賛を受けた。かれは横暴にふるまうこともあったが、民衆はそれを上回る郭解の業績のほうを評価し、かれに拍手喝采をおくった。このように私的な報仇や施しを支持する者は、官吏のなかにもいた。[*16] これは実質的に、公を主導すべき立場の官吏が、一私人による救済の代行を容認していたことをしめす。

　こうした任俠の伝統は、その後も脈々と中国史に受けつがれた。たとえば報仇の伝統はそこかしこにみられ、[*17] その実行者は男性にかぎられない。[*18] 報仇を称賛する文化は他国にもみえ、現代日本にも私的な報仇をよしとする人は皆無ではない。たとえば時代劇「遠山の金さん」では、「桜吹雪」の入れ墨をした金さんが、役人のやってくるまえに、悪人どもを痛い目に遭わせた。漫画のセーラームーンは「月にかわっておしおきよ」といった。ここでいう「桜吹雪」や「月」は、現行法では処罰不能な対象を処罰するときの正当性を担保するものである。とくに最近では、理不尽なニュースが流れると、ＳＮＳでしばしば「炎上」事件が起こる。それによる私的制裁も、「ルールはルール」という考え方に否をつきつけるという点では、郭解らの報仇と似たところがある。

命と名声を賭して

しかし報仇の代行者は、誰であってもよいわけではない。たとえばSNS上の私的制裁は、周知のごとく、かんたんに集団的な私的暴力に転じやすい。しかも、厳密な事前調査や裁判を経ていない事柄について第三者が安易に口をさしはさんだ結果、それが過度な暴力や冤罪につながる危険もある。じっさいにSNS上では、私的に鉄槌を下さんとする人びとがおおむね匿名で、それゆえ安易に他人を攻撃しやすい。かれらは、金さんやセーラームーンのごとき透徹した眼力をもたず、しばしば鉄槌をふるう方向や、その力加減を誤る。結果、過剰な名誉毀損や侮辱の犠牲者がうまれ、その一部は自殺に追い込まれることもある。

これは中国古代も同じだった。郭解もまた、私的暴力の安易な行使が犠牲者をうみ、ひいては自身の社会的評価を下げることを知っていた。だからこそ、かれは姉の子が殺されたとき、調査をかさねたうえで、あくまでも加害者の側に立った。それをみた民衆が郭解に拍手喝采をおくったのは、そこに郭解の慎重さと、家族愛に囚われることなき公平性をみてとったからだ。

こうした郭解の徳目をその当時の言葉であらわすなら、それは「義」であろう。義には古来さまざまな意味と用法があるが、そのなかには非血縁的な関係やそれを支える倫理としての側面がある。それは、血縁的な関係やそれを支える倫理である孝とは対立するところもある。[*19]

既述のとおり、郭解は数々の悪事に手を染めており、じつは裏の顔があった。司馬遷もそこに気づいていたふしがある。というのも、『史記』は郭解について、「君子の風」を備えていたとしつつ、悪人の目つきをしていたとものべているからだ。本書でも郭解のもつ裏の顔にはたびたび言及したつもりである。しかし、ともかく姉の子が殺されたとき、郭解がまっさきに気にしたのは公平性のほうだった。漢代のことわざに「千人に後ろ指をさされれば、病がなくとも死ぬ」というのがあるが、[*20]郭解が気にしたのはまさに「後ろ指」の存在だった。

任侠の暴力と名声とは、こうした危ういバランスのうえに成り立つものだった。中国古代の任侠・民衆・政治家の多くは、そのことに敏感だった。だからこそ任侠は、報仇にみずからの命を賭け、それが正当な場合にかぎり、その名声は天下に轟いた。

任侠は、家族のためでもなく、国家のためでもなく、金銭のためでもなく、みずからが信ずる義のために命を賭すとともに、任侠としての名声をなによりも重んじた。そこに、かれらのプライドと責任が宿っており、民衆もその意味を知っていた。

なかには聶政《じょうせい》のように、報仇を果たしたのち、みずからの顔の皮を剝いで匿名性を維持しようとした人物もいるが、それは、聶政が「科《とが》が家族に及ばぬように」と配慮した結果にすぎない。だから聶政の姉は、のちに民衆のまえで弟の正体を告げることで、聶政の魂を救った。

このように任侠的名声を重んじ、かつみずからの行為に命をかける点にこそ、任侠と、「SN

S上で匿名性を保持したまま私的暴力をふるう人びと」とを分けるカギがある。[21] ここに、当時の民衆を惹きつけた任俠の魅力があるといえよう。

刺客と任俠の違い

このように、郭解をふくむ任俠と報仇とのあいだには密接な関係がある。しかしここであらためて『史記』を読むと、じつは刺客列伝と游俠列伝は截然《せつぜん》と区別されている。これはいったいどういうことか。

刺客列伝には曹沫《そうばつ》・専諸《せんしょ》・予譲《よじょう》・聶政・荊軻《けいか》が列せられている。かれらは、政治家を剣で脅したり、その暗殺を試みたりした人物である。そこには報仇にかかわる者もふくまれており、郭解たち任俠との区別は一見曖昧である。[22] たしかに、刺客が暗殺や報仇という行動を要件とするのにたいして、任俠は特定の行動のみならず、言葉や性格をも要件とする概念であり（後述）、刺客と任俠は必ずしも排他的な関係にない。つまり、刺客のなかには、任俠もそうでない者もふくまれ、たとえば聶政などは前者であろう。けれども、司馬遷が刺客と任俠をはっきり区別しているのも事実である。すると任俠には、暗殺や報仇に還元されない側面もあるのであろう。それはなにか。

研究者のなかには、「士は己を知る者の為に死す」という中国古代のことわざに任俠の本質を求める者もいる。だが史書をよくみると、それはじつは刺客に捧げられた言葉であって、必ずしも游俠列伝を象徴する一句ではない。

また「俠」が「鋏」（剣の意）に通じることから、それはほんらい護身用の佩刀《はいとう》、転じて帯刀者をさし、そこに任俠の本質があるとの説もある。すなわち士は、戦国時代に常備軍・傭兵が出現すると、みずからの腕ひとつで国を渡り歩き、秦の統一とともに、市井にひそんで郷里社会を闊歩するようになったのであり、その背後には帯剣の威があり、そうした者を「俠」とよんだというわけだ。[*23] だがこの説も、刺客と任俠の微妙な差異にはふれていない。

これにたいして増淵龍夫は、春秋中期以降に氏族制が崩れ、そこから遊民層とそれを母胎とする士が登場し、かれらがとくに任俠的習俗を帯びていたと説いた。増淵は、前漢を建国した劉邦集団の上下関係に着眼した西嶋定生《にしじまさだお》の研究を批判的に補うかたちで、そうした上下関係を内面的に支えるものとして任俠的習俗を挙げ、それは「社会一般のジッテ（Sitte）」（「ジッテ」とは「しきたり」の意――柿沼補）でもあったとする。そして任俠についてこう定義した。

俠とは、民間にあって私剣武勇をもって郷曲《きょうきょく》に威を立て、自ら私交を結び徒党をあつめ、宗族《そうぞく》知友《ちゆう》を侵す者があれば、剣をもってこれに報ずる、いわば州里の雄であり、しかもその私交をむすんでは常に節操を立てるが故に、法禁《ほうきん》を犯すにもかかわらず郷望《きょうぼう》をあつめていた者であり、任とは、そのような私交をむすぶに信なることであり、一旦交わりをむすべば、責任をもって他を引受け、自己の利害生死を無視しても交友知人の急を救い、身をもって亡命罪人をかくまうことであったのである。

つまり増淵は、濃淡はあれども、任侠を中国古代に幅広く存在した習俗だとみなしたわけである。[*24]この説によるかぎり、任侠は特有の習俗とそれを帯びた者をさし、暗殺の行為者たる刺客とは別次元の存在だったことになる。では、こうした任侠的習俗の根底にはいったいなにがあるのか。

これにたいして東晋次《ひがししんじ》は、任侠を「当時の社会構成員一般に通有《つうゆう》な習俗的心性」とする増淵説を批判し、「遊民層におけるエートス（Ethos）」、「恩（徳）や信・義を媒介にして、気力（勇気）を以て利他行為を敢行すること」、「中国史全体にも推し及ぼすことのできる心性」とし、任侠的行為を「一種の友愛行為」とする。[*25]後述するように、私は任侠を「遊民層におけるエートス」に限定する点には与しないが、任侠を利他や友愛とむすびつける点は賛成である。もちろん刺客にも利他や友愛の精神をもつ者はいるが、少なくとも任侠の行為は復讐や暗殺にかぎられないのであり、諸々の任侠的行為には広く利他や友愛の精神がふくまれている。このように考えることによって、任侠と刺客とを切り分けることができ、かつそこに任侠的精神の精髄をみてとることができるのである。

贈与と救済の任侠論

そこで、あらためて游侠列伝所見の游侠（任侠）の定義をみてみよう。

いまの游侠は、その行いが正義に悖《もと》るところもあるとはいえ、その言葉には必ず信頼性があり、その行いは必ず実行される。また、いったん引き受けたことは必ず誠実にこなし、その身を惜しまず、ほかの士の窮地を救いにいく。生死のかかる場面でもみずからの能力をひけらかさず、みずからの徳を誇らない。*26

これによれば游侠とは、かりに正義に反する行いであっても、いったん約束したことはやり遂げ、命を賭して窮地にある士を救い、それでいてみずからの功績を誇らない者のことである。暗殺や報仇は、そうした游侠の行いの一部にすぎない。そこには周囲への施しもふくまれる。*27これはまさに東晋次のいう「利他行為」や「友愛行為」にあたる。こうした行いは、もう少し人文科学・社会科学における汎用性の高い用語で表現しなおすなら、「他者への贈与」となろう。

じっさいに前掲『漢書』巻一〇〇叙伝には、游侠が民に恩恵を施す存在でもあると明記されている。また後漢・荀悦《じゅんえつ》『漢紀《かんき》』も游侠の要件として「他者への贈与」を挙げる。そして游侠の本質は勇敢さにあり、それは正しく人びとを助けることにあって、正しさを失えば盗賊に堕《だ》するとしている。*28するを任侠とは、正しく「他者への贈与」を遂行する者をさすといえよう。

前漢中期に著された『淮南子《えなんじ》』氾論訓《はんろんくん》にはまさしくそうした「任俠」の用例がみえる。*29

北楚《ほくそ》地方に「任俠」の者がいた。その子《こ》らはしばしば諫めてやめさせようとしたが、かれは聞き入れなかった。あるとき県内に賊があらわれ、（役人はかれが関与していると思い、）賊のアジトを大々的に捜索した。はたして関与の事実が発覚し、かれは夜にあわててその場から逃げ出したが、途中で役人らに追いつかれた。だが、かれに徳を施されたことのある者が、みなかれのために応戦したため、かれは逃げおおせた。そこで子らにこう語った。「おまえたちはたびたびおれが「俠」の行いをするのを止めようとしたな。だがいま危難があると、はたして「俠」の行いのおかげでまぬがれたわけだ。おれを諫めたところで、もういうことは聞かんぞ」と。

『淮南子』は後文で任俠者を批判し、「危難をまぬがれるすべは知っていても、その危難を生み出した原因はこの任俠者本人だ」と断罪している。それはそのとおり。だがここで重要なのは、これが「任俠」という生き物なのであり、「俠」が「恩を施す（施恩）」存在だと明記されている点である。

もちろん、およそ贈与なるものには、見返りがともなうことがある。これを互酬性《ごしゅうせい》という。贈与は、意識的か無意識的かを問わず、受贈側がなんらかの心理的負債を抱き、お返しのことを考えはじめた時点や、贈与者が優越感や満足感を得た時点で、すでに互酬的になっているとする論者もいる。[*30] もし贈与や互酬をそのようなものとして捉えるなら、これはとうぜん郭解の行いにも当てはまる。郭解は一部の人びとを救ったが、そこに互酬性をみてとることはむずかしくない。

それでも郭解の贈与は、義のために命を賭したものだという点で、現代のクリスマスプレゼントなどとは異なる。また郭解は、しばしば無償の贈与にこだわるそぶりもみせている。郭解は贈与のたびにその事実が相手に伝わらぬよう配慮した。受贈者がその事実を知らねば、贈与が完全に交換に回収されつくすことはない。こうした機微こそ郭解が民衆を惹きつけた一因であり、郭解に魅せられた司馬遷もそれを察したひとりだった。

では、こうした贈与だけが任俠の本質なのかといえば、そうではない。前掲游俠列伝に「ほかの士の窮地を救いにいく」とあるように、そもそも任俠の贈与は、あくまでも困っている人を救うためのものだ。かつて東晋次は「人間の行為に随伴する同情心・共感・善意などとそれ（任俠——引用者補）はどのように異なるのか」を今後の課題として挙げたが、私はこれにたいして、任俠が「やむにやまれぬ救済の精神」を帯びている点を指摘したい。たんなる贈与だけでは「任俠」にならないのである。

また任俠を「遊民層のエートス」として狭く捉えることにも疑問がある。じっさいに歴史上、「任俠」と称えられた者は、遊民やその出身者にかぎられない。「義を見て為さざるは勇無きなり」(『論語』為政)の格言どおり、やむにやまれず救済に赴く者の極点こそが任侠であり、遊民以外もそうした心性を大なり小なりもちうる。もちろん、大家族とともに生活し、日々農作業にあけくれ、村落の人間関係に絡《から》めとられている者には、なかなかそうした問題意識や動機が生まれにくいのも事実であるが、遊民だけが任俠的心性をもつわけではないのである。

このように、任俠は救済の精神の体現者だった。かりに傲慢で、礼儀に欠け、面と向かって相手を非難することがあり、人の過失を寛大に許せず、好き嫌いで人を遇し、ほかの士から懐かれずとも、いざというときに助けを求めてきた者に、武威をもって救いの手を伸ばせるか否かが、その試金石である。[*31] およそ人間は、意識以前の基本的なレベルで共感しあい、深く結びつくためのミラーニューロンを脳内に有し、[*32] 互いの信頼度や道徳性を高めるホルモンをもつ存在であり、[*33] よくみれば、互酬性に回収されぬ贈与や貢献の例も至るところにみられるのかもしれないが、[*34] 不法行為をも辞さず、ときに命すらかけるのは例外的である。そして、ここにこそ任俠文化の特徴があるのである。

ちなみに、中国の民衆はその後もしばしば任侠に頼り、かれらを社会変革の旗手とみなすときもあった。たとえば清代末期に西太后《せいたいごう》が君臨していたとき、一部の知識人は光緒帝《こうちょ》を奉戴し、政治改革を試みた。かれらは、一部の任俠的心性をもつ者がどんどんと立ち上がり、改革の突破口になってくれるようになることを望んだ。そのとき「任俠」の例として引き合いにだされたのは、なんと明治維新を先導した吉田松陰・大久保利通・西郷隆盛らだった。[*35] 個人や社会が困っているときに敢然《かんぜん》と立ち上がる者は、国籍を問わず、「任俠」とよばれたわけである。ただし、本書でとりあげた郭解らはそうではない。郭解はもっと小さな存在であり、社会変革をめざしていたわけではない。だが個々の民衆にとっては、はるかに身近であり、良薬にも毒にもなる存在だった。

さて、郭解に代表される任俠がどういう存在であったのかが少しわかったところで、あらためて中国古代の路地裏に入っていってみよう。よくみるとそこには、じつは本書で論じた内容よりもはるかに雑多な人びとの群が暮らしているようである。俠名高き者の陰に隠れて暮らす貧民・罪人・亡命者・障害者……。かれらの顔をのぞき込み、その表情をみていくのは、今後の課題としておこう。出土文字資料が増え、そこにもう少し史料の光が射すようになるまで。

あとがき

本書は、私の六冊目の単著である。そのうち、『中国古代貨幣経済史研究』（汲古書院、二〇一一年）と『中国古代貨幣経済の持続と転換』（汲古書院、二〇一八年）は専門書、『中国古代の貨幣――お金をめぐる人びとと暮らし』（吉川弘文館、二〇一五年）、『劉備と諸葛亮――カネ勘定の『三国志』』（文春新書、二〇一八年）、『古代中国の24時間――秦漢時代の衣食住から性愛まで』（中公新書、二〇二一年、以下前著）は一般書である。

なかでも前著は、「読者が中国古代（とくに秦漢時代）にタイムスリップし、一日二四時間を生き抜く」という架空の設定のもと、中国古代の日常風景に検討を加えていくという書籍で、筆者の予想をこえて好評を博した。いまや日本のみならず、諸外国でも翻訳が刊行されている。本書はその続篇で、郭解を主人公にしつつ、読者のみなさんとともに中国古代の裏社会をのぞいてみようとしたものである。

より多くの読者に楽しんでもらえればとの観点から、叙述の仕方には頭を悩ませた。前著では、複雑な内容を複雑なまま、それでいて中学生や高校生にも楽しんでもらえるように、できるだけ文体をやさしくするように工夫した。自分なりの新発見をふくみながら、日常史の息づかいを伝えるべく、野鄙《やひ》な言葉づかいも避けなかった。深遠で典雅な文体を採らず、漢字を少なくし、一文一文を短くし、ストーリーを物語調にととのえ、意味のとおりやすい文体になるよう心がけた。本書ではこのスタイルをさらに推しすすめ、これまで以上に、注釈において例示と論証を心がけ、学術的な新知見を込め、学術書としての情報量と質を担保するとともに、本文をもう少し物語調にしてみた。筆者としては、本書が内容的にちゃんと学術書として受けとめられることを期待しているが、はてさてどうなることやら。

ともかく、マンガやアニメをつうじて中国古代史に興味を抱いた方は、まず本書や前著を読んだうえで、テーマ別に『中国古代の貨幣』や『劉備と諸葛亮』を手にとり、最後に漢文史料へと読み進んでもらえればうれしい。いうまでもなく、本書は小説そのものではないから、文藝としての面白さや読みやすさだけを基準にして、本書の価値を云々《うんぬん》されるのは少し困る。重要なのは、あくまでも初学者を学問の世界にいざなうことであり、本書はその窓口のひとつを提供するものにすぎない。本書はきびしい史料的制約のなかで著されており、だから小説でなく新書として刊行されている。お堅い叙述を好むなら学術論文をお読みいただけばよい。筆者自身は、それだけでは不親切だと思うので、本書のような体裁をとったにすぎない。

さて、なぜいま裏社会なのか。なぜ郭解なのか。

裏社会に注目したわけは、前著の世界観が中国古代社会の一面を照らすにすぎないからだ。

ここでいう裏社会は、じつは政治の世界ともつながっているが、そこからハミ出るところもある。その意味で、本書も民衆の日常史にスポットを当てたものである。日常史の意義については、もう前著においてさんざん論じたことだから、くり返す必要はあるまい。

では、なぜ郭解なのか。ひとくちに裏社会といっても、そこにも多様性があり、任侠はその一部にすぎず、郭解は任侠のひとりにすぎない。それでも郭解を主人公に選んだのは、かれが任侠のなかの任侠とされるからであり、ほの暗い路地裏に住む存在でありながら、そこにキラリと光るものがあったからだ。

そもそも現代社会を生きる私は、日々をのんべんだらりと生きている。いまや、国や神に尽くしたり、理想社会(たとえば社会主義、民主主義、自由主義等々)の実現に燃える人とお話しする機会も多くない。「大きな物語は解体され、人びとは都合のよい情報をピックアップし、それぞれ小さな物語を編んでいる」とか、「人はみずからの物語を他人と共有したいと願いつつその限界に気づき、それでも終わりなき日常に向きあわざるをえない」等々の論調をはじめて目にしたのも、もうずいぶんまえのことである。それでも私は眼前にささやかな趣味・快楽・成功・幸せを見据え、日々を送っている。たぶん眼前の仕事にあくせくし、わずかな充足のうちに毎日を過ごし、たとえ多方面に開かれた人生の可能性が生じたとしても、それを放置して冒険もせず、ふと気づいたら月日だけが経ち、やがて死んでゆくのであろう。かつて安部公房『砂の女』はそういう世界観を描き出した(ように私には読めた)が、それは私にとっていまもリアリティをもっている。

こうした考えに囚われたとき、郭解の生きざまがキラリと目に飛び込んできた。しょせん、贈与や寄付なんぞは金持ちの遊びや偽善、もしくは見返りを求める行為だなどと揶揄する言葉が飛び交うなか、私はあえて「任侠はカッコイイ」といいたいわけでも、その暴力性に魅せられたわけでもない。「太く短く生きたい」と願ったり、「華々しい死にざま」を求めているわけでもない。むしろ中国古代の社会背景を知れば知るほど、郭解は義と狡猾さとの狭間《はざま》に生きたことがわかる。私は、そうした郭解の人間らしさに惹かれた。いまや郭解の没した年齢とほぼ同年齢に達した私には、自身の生が郭解のものと異なり、もはや両者が交わることはないとの確信から、かえって郭解の生きざまに魅せられ、同時にそれを批判的に外から眺める余裕がある。その感覚を一部の読者と共有してみたかった。

これに加えて、郭解の人生をさぐることは、中国古代社会の根幹に触れることになる。

もっとも、二〇二二年七月八日の元首相暗殺事件以来、物騒になった日本で本書を出すことは、刺客への幼稚なヒロイズムを助長するものとも誤解されかねない。だが、いうまでもなく、本書の執筆意図はそこにはない。上記暗殺事件をめぐって世論は予想以上に割れたが、それを「ヒロイズムに傾きやすい大衆の無知」のせいにして嘲《あざけ》るのではなく、かかる大衆心理を生んだ社会のメカニズムを冷静に見極めようとするのが研究者の役目であり、それと同じ理由で私は、郭解らを生み出した土壌を探ることが、漢代社会を理解するカギのひとつになると考えたのである。

その意味で、本書の主題はけっして郭解の人生にとどまらない。むしろ真のゴールは、郭解の人生を軸に据えつつ、中国古代の裏社会を多面的に描き出すことのほうにあったといえる。むろん、前著で論じた「日常生活」の風景と同じように、裏社会のほうもその姿を完全に論じきることなど初めから不可能である（「令和の日本社会」を一冊の本で論じきることができないのと同じだ）。だから本書が試みたのは、あくまでも細部にこだわり、可能なかぎり丁寧な叙述を試みながら、それをつうじて読者の皆さんに裏社会の雰囲気を味わっていただくことでしかない。

ともあれ、本書の執筆にあたっては、たいへん多くの方にご助力を賜わった。本書の内容は、早稲田大学・慶應義塾大学、朝日カルチャースクールで行ってきた関連講義にもとづく。そのさい、受講生の皆さんから得た意見や質問が、本書をよりよいものにしてくれた。まずはこのような講義・講演の参加者の皆さんに御礼申し上げる。また、榊恵さん、佐藤清さん、弘津哲生さんのあたたかいご支援に大きく勇気づけられた。心より御礼申し上げたい。

また本書出版前には、記述のミスを最大限減らすべく、各分野の専門家に目を通していただいた。なかでも水間大輔（中央学院大学教授）と鮫島玄樹（早稲田大学博士後期課程・清華大高級進修生）の両氏には深謝したい。

図版の掲載にかんしても、多くの方々にご尽力をいただいた。前著同様、本書でも多くの図版や表を掲載した。大半は、筆者が中国各地を訪れるたびに長年とりためてきた写真や、各地の博物館に所蔵される文物の画像である。図版の公開にご同意くださった関係者の方々にも厚く御礼申し上げる。中国側との交渉にあたっては、畏友の王博氏（中国社会科学院歴史研究所副研究員）にご協力いただいた。長きにわたる友情とご厚意に心から御礼を申し上げたい。

最後に、平凡社の進藤倫太郎氏に謝する。先日刊行した柿沼陽平編訳注『岳麓書院蔵秦簡「為獄等状四種」訳注——裁判記録からみる戦国末期の秦』上・下（平凡社、二〇二四年）につづいてお世話になった。あらためて深く御礼申し上げる。

二〇二四年一〇月

柿沼陽平

注

プロローグ

＊1　漢代の馬に関する基礎的研究として、謝成俠『中国養馬史』（科学出版社、一九五九年）がある。また敦煌懸泉漢簡「伝馬名籍」（郵便等用の官有馬のリスト）には漢代の馬の特徴・体高・名前等々が列記され、馬の平均的体高等がわかり、それをふまえたものに韓華「懸泉漢簡中的〝赤兎馬〟探微」（『居延敦煌漢簡出土遺址実地考察論文集』上海古籍出版社、二〇一二年、二四七〜二四九頁）、張俊民「懸泉漢簡馬匹問題研究」（『敦煌懸泉置出土文書研究』甘粛教育出版社、二〇一五年、三〇〇〜三八三頁）がある。

＊2　Colin Vogel（鈴木勝翻訳代表）『馬を飼うための完全ガイド Horse Care Manual』（インターズー、一九九九年、一二〜一三頁）等参照。

＊3　漢代の馬車具の部品については林巳奈夫「後漢時代の馬車」（『中国古代車馬研究』臨川書店、二〇一八年、五七九〜六五一頁）。戦国時代の馬車具については簡牘を含む出土文物をふまえた羅小華『戦国簡冊中的車馬器物及制度研究』（武漢大学出版社、二〇一七年）もある。

＊4　『史記』巻三〇平準書（一四一七頁）。以下、『史記』は中華書局本（一九八二年第二版）による。句読点の位置は適宜引用者のほうで変更する（以下同じ）。

＊5　胸帯式繋駕法は戦国後期に登場し、漢代に盛んになる。孫機（柿沼陽平訳）「交通の手段」（『モノ

からみた中国古代文化――衣食住行から科学芸術まで』東方書店、二〇二四年、一八一～二二一頁)。原著は、孫機「交通工具」(『中国古代物質文化』中華書局、二〇一四年、一七五～二一二頁)。以下、訳書を引用する。

＊6　岡村秀典「秦漢時代における車社会の成立」(『東アジア古代の車社会史』臨川書店、二〇二一年、一三三～二七四頁)。

＊7　豪華な馬車の轍(の幅)は通常と異なっていた。『史記』巻五六陳丞相世家(二〇五二頁)。

＊8　大葆台漢墓発掘組『北京大葆台漢墓』(文物出版社、一九八九年)の出土車馬の幅に基づく。

＊9　貴人が朱輪の馬車に乗る例として『漢書』巻三六楚元王伝(一九六〇頁)、『漢書』巻五三景十三王河間献王伝(二四一二頁)、『漢書』巻六六楊敞伝付楊惲伝(二八九五頁)、『法言』孝至篇(五三四頁)。『漢書』は中華書局本(一九六二年版)、『法言』は汪栄宝義疏(陳仲夫点校)『法言義疏』(中華書局、一九八七年)による。

＊10　城内夜間通行禁止令については、宮崎市定「漢代の里制と唐代の坊制」(『宮崎市定全集7　六朝』岩波書店、一九九二年、八七～一一五頁)。柿沼陽平『古代中国の24時間――秦漢時代の衣食住から性愛まで』(中公新書、二〇二一年、二一八頁)でも詳論した。当時、邑・吏・官署・市場に壁があり、少なくとも里門が夜間通行禁止だった点は、岳麓書院蔵秦簡(肆)(第二九九簡)、張家山漢簡「二年律令」(第一八二簡、三〇五～三〇六簡)。岳麓秦簡・張家山漢簡等の典拠と引用方法は、明記のないかぎり、柿沼陽平編訳注『岳麓書院蔵秦簡「為獄等状四種」訳注――裁判記録からみる戦国末期の秦』上(平凡社東洋文庫、二〇二四年)の「凡例」に従う。

＊11　「亭」が行政機構でなく、警察機構である点は、西川利文「漢代における郡県の構造について――

尹湾漢墓簡牘を手がかりとして」（『文学部論集（佛教大学文学部）』第八一号、一九九七年、一～一七頁）。亭の実態については水間大輔「秦・漢の亭吏及び他官との関係」（『中国出土資料研究』第一三号、二〇〇九年、八四～一〇四頁）。

＊12 『韓非子』外儲説左上（二八三頁）、『玉台新詠』巻第一宋子侯「董嬌嬈詩」（二六～二七頁）、同巻第五何遜「軽薄篇」（二一二頁）。『韓非子』は清・王先謙『韓非子集解』（中華書局、一九九八年）、『玉台新詠』は徐陵（清・呉兆宜注、程琰刪補、穆克宏点校）『玉台新詠箋注』（中華書局、一九八五年）による。また岳麓書院蔵秦簡「為吏治官及黔首」（第七七簡）「術葑毋有」等によれば、街路樹の管理は地方官吏の仕事だった。

＊13 『史記』巻一〇三万石君列伝（二七六六頁）。

＊14 『漢書』巻七一于定国伝（三〇四六頁）によれば、貴人が乗車したまま里門内に立ち入ることは、建前上はともかく実際には、当時公然と認められていたようである。またこの事例から、里門が壊れたまましばらく放置される場合もあったとわかる。

＊15 中国古代の道はおおむね舗装されておらず、強引に急いで通過すると、馬車の車軸が折れかねなかった。実際に車軸が折れた例として、『史記』巻八二田単列伝（二四五三頁）。

＊16 『史記』巻五六陳丞相世家（二〇五二頁）。

＊17 漢代官吏の衣服については柿沼注10前掲書（六九～七七頁）。

＊18 男性がピアスをしていた点は、工藤元男「ピアスをめぐる法律論議」（『中国古代文明の謎』光文社文庫、一九八八年、一六〇～一六三頁）。

＊19 頭髪と禿の関係は、柿沼陽平「中国古代禿頭攷」（『中国文化の統一性と多様性』汲古書院、二〇

二二年、四五一～四八八頁）。

＊20　座り方については柿沼注10前掲書（一〇二～一一〇頁）。

＊21　孫機「摩羯灯――兼談与其相関的問題」（『文物』一九八六年第一二期、七四～七八頁）、孫機「灯Ⅰ」（『孫機文集　漢代物質文化資料図説・下』商務印書館、二〇二三年、一三六～一四一頁）。

＊22　かまどについては柿沼注10前掲書（九四～九五頁）。

＊23　寝台と布団については柿沼注10前掲書（五一～五二頁）。

＊24　『史記』巻六秦始皇本紀二世三年条「閻楽前即二世数曰「足下驕恣……」」（二七四頁）、『集解』「蔡邕曰「羣臣士庶相与言、曰殿下・閣下・足下・侍者・執事、皆謙類」」（二七五頁）。清・顧炎武（陳垣校注）『日知録校注』巻二四足下条（安徽大学出版社、二〇〇七年、一三四三頁）、白芳『人際称謂与秦漢社会変遷』（人民出版社、二〇一〇年、一〇二～一一六頁）も参照されたい。

＊25　『潜夫論』述赦篇（一八三頁）。『潜夫論』は以下、王符（清・王継培箋・彭鐸校正）『潜夫論校正』（中華書局、一九八五年）による。本史料によれば、漢代の洛陽には殺人を請け負う組織があり、その頭目は一〇万銭で仕事を引き受け、「客」（手下）がそれを実行して数千銭の報酬を受けとった。『漢書』巻九〇酷吏尹賞伝（三六七三頁）にも、長安の「少年」が報仇稼業に身を染めていたとある。なお『藝文類聚』巻三三人部一七游侠篇引晋・張華「俠曲」（五八〇頁）でも「殺人」と「駔市傍」（市場で駔会、つまり売買の仲介役を担うこと）がセットで語られ、「駔市傍」は「殺人」と「呉刀鳴手中」の語に挟まれ、やはり任侠の武威を背景にした行為であろう。『藝文類聚』は欧陽詢（汪紹楹校）『藝文類聚』（中華書局、一九七三年）による。

＊26　前掲『史記』陳丞相世家（二〇五二頁）。

＊27　上田早苗「漢初における長者――『史記』にあらわれた理想的人間像」（『史林』第五五巻第三号、一九七二年、三三一～三五八頁）。
＊28　度量衡に関しては以下、丘光明編『中国歴代度量衡考』（科学出版社、一九九二年）による。
＊29　柿沼陽平「戦国秦漢時代における物価制度と貨幣経済の基本的構造」（『中国古代貨幣経済史研究』汲古書院、二〇一一年、一三九～一七〇頁）。
＊30　『後漢書』巻五四楊震列伝（一七六〇頁）。『後漢書』は以下、中華書局本（一九六五年版）による。
＊31　『史記』巻一二四游俠列伝（三一八九頁）。
＊32　佐藤武敏「司馬談と歴史」（『司馬遷の研究』汲古書院、一九九七年、四三～一〇五頁）。
＊33　増淵龍夫「漢代における民間秩序の構造と任俠的習俗」（『新版 中国古代の社会と国家』岩波書店、一九九六年、七七～一一八頁）。
＊34　東晋次「中国古代の社会的結合――任俠的習俗論の現在」（『中国史学』第七巻、一九九七年、一五一～一七〇頁）。
＊35　前掲游俠列伝（三一八九頁）、『集解』引徐広注（三一八九頁）。
＊36　『史記』巻一二四游俠列伝（三一八八～三一八九頁）。
＊37　『漢書』巻六二司馬遷伝付報任安書（二七三〇頁）によれば、司馬遷は「誣上」罪で宮刑（腐刑）となった。また同書（二七三三頁）によれば、司馬遷は自殺を考えたが、『史記』を完結させるために恥を忍んで生きながらえた。なお『史記』巻一三〇太史公自序『集解』引衛宏『漢書旧儀注』（三三二一頁）には、司馬遷が李陵事件以前、武帝に『景帝本紀』を献上して景帝を批判し、かつ武帝にも批判の刃を向けたため、すでに武帝の勘気をこうむっていたともある。だがそこには、司馬遷

が宮刑後にも怨言を連ね、最終的に獄死したともあるものの、『漢書』巻六二司馬遷伝（二七二五頁）によると、司馬遷は李陵事件後に中書令となり、武帝からふたたび寵愛を受けている。よって、Chavannes, Édouard, "Introduction," *Les Mémoires Historiques de Se-ma-Ts'ien* (Paris : Librairie d'Amérique et d'Orient Adrien Maisonneuve, 1967 [originally printed in 1895–1905]): 7–16 以降、前掲『漢書旧儀注』の記載には疑義がはさまれている。

＊38　研究書や一般書には、司馬遷が死刑、宮刑、もしくは贖刑（五〇万銭）の三択を迫られたとするものがある。また冨谷至「腐刑と宮刑」（『漢唐法制史研究』創文社、二〇一六年、三五〇～三九五頁）は、まず司馬遷に死刑が宣告され、のちに赦免が出され、贖刑（五〇万銭）か宮刑かの二択を迫られ、金銭なき司馬遷はやむなく宮刑を選んだとする（とくに三七九頁）。だが『漢書』巻六武帝紀天漢四年条（二〇五頁）や、『漢書』巻七八蕭望之伝（三二七八頁）によれば、天漢四年（前九七年）に漢は五〇万銭で死刑を贖えるよう制度改正をしたようで、司馬遷の宮刑執行はその直前（天漢三年〈前九八年〉）ゆえ、司馬遷がまず死刑を宣告され、のちに贖刑（五〇万銭）か腐刑かの二択を迫られたとは考えにくい。『漢書』巻五景帝紀中元四年（前一四六年）条（一四七頁）によれば、当時一部の死刑囚は腐刑による刑罰代替が認められていたようで、司馬遷もこれによるか。

＊39　『史記』巻六一伯夷列伝（二一二五頁）。

＊40　『史記』巻一〇孝文本紀（四一四頁）によれば、文帝は「天王」になるとの卜兆を得て、帝位継承を決断した。武帝もその系譜を継承する。

＊41　西嶋定生「皇帝支配の成立」（『中国古代国家と東アジア世界』東京大学出版会、一九八三年、五一～九二頁）。

＊42　『老子』第七九章（三〇四～三〇六頁）。『老子』は朱謙之校釈『老子校釈』（中華書局、一九八四年）による。

＊43　司馬談が老子を信奉していた点は、武田泰淳『司馬遷――史記の世界』（講談社文庫、一九七二年、四一～四四頁）。

＊44　小竹文夫・小竹武夫『史記８ 列伝四』（ちくま学芸文庫、一九九五年）、青木五郎『史記 十三（列伝六）』（明治書院、二〇一三年）、齋藤希史・田口一郎『漢文の読法――史記 游俠列伝』（角川書店、二〇二四年）等。

＊45　塚本青史『史記 游俠外伝 一諾』（徳間文庫、二〇〇四年）、還珠楼主『游俠郭解・劇孟』（中国文史出版社、二〇一五年）等。

＊46　陳山『中国武俠史』（学生書局、一九九三年）、曹正文『中国俠文化史』（上海文藝出版社、一九九四年）、汪涌豪（鈴木博訳）『中国遊俠史』（青土社、二〇〇四年）、彭衛『游俠与漢代社会』（安徽人民出版社、二〇一三年）、王斉『中国古代的游俠』（商務印書館、二〇二〇年）、曲柄睿『忽如遠行客――秦漢的游士与游俠』（北京大学出版社、二〇二四年）等。

＊47　Liu, James J. Y., *The Chinese Knight-errant* (London: Routledge and Kegan Paul, 1967).

＊48　Bulling, Anneliese G., "Three Popular Motives in the Art of the Eastern Han Period: The Lifting of the Tripod, The Crossing of a Bridge, Divinities," *Archives of Asian Art*, 20 (1966–1967); James, Jean, "The Iconographic Program of the Wu Family Offering Shrines (A.D.151–ca.170)," *Artibus Asiae*, 49, 1/2 (1988–1989); Pines, Yuri, "A Hero Terrorist: Adoration of Jing Ke Revisited," *Asia Major third series*, 21, 2 (2008): 1–34; Schaab-Hanke, Dorothee, "Dolchstecher, Bluträcher–Warum hat das "Shiji" ein „Attentäterkapitel"?," *Oriens Extremus*, 47 (2008): 177-191.

＊49 宮崎市定「游侠に就て」（『宮崎市定全集5 史記』岩波書店、一九九一年、二六七〜二八四頁、初出は一九三四年）、増淵龍夫『新版 中国古代の社会と国家』（岩波書店、一九九六年）。

＊50 鶴間和幸編『侠の歴史 東洋編』（清水書院、二〇二〇年）。

＊51 ソシュール言語学の台頭（とりわけ言語論的転回）以降、言語学者や哲学者がこうした歴史学批判を展開し、ゆえに、White, Hayden, *Metahistory: The Historical Imagination in Nineteenth-Century Europe* (Baltimore: Johns Hopkins)、Jenkins, Keith, *Re-thinking History* (London: Routledge) 等が編まれた。

＊52 アカデミズムに君臨する実証史学者は、客観性なるものを重んじるあまり、歴史学のもつ物語としての側面を捨象しがちである。だが四次元（縦・横・高さ・時間の流れ）の世界構造をもつ歴史的世界の一部を切り抜き、それを二次元の紙面上に書き起こす試みには、もとより完全な客観などありえない。歴史学は認識論的・言語論的な限界に制約され、叙述はつねに未完となる。そのことが歴史学者にたえざる倫理と責任の問題をつきつける。しかしそうした問題に拘泥しすぎれば、かえって歴史叙述は無味乾燥になり、一般読者との距離はますます開いていくであろう。ここに、著者・叙述対象・読者の三者関係をめぐる難問がある。そこで筆者は前著以来、本文ではわかりやすい語りに、注では典拠にこだわっている。これは、必ずしも上記のアポリアにたいする哲学的回答ではないが、筆者なりの工夫である。その背景説明は別書で行う予定である。

第一章

*1　中国古代の人びとが布団をかぶって寝た点は柿沼陽平『古代中国の24時間——秦漢時代の衣食住から性愛まで』（中公新書、二〇二一年、五一～五二頁）。

*2　俸禄については柿沼陽平『中国古代の貨幣——お金をめぐる人びとと暮らし』（吉川弘文館、二〇一五年、一四二～一五一頁）で諸説を総括した。「俸禄」の語については柿沼陽平「後漢貨幣経済の展開とその特質」（『中国古代貨幣経済の持続と転換』汲古書院、二〇一八年、一三～六二頁）。

*3　『続漢書』百官志五（三六二一～三六二三頁）。『続漢書』（中華書局）による。

*4　宇都宮清吉「続漢書百官志受奉例考」（『漢代社会経済史研究（補訂版）』弘文堂書房、一九六七年、二〇三～二一七頁）、同「続漢書百官志受奉例考再論」（同前、二一八～二三七頁）、Yang, Lien-sheng, "Numbers and Units in Chinese Economic History," *Studies in Chinese Institutional History* (Cambridge MA: Harvard-Yenching Institute Studies, 1961): 75-84、布目潮渢「半銭半穀論——宇都宮清吉・楊聯陞両教授の論争をめぐって」（『布目潮渢中国史論集』上巻、汲古書院、二〇〇三年、六一～八三頁）。また居延漢簡には官吏の俸禄を布帛で払う例もあるが、李天虹「俸禄・現銭」（『居延漢簡簿籍分類研究』科学出版社、二〇〇三年、二五～五〇頁）によれば、それは王莽期の特例である。

*5　柿沼注2前掲論文（一三～六二頁）に基づく。

*6　陳夢家「漢簡所見奉例」（『漢簡綴述』中華書局、一九八〇年、一三五～一四七頁）。

*7　宇都宮注4前掲論文（二〇三～二三七頁）。

*8　李天虹注4前掲書（二五～五〇頁）。

＊9　張家山漢簡「二年律令」秩律（第四四〇〜四七二簡）。
＊10　『史記』巻一二九貨殖列伝（三二七一〜三二七二頁）。宮崎市定「史記貨殖伝物価考証」（『宮崎市定全集5 史記』岩波書店、一九九一年、一六九〜一九七頁）。
＊11　柿沼陽平「戦国時代における楚の都市と経済」（『東洋文化研究』第一七号、二〇一五年、一〜二九頁）。
＊12　漢代の女性労働と機織については、柿沼陽平「曹魏の税制改革と貨幣経済の質的変化」（『中国古代貨幣経済の持続と転換』汲古書院、二〇一八年、一三七〜一七四頁）。
＊13　秦漢時代の贈与と賄賂については柿沼陽平「秦漢時期的贈予与賄賂」（『簡帛研究二〇二〇（秋冬巻）』広西師範大学出版社、二〇二一年、三二六〜三五〇頁）。贈与・賄賂等の所得が正規の俸禄を大きく上回る例（たとえば後漢の梁冀）については、柿沼陽平「諸葛亮孔明の月俸と財産」（『ユリイカ』第五一巻第九号、二〇一九年、一〇〇〜一〇五頁）。
＊14　『政論』闕題七（一四九頁）。『政論』は崔寔（孫啓治校注）『政論校注』（中華書局、二〇一二年）による。
＊15　『漢書』巻八七揚雄伝上（三五一四頁）。
＊16　『申鑑』時事篇（七六頁）。『申鑑』は荀悦（黄省曽注・孫啓治校補）『申鑑注校補』（中華書局、二〇一二年）による。
＊17　前漢前期の県には少内（公金銭を扱う財庫）や小府（一般財庫）があり、県令の私的収入を司るいわゆる少府のようなものがあったわけではないが、県の自給的性格は強く、財政支出に対する県令の自由裁量の幅は想像以上に大きかった。直井晶子「前漢における郡県財政と少府・小府・少内」

（『中国出土資料研究』第四号、二〇〇〇年、二五～五〇頁）。
＊18　『史記』巻九二淮陰侯列伝（二六一〇頁）。
＊19　『漢書』巻六八金日磾伝（二九六〇頁）に、金日磾の幼子が父を「翁」とよぶ場面がある。
＊20　漢代人が年齢を問わず、字を随時変更できた点は柿沼注1前掲書（一五～二三頁）。
＊21　キャリア官僚が市場に出入りした例は『史記』巻一二七日者列伝（三二一五～三二一六頁）。
＊22　乞食が市場に出入りした例は『列仙伝』巻下陰生伝（一三〇頁）。以下、『列仙伝』は王叔岷『王叔岷著作集 列仙伝校箋』（中華書局、二〇〇七年）による。
＊23　主婦・子どもが市場に出入りした例は、『韓非子』外儲説左上（二八七頁）。
＊24　重犯罪者（城旦舂）が市場に入れなかった点は「秦律十八種」司空律（第一四七～一四八簡）。
＊25　柿沼注1前掲書（一五五～一七三頁）。
＊26　魏晋以前のシルクロード交易・南海交易に関する私見は、柿沼陽平「魏晋南北朝時代の仏僧と商人」（『東方学』第一四四輯、二〇二二年、三八～五六頁）、柿沼陽平「漢代の西域と敦煌の羌族」（『雲漢』第一号、二〇二三年、一二八～一四三頁）。
＊27　市場を歩く人びとが肩をぶつけ合うほどだった点は、『史記』巻六九蘇秦列伝（二二五七頁）。
＊28　漢代の居酒屋にスラム街のチンピラがつどい、ついに反乱を起こした例に、呂母の乱がある。『漢書』巻九九王莽伝下（四一五〇～四一五一頁）等。
＊29　鉏麑については『史記』巻三九晋世家（一六七三頁）。予譲・要離・荊軻については後掲諸注参照。
＊30　張家山漢簡「奏讞書」案例一六（第七五～九八簡）。
＊31　『史記』巻七七魏公子列伝（二三八五頁）。

＊32　『史記』巻一〇〇季布列伝（二七三一～二七三二頁）。
＊33　張家山漢簡「奏讞書」案例二二（第一九七～二二八簡）。
＊34　『潜夫論』述赦篇（一八三頁）。
＊35　専諸については『史記』巻三一呉太伯世家（一四六二～一四六三頁）、『史記』巻八六刺客列伝（二五一六～二五一八頁）。荊軻については『史記』巻八六刺客列伝（二五二六～二五三八頁）。
＊36　武氏祠画像石については早稲田大学會津八一記念博物館編『古代中国の神話と祥瑞――武氏祠画像石拓本』（早稲田大学會津八一記念博物館、二〇二二年）。
＊37　要離については『呂氏春秋』仲冬紀忠廉（五九四～五九五頁）、『呉越春秋』闔閭内伝闔閭二年条（三五～三八頁）も参照。要離の評価に関しては、『史記』巻八三鄒陽列伝（二四七五頁）、『法言』淵騫篇（四三七～四四二頁）。『呉越春秋』は周生春輯校彙考『呉越春秋輯校彙考』（中華書局、二〇一九年）、『呂氏春秋』は陳奇猷校釈『呂氏春秋新校釈』（上海古籍出版社、二〇〇二年）による。
＊38　予譲については『史記』巻八六刺客列伝（二五一九～二五二二頁）。
＊39　七女報仇については邢義田「格套、榜題、文献与画像解釈――以一個失伝的「七女為父報仇」漢画故事為例」（『中世紀以前的地域文化、宗教与芸術』中央研究院歴史語言研究所、二〇〇二年、一八三～二三二頁）、菅野恵美「『七女為父報仇』図について――黄河下流域、特に斉地域と女性を中心に」（菅野恵美『中国漢代墓葬装飾の地域的研究』所収、勉誠出版、二〇一二年、一二五～一六五頁）。
＊40　『漢書』巻六八金日磾伝（二九六〇～二九六一頁）。
＊41　柿沼注1前掲書（二六七～二七九頁）。

*42　秦漢時代の人びとが夜間の灯費に悩んでいた点は柿沼注1前掲書（二六七〜二七〇頁）。これに加え、『東観漢記校注』巻一四廉范伝（五九〇〜五九一頁）には、後漢時代の成都で民の夜間労働を禁ずる制度があり、それは家屋が密集混雑し、灯火で火災が起きかねないからだが、民は相変わらず部屋に集まって夜間労働していたとある。呉樹平校注『東観漢記校注』（中華書局、二〇〇八年）による。

*43　夜間に営まれる花街に関しては柿沼注1前掲書（二三七〜二五二頁）。矢田博士「「昔為倡家女 今為蕩子婦」考――漢代の「倡家」の実態に即して」（『中国詩文論叢』第一五号、一九九六年、一〜一四頁）も参考になる。

*44　柿沼注1前掲書（二六七〜二七〇頁）。

*45　都市部の里と里のあいだには垣根があった。「法律答問」（第一八六簡）、胡家草場漢簡（第一二四六〜一二四九簡）。

*46　趙璐・閻愛民「〝如厠潜遁〟与漢代溷厠」（『天津師範大学学報（社会科学版）』二〇一八年第五期、七七〜八〇頁）。

*47　『史記』巻六秦始皇本紀始皇帝二六年条（二三九頁）、『史記』巻八七李斯列伝（二五四六頁）によれば、始皇帝期に天下の武具はいったん国庫に回収されている。ただし熊永「秦〝収天下之兵〟新解」（『古代文明』第一二巻第二期、二〇一八年）が論ずるように、これは、破壊された郡県武庫の武具を回収した意で、天下万民の私有武具の回収を意味しない。岳麓柒（第五八簡〈0347〉〜第五九簡〈676〉）によれば、秦代に剣の私有は認められていた。漢代でも『漢書』巻一下高祖本紀高祖八年条（六五頁）、顔師古注（六五頁）によれば、商人は武器携帯が禁じられ、他の民は武器所持を

認められていた。

＊48　濱田英作「前漢の撃剣・剣論・剣客——剣の用途小考」（『静修短期大学研究紀要』二四号、一九九三年、一〇九〜一一八頁）。

＊49　張家山漢簡「二年律令」捕律（第一四一〜一四二簡）によれば、前漢初期の盗賊のなかには「短兵」（刀剣など）をもつ者もいた。

＊50　宮崎市定「游俠に就て」（『宮崎市定全集5 史記』岩波書店、一九九一年、二六七〜二八四頁、初出は一九三四年）。

＊51　『漢書』巻六四上吾丘寿王伝（二七九五〜二七九七頁）によれば、公孫弘は民の弓・弩の所持禁止を求めたが、吾丘寿王は、弓弩が人を害するものでなく、猛獣対策や自衛手段であること、天子から庶民までみなが行う大射礼で弓矢を用いることを主張し、結局公孫弘の提案は退けられている。ゆえにそれ以前に俠客は弓を私有していてもおかしくない。試みに『文物』（二〇二一年度以前）から弓の出土例を探すと、湖南省博物館中国科学院考古研究所「長沙馬王堆二、三号漢墓発掘簡報」（『文物』一九七四年第七期、三九〜四八、六三頁）、安徽省文物工作隊・阜陽地区博物館・阜陽県文化局「阜陽双古堆西漢汝陰侯墓発掘簡報」（『文物』一九七八年第八期、一二〜三一頁）、揚州博物館・邗江県図書館「江蘇邗江胡場五号漢墓」（『文物』一九八一年第一一期、一六〜二二頁）、揚州博物館「江蘇邗江姚荘一〇一号西漢墓」（『文物』一九八八年第二期、二一〜二五頁）、安徽省文物考古研究所天長県文物管理所「安徽天長県三角圩戦国西漢墓出土文物」（『文物』一九九三年第九期、一〜三一頁）、甘粛居延考古隊「居延漢代遺址的発掘和新出土的簡冊文物」（『文物』一九七八年第一期、一〜二五頁）、荊州博物館「湖北荊州紀南松柏漢墓発掘簡報」（『文物』二〇〇八年第四期、二四〜三

二頁）がある。これらによれば弓身は木製か竹製で、他部分には動物の骨筋や糸が用いられた。完整品の最大弓身は、木製では約二・六m、竹製では約一・三mで、多くは一〜一・五m程度である。

＊52 『漢書』巻八四翟方進伝付子義（三四三八頁）。

＊53 番犬が盗賊対策で飼われた点は『史記』巻一二二酷吏王温舒列伝（三一四八頁）から窺える。

＊54 夫婦は、同じ布団で寝る場合もあれば（『漢書』巻九三佞幸董賢伝、『玉台新詠』巻第二潘岳「悼亡詩」）、別々の布団で寝る場合もあった（『韓非子』外儲説右上）。詳細は柿沼注1前掲書（五一〜五二頁）。

＊55 岳麓肆（第二八三簡）によれば、拘束したら五日以内に取り調べがはじまり、さもなくば関係官吏は罰せられる。

＊56 張家山三三六号漢簡「漢律十六章」囚律（第一七七〜一七八簡）によれば、重罪の被疑者で発言をコロコロ変える者には拷問が許されている。

＊57 胡家草場漢簡（第一〇一三〜一二〇五簡）。

＊58 岳麓書院蔵秦簡「為獄等状四種」案例一二・同案例一四、『史記』巻八七李斯列伝（二五六一〜二五六二頁）。なお岳麓書院蔵秦簡「為獄等状四種」の訳注は、柿沼陽平編訳注『岳麓書院蔵秦簡「為獄等状四種」訳注――裁判記録からみる戦国末期の秦』上・下（平凡社東洋文庫、二〇二四年）による。

＊59 『史記』巻八九張耳列伝（二五八四頁）。ここにみえる拷問手法の「剟」は、『索隠』（二五八四頁）所引史料によれば「針で刺す」とも「肉を焼く」とも解釈可能。

＊60 『後漢書』巻八一独行列伝陸続条（二六八二頁）。

＊61　張家山三三六号漢簡「漢律十六章」囚律（第一七二〜第一七四簡）。
＊62　『漢書』巻八三薛宣伝（三三九〇頁）。
＊63　当時の裁判制度については本書第八章で詳論する。
＊64　再審請求の例として柿沼注58前掲書の「案例一一」（三浦雄城担当、下巻一〇四〜一二八頁）や「案例一三」（海老根量介担当、下巻一三〇〜一六三頁）。とくに死刑囚の場合には、死刑囚本人でなく、死刑囚の家族による再審請求が可能だった。「漢律十六章」具律（第一二一〜一二五簡）。
＊65　『漢書』巻八四翟方進伝付翟義伝（三四二五頁）。
＊66　張家山三三六号漢簡「漢律十六章」告律（第八三簡）。
＊67　張家山三三六号漢簡「漢律十六章」囚律（第一八一〜一八二簡）によれば、「報囚」「治獄」の禁止時期には規則性がある。これと同様、死刑執行時期にも季節性があった可能性がある。実際に、影山輝國「漢代「順気行罰」考」（『東洋文化研究所紀要』第一三三巻、一九九七年、一〜三二頁）によれば、武帝即位以後の死刑は冬に行われる傾向があった。それ以前の状況はよくわからない。

第二章

＊1　『史記』巻五七絳侯周勃世家（二〇七三頁）、『索隠』（二〇七三頁）。『三国志』巻三一蜀書劉二牧伝劉璋条（一三二一頁）、裴松之注（一三二一頁）。『三国志』は以下、盧弼集解『三国志集解』（上海古籍出版社、二〇一二年）による。
＊2　『史記』巻八高祖本紀（三四一頁）、『集解』（三四二頁）、『索隠』（三四二頁）。
＊3　『漢書』巻八一張禹伝（三三四七頁）。

*4 秦漢時代の占法や「日書」に関する学説史は、柿沼陽平「中国古代の「日書」とその本質――「日書」と商業の関係解明をめざして」(『史学研究〈広島大学〉』第三一五号、二〇二三年、三九～六一頁)。
*5 『荀子』非相篇(七二頁)。『荀子』は清・王先謙集解『荀子集解』(中華書局、一九八八年)による。
*6 『三国志』巻三一蜀書劉二牧伝劉璋条評裴松之注(一一三二頁)。
*7 『三国志』巻三一蜀書劉二牧伝劉璋条評裴松之注(一二三二頁)。
*8 『書』牧誓(三三七頁)。『書』は『十三経注疏整理本3 尚書正義』(北京大学出版社、二〇〇〇年)による。
*9 敦煌文書「許負相書幷序」(斯五九六九。大英図書館蔵)(『英蔵敦煌文献〈漢文仏経以外部分〉』第一〇冊、二頁)。
*10 明・周履靖『夷門広牘(明・万暦刻本影印)』巻六二(書目文献出版社、一九九〇年)所収『許負相法』相目篇(七三六頁)。
*11 『史記』巻四九外戚世家王太后条(一九七六頁)によれば、薄太后崩御後に景帝は薄皇后を廃した。また『史記』巻四九外戚世家薄太后条(一九七二頁)によれば、薄太后崩御は景帝前二年(前一五五年)。しかも『漢書』巻九七外戚伝上孝景王皇后条(三九四六頁)によれば、薄皇后の廃は、栗姫の子が皇太子、王夫人の子が膠東王になったのとほぼ同時期で、『史記』巻一一孝景本紀四年条(四四二頁)によれば景帝四年。
*12 『史記』巻四九外戚世家薄太后条(一九七〇頁)。
*13 『史記』巻四九外戚世家薄太后条(一九七〇頁)。

＊14 『史記』巻四九外戚世家薄太后条（一九七〇頁）。

＊15 『三国志』巻三一蜀書劉二牧伝劉璋条（八七〇頁）。

＊16 『史記』巻四九外戚世家薄太后条（一九七〇頁）。

＊17 『史記』巻四九外戚世家薄太后条（一九七〇～一九七一頁）。

＊18 『史記』巻八高祖本紀（三四一～三四二頁）。ただし本文で劉邦は「蛟龍」の子や「赤帝子」とされ、「蒼龍」とは異なる。漢がどの色を重んじたかは五行説との関連をめぐって従来論争がある。古くは、栗原朋信「秦水徳説の批判」（『秦漢史の研究』吉川弘文館、一九六〇年、四五～九一頁）、最近では王景創「漢初的〝南方火徳〟及其転生」（『北大史学』二〇二三年第一輯、社会科学文献出版社、五〇～六八頁）参照。私見では、漢初の国家的イデオロギーをすべて五行説に則って説明しきるのは困難で、かつ「蒼龍」は必ずしも「青龍」と同一物でないため、「蒼龍」は五行説と無関係で、たとえば『漢書』巻三八高五王伝趙幽王友条、顔師古注（一九八九頁）ののべるごとく、「蒼龍」の「蒼」は蒼天の意であろう。

＊19 『史記』巻四九外戚世家薄太后条（一九七一頁）。

＊20 楚漢戦争をめぐる『史記』等の叙述には問題があり、とくに楚漢戦争の編年については前二〇三年説や前二〇二年説がある。

＊21 「二年律令」史律（第四七四簡）によれば、漢代の「卜」はふつう一七～二〇歳ころに専門学習をして就職するらしい。よって官府に出入りする人相見も二〇代で職を得て、二〇代後半～三〇代に名声を得たとしてもおかしくない。

＊22 『史記』巻一二四游俠列伝（三一八五頁）。

＊23　『史記』巻四九外戚世家薄太后条（一九七一～一九七二頁）。

＊24　『史記』巻一〇孝文本紀文帝元年正月条（四二〇頁）、『史記』巻四九外戚世家薄太后条（一九七一頁）、『索隠』（一九七一頁）。ただし漢初に亭侯はないため、やはり薄昭は軹県に封侯されたのであろう。

＊25　『漢書』巻一八外戚恩澤侯表軹侯薄昭欄（六八三頁）。

＊26　『史記』巻五七絳侯周勃世家（二〇七三～二〇七四頁）。

＊27　『法苑珠林』巻六二占相篇（大正五三・七六〇下）。『大正新脩大蔵経』より引用する場合には「大正＋巻数＋頁数＋段（上・中・下）」のかたちで出典を略記する。

＊28　『漢書』巻六五東方朔伝（二八五八頁）、『漢書』巻七二貢禹伝（三〇六九～三〇七〇頁）。

＊29　湖北荊州紀南松柏漢墓牘（第五二簡）。本牘は二〇〇四年末、湖北省荊州市荊州区紀南鎮松柏村の村民が魚池の泥の除去作業を行った際に発見された数座の古墓にあった。荊州博物館「湖北荊州紀南松柏漢墓発掘簡報」（『文物』二〇〇八年第四期）、荊州博物館編『荊州重要考古発現』（文物出版社、二〇〇九年）、彭浩「読松柏出土的四枚西漢木牘」（『簡帛』第四輯、上海古籍出版社、二〇〇九年）。

＊30　『史記』巻一〇一鼂錯列伝（二七四五頁）。

＊31　楊守敬『水経注図』（文海出版社、一九六七年、二七〇頁）。

＊32　曲英桀『水経注城邑考』（中国社会科学出版社、二〇一三年、二一五～二一七頁）。

＊33　徐龍国『秦漢城邑考古学研究』（中国社会科学院出版社、二〇一三年、一〇七頁）。

＊34　『史記』巻八六刺客列伝（二五二五頁）。

＊35　字に関しては柿沼陽平『古代中国の24時間――秦漢時代の衣食住から性愛まで』（中公新書、二〇二一年、一五～二三頁）。
＊36　増淵龍夫「漢代における巫と俠」（『新版 中国古代の社会と国家』岩波書店、一九九六年、一一九～一四〇頁）。
＊37　『漢書』巻八九循吏黄覇伝（三六三五頁）。
＊38　『史記』巻一二四游俠列伝（三一八五頁）、『漢書』巻九二游俠伝（三七〇一頁）、顔師古注（三七〇一頁）。
＊39　柿沼注35前掲書（一三九～一四〇頁）。
＊40　『漢書』巻八九循吏伝（三六三七、三六三九頁）。
＊41　『史記』巻七五孟嘗君列伝（二三五五頁）。
＊42　岳麓肆（第二四～二八簡、第三七～三九簡、第八九～九〇簡、第九七簡、第九八～九九簡、第一〇〇簡、第一〇二簡）等。律令には「城旦黥」（城旦と同様の刺青）なる語もみえ、城旦と他の刑徒では刺青に相異があった可能性もある。
＊43　『史記』巻七項羽本紀（二九八頁）、『索隠』（二九九頁）。
＊44　『太平御覧』巻一六六州郡部一二巂州条引『九州要記』（八一〇頁）。唐代巂州の地は前漢時代の越巂郡にあたる（『読史方輿紀要』巻七四・四川九、三四六三頁）。『読史方輿紀要』は中華書局本（二〇〇五年）による。
＊45　魯迅（松井博光訳）「魏晋の風度および文章と、薬および酒の関係」（『魯迅全集5而已集・三閑集』学習研究社、一九八五年、一一二～一四四頁）、王瑤（石川忠久・松岡榮志訳）「文人と薬」（『中

国の文人――「竹林の七賢」とその時代』大修館書店、一九九一年、七四～一五〇頁)。
＊46 『神農本草経』巻上「麻蕡」。
＊47 『史記』巻一二四游俠列伝（三一八五頁）、『索隠』（三一八六頁）、『漢書』巻九二游俠伝（三七〇一頁）、顔師古注（三七〇一頁）。
＊48 漢代の殺人罪と刑罰については、水間大輔「秦律・漢律における殺人罪の処罰」（『秦漢刑法研究』知泉書館、二〇〇七年、九七～一三四頁）。
＊49 『史記』巻一二四游俠列伝（三一八五頁）、『漢書』巻九二游俠伝（三七〇一頁）、顔師古注（三七〇一頁）。
＊50 『史記』巻一二四游俠列伝（三一八五頁）、『索隠』（三一八六頁）。『史記会注考証』は原文を「蔵命作姦剽攻不休。及鋳銭掘冢、固不可勝数」（四一七〇頁）に作り、付注する（四一七一頁）。『漢書』巻九二游俠伝（三七〇一頁）、顔師古注（三七〇一頁）。以下、『史記会注考証』は滝川資言『史記会注考証』（上海古籍出版社、二〇一五年）による。
＊51 『史記』巻一二四游俠列伝（三一八五頁）。
＊52 『史記会注考証』（四一七〇頁）。
＊53 張家山第三三六号漢簡「漢律十六章」襍律（第三〇一簡）、「漢律十六章」（第二二五～二二六簡）。
＊54 胡家草場漢簡（第一三七四～一三七五簡）。
＊55 陳侃理「棄市新探――兼談漢晋間死刑的変遷」（『文史』二〇二二年第一輯、五～一八頁）。
＊56 胡家草場漢簡（第一三八七・一三八九簡）。
＊57 『史記』巻一二二酷吏義縦列伝（三一四四頁）、『史記』巻一一一衛将軍列伝（二九二三頁）、『史

記』巻一一一驃騎将軍列伝付「左方両大将軍及諸裨将名」（二九四三頁）によれば、義従は「少年」（チンピラ。後述）のときに張次公とともに「攻剽」（追い剝ぎ）に手を染めている。張次公はのちに衛青に仕えている。後述する衛青と郭解のつながりに鑑みれば、どうやら衛青の周辺には任侠筋が多かったらしい。

＊58 戦国秦漢三国時代の墓泥棒に関する史料は、王子今「論秦漢盗墓及相関現象」（『秦漢社会史論考』商務印書館、二〇〇六年、一六二〜二一四頁）にまとめられている。

＊59 岳麓書院蔵秦簡「為獄等状四種」案例三。柿沼陽平編訳注『岳麓書院蔵秦簡「為獄等状四種」訳注』（平凡社東洋文庫、二〇二四年）の「案例三」（三浦雄城担当、上巻一四二〜一七八頁）。

＊60 『史記』巻一二四游俠列伝（三一八五頁）。

＊61 柿沼注59前掲書の「案例一二」（海老根量介担当、下巻一三〇〜一六三頁）。

＊62 石岡浩「漢代刑罰制度における赦の効用——弛刑による刑罰の緩和」（『史観』第一四三冊、二〇〇〇年、一七〜二四、三二頁）。

＊63 McKnight, Brian E., *The Quality of Mercy: Amnesties and Traditional Chinese Justice* (Honolulu: The University Press of Hawaii, 1981): 12-36. 鄔文玲「漢代赦免制度研究」（中国社会科学院生博士学位論文、二〇〇三年、二〇〜四〇頁）も大赦を一覧表にしたうえで同様の点を指摘する。

＊64 『漢書』巻八一孔光伝（三三五四頁）。

＊65 朝廷の決定事項が外部に漏れる例はある。『漢書』巻五九張湯伝（二六四五頁）。

＊66 岳麓書院蔵秦簡「秦律令（壹）」（第一五簡）。

＊67 漢簡には「大男」・「大女」・「使男（使小男）」・「使女（使小女）」・「未使男（未使小男）」・「未使女

（未使小女）」の語がみえ、「小男」は「使男」・「未使男」の総称、「小女」は「使女」・「未使女」の総称、「使小男」は「小男である使男」、「使小女」は「小女である使女」、「未使小男」は「小男である未使男」、「未使小女」は「小女である未使女」である。「大」・「小」の区分は一五歳以上か否かによる。藤枝晃「長城のまもり――河西地方出土の漢代木簡の内容の概観」（『ユーラシア学会研究報告』第二号、一九五五年、二三九〜三四四頁）。

＊68 『史記』巻一二四游侠列伝（三一八五頁）、『索隠』（三一八六頁）、『漢書』巻九二游侠伝（三七〇一頁）、顔師古注（三七〇一頁）。

＊69 『史記』巻一二四游侠列伝（三一八五頁）。

＊70 『史記』巻一二四游侠列伝（三一八五頁）。

＊71 『漢書』巻九二游侠伝（三七一八頁）。

＊72 『史記』巻一二四游侠列伝（三一八五頁）。

＊73 『史記』巻一二九貨殖列伝（三二七一頁）。

＊74 増淵龍夫「漢代における民間秩序の構造と任侠的習俗」（『新版 中国古代の社会と国家』岩波書店、一九九六年、七七〜一一八頁）、王子今「説秦漢〃少年〃与〃悪少年〃」（『秦漢社会史論考』商務印書館、二〇〇六年、一九〜四〇頁）、同「〃少年〃〃悪少年〃与社会秩序」（『秦漢児童的世界』中華書局、二〇一八年、五一四〜五三七頁）。

＊75 張家山漢簡「二年律令」盗律（第六五〜六六簡）。張家山漢簡「漢律十六章」盗律（第六〇〜六二簡）。これらは群盗を主語とする特殊な条文である。また「漢律十六章」盗律（第六三簡）には「劫人・謀劫人求銭財、雖未得若未劫、皆磔之」とあり、「二年律令」盗律（第六八簡）にも同文がみえ、

「劫人」（人を誘拐すること）によって身代金を求めた場合に「磔」とある。「磔」は前漢景帝中二年（前一四八年）に廃止され、「棄市」へ統合された（『漢書』巻五景帝紀中二年条〈一四五頁〉。『漢書』巻一五・王子侯表上・葛魁節侯欄〈四四〇頁〉）。

＊76　酷吏尹賞はそういう格好の者に目星をつけて取り締まり、酷吏としての勢威をしめした。「少年」は概してそういう格好をしていたのであろう。『漢書』巻九〇酷吏尹賞列伝（三六七三頁）。

＊77　『史記』巻一二四游俠列伝（三一八五頁）。

第三章

＊1　柿沼陽平『古代中国の24時間──秦漢時代の衣食住から性愛まで』（中公新書、二〇二一年、二一七～二三六頁）。

＊2　北京大学出土文献与古代文明研究所編『北京大学蔵秦簡牘（壹）』（上海古籍出版社、一三七～一五〇頁）。

＊3　『漢書』巻七七蓋寛饒伝（三二四五頁）には似たような酒席での問答がみえるが、刃傷沙汰にはなっておらず、全体的にオブラートに包んだ言い回しになっている。中国古代のアルコールハラスメントの例は柿沼注1前掲書（二二六～二二七頁）も参照されたい。

＊4　『史記』巻一二四游俠列伝（三一八六頁）、『漢書』巻九二游俠伝（三七〇二頁）にもほぼ同文あり。

＊5　ヤコブ・ラズ『ヤクザの文化人類学──ウラから見た日本』（岩波書店、二〇〇二年）。

＊6　尾島正洋『俺たちはどう生きるか──現代ヤクザのカネ、女、辞め時』（講談社、二〇二三年、一四四～一四五頁）。

＊7　Paoli, Letizia, "Status and Fraternization Contracts," *Mafia Brotherhoods: Organized Crime, Italian Style* (Oxford/New York: Oxford University Press, 2003): 76–100. ただしマフィアの定義づけは困難で、現在に至るまで議論がある。村上信一郎「マフィアとカトリック教会」（中野智世・前田更子・渡邊千秋・尾崎修治編著『近代ヨーロッパとキリスト教——カトリシズムの社会史』勁草書房、二〇一六年、二六三〜二九一頁）。

＊8　Wang Di, *Violence and Order on the Chengdu Plain: The Story of a Secret Brotherhood in Rural China, 1939–1949* (Redwood City: Stanford University Press, 2018).

＊9　『史記』巻一二四游俠列伝（三一八六頁）、『漢書』巻九二游俠伝（三七〇二頁）。

＊10　『史記』巻一二四游俠列伝（三一八六頁）、『漢書』巻九二游俠伝（三七〇二頁）。

＊11　『史記』巻一二四游俠列伝（三一八六頁）、『漢書』巻九二游俠伝（三七〇二頁）。

＊12　『藝文類聚』巻三三人部一七遊俠篇引『列子』（五七七頁）。

＊13　馬増栄「読山東青島土山屯一四七号墓出土木牘札記——考古脈絡、〃堂邑戸口薄（簿）〃、〃邑居〃和〃羣居〃」（『簡帛』第二一輯、上海古籍出版社、二〇二〇年、一九九〜二一五簡）によれば、漢代には都市居住者（邑居）と散村居住者（羣居）の区別があった。それをふまえ、ここでは『史記』巻一二四游俠列伝の「邑室」を都市の意とし、「まち（町）」と訳した。

＊14　『史記』巻一二四游俠列伝（三一八六頁）、『漢書』巻九二游俠伝（三七〇二頁）。

＊15　廣瀬薫雄「張家山漢簡『二年律令』史律研究」（『秦漢律令研究』汲古書院、二〇一〇年、二六九〜三三一頁）。

＊16　楊振紅『出土簡牘与秦漢社会（続編）』（広西師範大学出版社、二〇一五年、一八一〜二二二頁）。

宮宅潔「秦代の「徭」と「戍」——その字義をめぐって」（研究箚記 http://www.shindai.zinbun.kyoto-u.ac.jp/sakki_pdf/youjyu_miyake.pdf 所載、二〇一九年四月一日受理、二〇二二年八月五日閲覧）。

＊17 宮宅潔『ある地方官吏の生涯——木簡が語る中国古代人の日常生活』（臨川書店、二〇二一年、二三二～二三五頁）、柿沼注1前掲書（一四六～一四七頁）。

＊18 柿沼陽平「張家山第二四七号漢墓竹簡訳注（四）二年律令訳注（四）銭律訳注」（『早稲田大学長江流域文化研究所年報』第四号、二〇〇六年、二七七頁）は「里正≠里典」説を支持し、里耶秦簡（8-157）に基づき、無爵の士伍も里典になれたとする。その後、岳麓書院蔵秦簡「秦律令」尉卒律の公開により、基本的に里の無爵者・免老・無害を典・老にすべき点、「丁者」を典・老にしてはならぬ点等々が判明し、典・老は里の低身分者が優先的に拝命すべき職だと判明。水間大輔「秦・漢における里の編成と里正・里典・父老——岳麓書院蔵秦簡「秦律令」を手がかりとして」（但見亮・胡光輝・長友昭・文元春編『中国の法と社会と歴史　小口彦太先生古稀記念論文集』成文堂、二〇一七年、九一～一一八頁）は、睡虎地秦律や岳麓秦律で里人が罪を犯した際に「典」の責任は問われ、里正の責任を問う規定はない点に注目し、里正は典に含まれ、里正でない典もいたとする。里耶秦簡は以下、陳偉主編『里耶秦簡牘校釈』第一巻（武漢大学出版社、二〇一二年）による。

＊19 『史記』巻一二四游俠列伝（三一八六頁）、『漢書』巻九二游俠伝（三七〇二頁）。

＊20 『史記』巻一二四游俠列伝（三一八六頁）、『漢書』巻九二游俠伝（三七〇二頁）。

＊21 『史記』巻一二四游俠列伝（三一八六頁）、『漢書』巻九二游俠伝（三七〇二頁）。

＊22 天長市文物管理所・天長市博物館「安徽天長西漢墓発掘簡報」（『文物』二〇〇六年第一一期、四

〜二一頁)、山田勝芳「前漢武帝代の地域社会と女性徭役——安徽省天長市安楽鎮十九号漢墓木牘から考える」(『集刊東洋学』第九七号、二〇〇七年、一〜一九頁)。
＊23 甘谷漢簡(第五簡)。張学正「甘谷漢簡考釈」(『漢簡研究文集』甘粛人民出版社、一九八四年、八五〜一四一頁)。
＊24 『史記』巻一二四游俠列伝(三一八八頁)、『漢書』巻九二游俠伝(三七〇四頁)。
＊25 『史記』巻一二四游俠列伝(三一八七頁)、『漢書』巻九二游俠伝(三七〇三頁)。
＊26 前漢前期の「賢」は本来、知識の有無にかかわらず、任俠的気概をもち、郷里で人望のある実力者をさす。高祖はみずからに背いた人物をも「賢」と評し、「賢」か否かは国家や皇帝への従順さとも関係がない。類似の言葉に「長者」がある。高祖以来こうした賢人や長者の抜擢が慫慂され、任俠と政治は必ずしも対立的でない。ただし武帝期以降、儒者も「賢人」の政治的抜擢を説くが、その「賢人」は儒学の素養と操行を兼備し、君主を強く諫争できる者をさす。江村治樹「「賢」の観念より見たる西漢官僚の一性格」(『東洋史研究』第三四巻第二号、一九七五年、一九三〜二一三頁)。
＊27 『史記』巻一二四游俠列伝(三一八七頁)、『漢書』巻九二游俠伝(三七〇三頁)。
＊28 『史記』巻一二四游俠列伝(三一八七頁)、『漢書』巻九二游俠伝(三七〇三頁)。
＊29 『史記』巻一二四游俠列伝(三一八七頁)。なお『漢書』巻九二游俠伝(三七〇三頁)は「県廷」を「県庭」に誤る。
＊30 『史記』巻三〇平準書(一四一七〜一四一八頁)。
＊31 『漢書』巻六六蔡義伝(二八九八頁)。
＊32 大櫛敦弘「歩行と乗車——戦国秦漢期における車の社会史的考察」(『人文科学研究〈高知大学人

文学部人間文化学科〉』第一〇号、二〇〇三年、五五～七一頁）。官吏にも乗車しうる者と不可の者の違いがあった。張家山第三三六号漢簡「功令」（第二七簡）。

＊33 県廷の構造については、厳耕望『中国地方行政制度史甲部 秦漢地方行政制度』（中央研究院歴史語言研究所、一九八九年［初版一九六一年］、二一六～二四四頁）の古典的研究があり、県の属吏は綱紀・門下・列曹に大別でき、列曹には戸曹・田曹・倉曹などがあるとされる。だが紙屋正和「両漢時代における郡府・県廷の属吏組織と郡・県関係」（『漢時代における郡県制の展開』朋友書店、二〇〇九年、五三七～五九五頁）は県の属吏組織に時代差があるとし、武帝中期ころを画期とし、それ以後に列曹が充実していくとする。

＊34 里耶秦簡「遷陵県志」（7-67+9-631）。

＊35 劉鵬「也談簡牘所見秦的〝田〟与〝田官〟――兼論遷陵県〝十官〟的構成」（『簡帛』第一八輯、二〇一九年、五七～七四頁）。

＊36 張家山第二四七号漢簡「二年律令」秩律（第四四三～四七三簡）。

＊37 「二年律令」賜律（第二九七簡）は、何らかの理由で皇帝から臣下に賜与がなされる場合の規定であるが、秩一二〇石の吏には肉一二〇斤・酒一斗、斗食・令史には肉一〇斤（と酒七升）、佐史には肉八斤・酒七升が賜与された。すると三者の基礎的収入額にも上下があったとみられる。

＊38 土口史記「秦代の令史と曹」（『東方学報〈京都〉』第九〇巻、二〇一五年、一～四七頁）。

＊39 孟浩・陳慧・劉来城「河北武安午汲古城発掘記」（『考古通訊』一九五七年第四期、四三～四七頁）。

＊40 仲山茂「秦漢時代の「官」と「曹」――県の部局組織」（『東洋学報』第八二巻第四号、二〇〇一年、三五～六五頁）。

＊41　佐原康夫「漢代の官衙と属吏」（『漢代都市機構の研究』汲古書院、二〇〇二年、一九五～二七八頁）。
＊42　『漢書』巻三三田儋列伝（一八四七頁）、顔師古注（一八四七頁）。
＊43　『史記』巻八九張耳列伝（二五七八頁）、『後漢書』巻一五鄧晨列伝李賢注引『東観記』（五八二頁）。
＊44　『漢書』巻八三朱博伝（三四〇一頁）、顔師古注（三四〇一頁）。
＊45　民間の任侠や地元豪族が県令以上の官吏さえ圧倒する例は少なくない。宣帝期の涿郡の例として『漢書』巻九〇酷吏厳延年伝（三六六八頁）。

第四章

＊1　柿沼陽平「文字よりみた中国古代における貨幣経済の展開」（『中国古代貨幣経済史研究』汲古書院、二〇一一年、一〇五～一三七頁）。
＊2　江村治樹『春秋戦国時代青銅貨幣の生成と展開』（汲古書院、二〇一一年）。
＊3　柿沼陽平「戦国秦漢時代における「半両」銭の国家的管理」（『中国古代貨幣経済史研究』汲古書院、二〇一一年、一七一～二一六頁）。
＊4　睡虎地秦簡「封診式」（第一九～二〇簡）。
＊5　湖南省益陽兎子山第九号井遺址出土簡（第三・二簡）。湖南省文物考古研究所・益陽市文物処「湖南益陽兎子山遺址九号井発掘簡報」（『文物』二〇一六年第五期、三二～四八頁）参照。
＊6　稲葉一郎「秦始皇の貨幣統一について」（『東洋史研究』第三七巻第一号、一九七八年、五九～八五頁）。

＊7 『太平御覧』巻八三五資産部銭上引『楚漢春秋』（三七二八頁）。『太平御覧』は中華書局本（一九六〇年）による。

＊8 柿沼注3前掲論文（一七一～二一六頁）。

＊9 柿沼注3前掲論文（一七一～二一六頁）。

＊10 『漢書』巻二四食貨志下（一一八四頁）、『漢書』巻九九王莽伝下（四一六七頁）。これらの史料によれば盗鋳銭者の夫婦は鍾官に連行され、別の夫婦のそれぞれと再婚させせられた。その理由は一見意味不明。だが岳麓肆（第三〇～三一簡）には、刑徒の一部が親族とべつの県道官で勤務すべきとあり、これより推せば、盗鋳銭者も夫婦別々に勤務を強いられた結果か。

＊11 党順民・呉鎮烽「上林三官鋳銭官署新解」（『中国銭幣』一九九七年第四期、四一～四二・三二頁）。

＊12 西安文物保護修復中心編著『漢鍾官鋳銭遺址』（科学出版社、二〇〇四年）。

＊13 柿沼陽平「戦国秦漢時代における物価制度と貨幣経済の基本的構造」（『中国古代貨幣経済史研究』汲古書院、二〇一一年、一三九～一七〇頁）。

＊14 Yates, Robin, "Soldiers, Scribes, and Women: Literacy among the Lower Orders in Early China," Feng Li and David Prager Branner eds., *Writing and Literacy in Early China: Studies from the Columbia Early China Seminar* (Seattle: University of Washington Press, 2011): 351-352.

＊15 棄市については従来、絞首刑か斬首刑かで論争があったが、冨谷至「生命の剥奪と屍体の処刑」（『江陵張家山二四七号墓出土漢律令の研究』論考篇・訳注篇、朋友書店、二〇〇六年、二三七～二七〇頁）以来、斬首刑説が有力。だが陳侃理「棄市新探――兼談漢晋間死刑的変遷」（『文史』二〇二二年第一輯、五～一八頁）は喉を掻き切る刑罰だとする。陳説に従う。

*16 角谷常子「秦漢時代の贖刑」(梅原郁編『前近代中国の刑罰』京都大学人文科学研究所、一九九六年、六七～九五頁)によれば、漢初には換刑としての贖刑と、正刑としての贖刑が並存していた。後者の「贖府(腐)」は黄金一斤余相当の正刑(張家山第二四七号漢簡「二年律令」具律(第一一九簡)、張家山第三三六号漢簡「漢律十六章」具律)。

*17 「二年律令」(第二〇一～二〇二簡)。

*18 宮宅潔「張家山漢簡「二年律令」解題」(『中国古代刑制史の研究』京都大学学術出版会、二〇一一年、一一～三七頁)。

*19 「漢律十六章」(第二六一～二六三簡)。

*20 丘光明編著『中国歴代度量衡考』(科学出版社、一九九二年、五二〇頁)。

*21 水間大輔「秦律・漢律の刑罰制度」(『秦漢刑法研究』知泉書館、二〇〇七年、一五～九五頁)。

*22 ただし各種労役刑は、労働量や労働強度の差のみによって等級づけられていたわけではない。この点は、瀬川敬也「秦代刑罰の再検討――いわゆる「労役刑」を中心に」(『鷹陵史学』第二四号、一九九八年、二一～四三頁)、石岡浩「秦の城旦舂刑の特殊性――前漢文帝刑法改革のもう一つの発端」(『東洋学報』第八八巻第二号、二〇〇六年、一二七～一五八頁)、宮宅潔「労役刑体系の構造と変遷」(『中国古代刑制史の研究』京都大学学術出版会、二〇一一年、七七～一八七頁)等にくわしい。

*23 李均明「張家山漢簡所見刑罰等序及相関問題」(『華学』第六輯、二〇〇三年、一二二～一三四頁)、邢義田「従張家山漢簡〈二年律令〉論秦漢的刑期問題」(『台大歴史学報』第三一期、二〇〇三年、三一一～三二三頁)、邢義田「従張家山漢簡〈二年律令〉重論秦漢的刑期問題」(『台大歴史学報』第三

六期、二〇〇五年、四〇七〜四三二頁）、宮宅潔注22前掲論文。

＊24 城旦春が結婚できなかった点は、柿沼陽平「戦国秦漢時代における布帛の流通と生産」（『中国古代貨幣経済史研究』汲古書院、二〇一一年、二八三〜三〇七頁）。

＊25 鄔文玲「秦漢赦令与債務免除」（『長沙五一広場簡与東漢歴史文化学術研討会論文集』清華大学出版社、二〇二三年、一五九〜一六八頁）。

＊26 宮宅潔「「司空」小考――秦漢時代における刑徒管理の一斑」（『中国古代刑制史の研究』京都大学学術出版会、二〇一一年、二二三〜二八二頁）によれば、「獄」は被疑者や証人を収容し、取り調べをする場所で、基本的に既決囚を収容・使役する場所ではなく、漢代にはおもに中央諸官署や各県に置かれた。ただし現実的には、たとえば死刑囚を入れておく場所はあったはずである。「漢律一六章」囚律（第一五四〜一五九簡）。

＊27 岳麓書院蔵秦簡「為獄等状四種」案例一〇（第一五〇〜一七〇簡）。柿沼陽平編訳注『岳麓書院蔵秦簡「為獄等状四種」訳注』（平凡社東洋文庫、二〇二四年）の「案例一〇」（楯身智志担当、下巻七二〜一〇一頁）。

＊28 城旦春が手足に鉄鎖をつけられ、赤服を着る点については「秦律十八種」司空律（第一四七簡）、岳麓肆（第一六七〜一六八簡）。

＊29 宮宅潔注22前掲論文。

＊30 水間大輔注21前掲論文。

＊31 「同居」は秦律・漢律等に散見する語。語義について論争があり、柿沼陽平「岳麓書院蔵秦簡「秦律令（壹）」金布律訳注」（『史滴』第四二号、二〇二〇年、九二〜一三三頁）参照。ここでは「同

居＝戸＝居住地の室（家屋）を同じくする同籍者（構成員に親属関係や年齢による制限はない）」とする劉欣寧「秦漢律における同居の連坐」（『東洋史研究』第七〇巻第一号、二〇一一年、一～三四頁）に従う。

＊32　柿沼陽平『古代中国の24時間——秦漢時代の衣食住から性愛まで』（中公新書、二〇二一年、一一一～一三四頁）。

＊33　四合院内に親族関係者が集住したか、別姓者も集住したかは、ケース・バイ・ケースであろう。柿沼陽平「三国時代における孫呉の郷里社会——荊州長沙郡臨湘侯国の小武陵郷吉陽里と南郷宜陽里を例に」（『三国志研究』第一七号、二〇二二年、三七～六一頁）で指摘したように、後漢末・三国時代には里内に複数の姓氏が混在し、頻繁に構成員が変化する場合もある。

＊34　佐竹靖彦「秦国の家族と商鞅の分異令」（『史林』第六三巻第一号、一九八〇年、一～二九頁）。

＊35　この点をめぐる争点については、凌文超「秦漢王朝対郷里族姓的規劃与管理」（『出土文献与中古史探研』中国社会科学出版社、二〇二四年、一～一八頁）。

＊36　孟浩・陳慧・劉来城「河北武安午汲古城発掘記」（『考古通訊』一九五七年第四期、四三～四七頁）。

＊37　睡虎地秦簡「法律答問」（第一八六簡）。

＊38　天長市文物管理所・天長市博物館「安徽天長西漢墓発掘簡報」（『文物』二〇〇六年第一一期、四～二一頁）。

＊39　連雲港市博物館・中国社会科学院簡帛研究中心・東海県博物館・中国文物研究所共編『尹湾漢墓簡牘』（中華書局、一九九七年）。

＊40　柿沼陽平『中国古代の貨幣——お金をめぐる人びとと暮らし』（吉川弘文館、二〇一五年、一二五

～一二八頁）。

＊41　里典と里正をめぐる論争史は、柿沼注31前掲訳注。おそらく「里正≠里典」だが、両者の相異点は不明。

＊42　第三章注18は、無爵の士伍も里典になれた点を指摘する。のちに岳麓簡の公開により、里の無爵者・免老・無害が基本的に典・老になる点や、「丁者」を典・老にしえぬ点が判明した。水間大輔「秦・漢における里の編成と里正・里典・父老——岳麓書院蔵秦簡「秦律令」を手がかりとして」（『中国の法と社会と歴史』成文堂、二〇一七年、九一～一一八頁）。

＊43　田典については従来、「里典」の誤文とする説もあったが、中国文物研究所・湖北省文物考古研究所編『龍崗秦簡』（中華書局、二〇〇一年、一二二～一二三頁）は龍崗秦簡（第一五〇簡）「告典・田典」に付注し、「田典」と「里典」を別物とし、「田典＝農事の事務をつかさどる小吏」とする。柿沼陽平「張家山第二四七号漢墓竹簡訳注（四）二年律令訳注（四）銭律訳注」（『早稲田大学長江流域文化研究所年報』第四号、二〇〇六年、二七七頁）は、「二年律令」銭律に「正・典・田典」とあり、「正」・「典」が各々里正・里典をさす以上、田典は前二者と異なり、耕牛等の管理、里門の開閉、盗鋳銭者の取り締まり等をつかさどったとする。岳麓肆（第二簡）、同簡（第六一～六二簡）等も、統一秦の田典の存在を裏づける。

＊44　水間大輔「秦律・漢律における連坐制」（『秦漢刑法研究』知泉書館、二〇〇七年、三二七～四〇五頁）。

＊45　「二年律令」銭律（第二〇三簡）。

＊46　柿沼注3前掲論文（二七一～二一六頁）。

*47 柿沼陽平「秦律令の地域性と「新地」の統治」（『日本中国学会報』第七五集、二〇二三年、三～一八頁）。

*48 地方官吏の雑務の量と苦しみに関しては、Ma, Tsang Wing, "Between the State and Their Superiors: The Anxiety of Low-Ranked Scribes in the Qin and Han Bureaucracies," *Asia Major third series*, 33, no.2 (2020): 25–59.

*49 大庭脩「漢代制詔の形態」（『秦漢法制史の研究』創文社、一九八二年、二〇一～二三四頁）。

*50 ファイル説の起点は、冨谷至『木簡・竹簡の語る中国古代——書記の文化史』（岩波書店、二〇〇三年）、廣瀬薫雄『秦漢律令研究』（汲古書院、二〇一〇年）。ただし両論文の前後関係はやや複雑で、柿沼注47前掲論文（三～一八頁）注22参照。

*51 柿沼注47前掲論文（三～一八頁）。

*52 冨谷至「檄書攷——視覚簡牘の展開」（『文書行政の漢帝国』名古屋大学出版会、二〇一〇年、五〇～一〇三頁）。

*53 額済納漢簡（99ES16ST1:4）。柿沼陽平「戦国秦漢時代における銭と黄金の機能的差異」（『中国古代貨幣経済史研究』汲古書院、二〇一一年、二四九～二八一頁）。

*54 『史記』巻一〇一袁盎列伝（二七四〇頁）。

*55 だから『漢書』巻二四食貨志下には、文帝五年幣制改革にたいする賈誼の諫言として「法使天下公得顧租鋳銅錫為銭、敢雑以鉛鉄為它巧者、其罪黥。然鋳銭之情、非殽雑為巧、則不可得贏。而殽之甚微、為利甚厚」（一一五三～一一五四頁）とある。

*56 「二年律令」銭律（第一九七簡）。

＊57　「二年律令」金布律（第四三六～四三八簡）。
＊58　平中苓次「漢代の営業と「占租」」（『中国古代の田制と税法――秦漢経済史研究』東洋史研究会、一九六七年）。
＊59　馬淵久夫「漢式鏡に含まれる錫の産地について」（『東方学報〈京都〉』第八六冊、二〇一一年、四七～五八頁）。
＊60　夏湘蓉・李仲均・王根元編著『中国古代鉱業開発史』（地質出版社、一九八〇年）に基づく。
＊61　原宗子「「大田穀作」主義の古代的極限――尹湾漢墓木牘「集簿」」（『「農本」主義と「黄土」の発生――古代中国の開発と環境2』研文出版、二〇〇五年、四三五～四六三頁）。
＊62　『塩鉄論』禁耕篇（六八頁）。『塩鉄論』は王利器校注『塩鉄論校注』（中華書局、一九九二年）による。
＊63　胡家草場漢簡（第二一七七＋二一七八＋二一九二簡）。
＊64　呂后期前後～文帝期に一〇〇人以上の作業員を擁する製炭組織が存在した点は、柿沼陽平「戦国秦漢時代における盗鋳銭と盗鋳組織」（『中国古代貨幣経済史研究』汲古書院、二〇一一年、二一七～二四八頁）。

第五章

＊1　李開元「漢初軍功受益階層の成立」（『漢帝国の成立と劉邦集団』汲古書院、二〇〇〇年、二五～六四頁）。
＊2　帝国直轄地から諸侯王国への軍需物資規制については、張家山漢簡「津関令」（第四八八～五二五

簡)。

*3　鎌田重雄「漢朝の王国抑損策」(『秦漢政治制度の研究』日本学術振興会、一九六二年、一八八〜二四三頁)。

*4　列侯はもともと徹侯とよばれ、従来は、武帝劉徹の諱を避けた結果、武帝期に列侯に更名されたといわれてきた。だが統一秦前後の里耶秦簡(8-461)「更名木簡」に「徹侯為【死〈列〉】侯」とあるので、更名時期は統一秦前後。

*5　阿部幸信「漢初「郡国制」再考」(『漢代の天下秩序と国家構造』研文出版、二〇二二年、三三〜六一頁)、松島隆真『漢帝国の成立』(京都大学学術出版会、二〇一八年)。ただし阿部自身も指摘するように、『史記』巻九九叔孫通列伝に「漢五年、已幷天下」とある。また瓦当に「漢幷天下」・「漢兼天下」・「惟漢三年大幷天下」の例がある。趙力光『中国古代瓦当図典』(文物出版社、一九九八年、四八五〜四九一頁)参照。陳直「秦漢瓦当概述」(『文物』一九六三年第一一期、一九〜四三頁)は前掲瓦当を漢中漢王城の漢初遺物とする。一方、劉慶柱「漢長安城遺址及其出土瓦当研究」(『古代都城与帝陵考古学研究』(科学出版社、二〇〇〇年、三三九〜三六三頁)は文字瓦当の出現を基本的に景帝期以後だとし、「漢幷天下」・「漢兼天下」も武帝期の遺物だとする。他方、辛徳勇「重中我对〝雒陽武庫鐘〟銘文的看法」(『澎湃新聞』二〇一九年一〇月一六日)は、「惟漢三年大幷天下」偽物説を紹介し、もし本物なら元封元年以後の某三年の遺物だとする。これらの史料をどう解釈すべきかが今後問われる。

*6　『史記』巻八高祖本紀(三九三頁)、『史記』巻九呂太后本紀(三九六頁)、『史記』巻一〇孝文本紀(四一三〜四一四頁)。

＊7　薄井俊二「漢の文帝について――皇帝としての権威確立問題、及び対匈奴問題をめぐって」（『埼玉大学紀要〈教育学部〉』人文・社会科学篇第四四巻第一号、一九九五年、三九～五五頁）。
＊8　『史記』巻一〇六呉王濞列伝（二八二四頁）。
＊9　佐藤達郎「前漢の文帝――その虚像と実像」（『古代文化』第五二巻第八号、二〇〇〇年、一二～一八頁）。
＊10　このように景帝期に入ってからにわかに宗室成員が増加し、諸侯王国を維持する方向性と摩擦が生じたことが呉楚七国の乱を必然ならしめた点は、杉村伸二「前漢景帝期国制転換の背景」（『東洋史研究』第六七巻第二号、二〇〇八年、一～三三頁）。
＊11　李開元「漢初軍功受益階層と漢代政治」（『漢帝国の成立と劉邦集団』汲古書院、二〇〇〇年、二〇五～二七一頁）、平松明日香「武帝初期の中央政界と竇太后――建元二年丞相・太尉免官事件を中心として」（『古代文化』第七二巻第一号、二〇二〇年、一～二〇頁）、福永善隆「前漢文帝期における察挙の形成と劉邦集団」（『鹿児島大学法文学部紀要人文学科論集』第八八号、二〇二一年、四三～五六頁）。
＊12　張福運「西漢呉楚七国之乱原因辨析」（『人文雑誌』二〇〇三年第五期、一二一～一二五頁）、杉村伸二注10前掲論文。
＊13　『史記』巻一〇六呉王濞列伝（二八二二～二八二五頁）。
＊14　稲葉一郎「呉楚七国の乱について」（『立命館文学』第三六九・三七〇号、一九七六年、一三四～一六五頁）。
＊15　『史記』巻一〇六呉王濞列伝（二八三〇頁）。

*16 『方言』巻一〇（六四三頁）。『方言』は以下、『揚雄方言校釈匯証』上冊（中華書局、二〇〇六年）による。

*17 「亡命」については「亡人＝亡命＝無名数」とする定説と、そうでないとする保科季子「亡命小考――秦漢における罪名確定手続き」（冨谷至編『江陵張家山二四七号墓出土漢律令の研究』（朋友書店、二〇〇六年）がある。『史記』呉王濞列伝の「亡命」は文中で「亡人」に換言され、「亡人」をふくむ語であったと考えられる。そもそも漢律には「亡人」・「命者」の語はあるが、「亡命」の語はみえない。たとえば「漢律十六章」具律（第一三六～一四〇簡）によれば、「命」とは罪名を確定する意。同捕律（第二一〇～二一一簡）をみると、「命者」とは判決を受けて罪名が確定している者、「罪当命未命」とは有罪判決を受けたが罪名未確定の者。同亡律（第二三一簡）によれば、城旦舂が逃亡したら黥復城旦舂、鬼薪白粲が逃亡したら黥城旦舂で、逃亡して身柄が得られずとも「命」（罪名確定）する意。一方、「漢律十六章」捕律（第一八六～一八九簡）等によれば、「亡人」は、「盗賊」・「略妻」・「略売人」・「強奸」・「偽写印」と並び称される犯罪類型である。「漢律十六章」亡律（第二三七～二三九簡）によれば、「亡人」は一年以上なら耐、一年未満なら繋城旦舂。また「漢律十六章」亡律（第二二九簡）によれば、漢と諸侯国との境界をまたいで「亡」した場合には、黥城旦舂。

*18 「漢律十六章」亡律（第二四九～二五二簡）によれば、亡人をそうと知らずに雇用した場合でも、雇用者は罪になる。

*19 『史記』巻一〇六呉王濞列伝（二八二三頁）。

*20 楯身智志「劉氏淮南王国の興亡」（『前漢国家構造の研究』早稲田大学出版部、二〇一六年、三七

四〜四四五頁）。
＊21　『漢書』巻五四李広伝（二四三九頁）。
＊22　宋超「試析劉濞所謂燕王〝摶胡衆入〟——兼論漢初趙国与匈奴的関係」（『邯鄲学院学報』第二五巻第二期、二〇一五年、五〜一〇頁）、楊怡・劉鵬「呉楚七国之乱中的趙王劉遂」（『邯鄲学院学報』第二八巻第一期、二〇一八年、二三〜二八頁）。
＊23　『史記』巻一〇一袁盎列伝（二七四一頁）。
＊24　『史記』巻一〇一袁盎列伝（二七四二〜二七四三頁）、『史記』巻一〇一鼂錯列伝（二七四七〜二七四八頁）。
＊25　『史記』巻一二九貨殖列伝（三二八〇〜三二八一頁）。
＊26　『史記』巻一〇七魏其侯列伝（二八四〇頁）。
＊27　『史記』巻一〇〇季布列伝付季心列伝（二七三二頁）。
＊28　『史記』巻一〇〇欒布列伝（二七三三頁）。
＊29　『史記』巻一二四游俠列伝（三一八四頁）、『漢書』巻八二王商伝（三三七二頁）。
＊30　『史記』巻一〇一袁盎列伝（二七四四頁）、『史記』巻一二四游俠列伝（三一八四頁）。
＊31　『史記』巻一二四游俠列伝（三一八四頁）。
＊32　『史記』巻一二四游俠列伝（三一八四頁）。

第六章

＊1　呉楚七国の乱以後の諸侯王国は従来一般に、軍事力と治政権を失ったとする説が有力で、布目潮

渢「呉楚七国の乱の背景」(『布目潮渢中国史論集』上巻、汲古書院、二〇〇三年、四〜一五頁)や鎌田重雄「漢朝の王国抑損策」(『秦漢政治制度の研究』日本学術振興会、一九六二年、一八八〜二四三頁)がある。だが楯身智志「推恩の令再考」(『前漢国家構造の研究』早稲田大学出版部、二〇一六年、四四六〜四八〇頁)は、武帝期に対諸侯王政策として推恩令等が出されていることから、呉楚七国の乱以後の諸侯王の力も軽視すべきでないとする。また安永知晃「前漢前半期の対諸侯王政策――景帝中五年改革の意義の再検討」(『人文論究』第六四・六五巻第一号、二〇一五年、七九〜九五頁)も、景帝中五年に大幅な諸侯王国官制の改革がなされたことは事実としつつ、以後も諸侯王は統治権を有したとする。筆者は楯身・安永説に従う。また阿部幸信「漢初「郡国制」再考」(『漢代の天下秩序と国家構造』研文出版、二〇二二年、三三〜六一頁)が論ずるように、漢帝国が諸侯王国を「外」だとする認識も対匈奴戦争を契機として変化してゆくとおぼしい。そこで本文では呉楚七国の乱後にすべての諸侯王国が一挙に失権したとせず、少しずつ斜陽期に入ったとする。

＊2 『史記』巻一二〇汲黯列伝『集解』引如淳注(三一〇六頁)。本文の適用時期には諸説あるが、郡守・郡尉が太守・都尉と改称された景帝中元二年から、諸侯王国の内史が廃止された成帝綏和元年のものであろう。紙屋正和「漢時代郡県制研究の課題と視角」(『漢時代における郡県制の展開』朋友書店、二〇〇九年、三〜三七頁)。

＊3 『史記』巻一二孝武本紀(四五一頁)。

＊4 『史記』巻四九外戚世家(一九七二頁)、『索隠』(一九七三頁)。

＊5 『史記』巻四九外戚世家(一九七二頁)、『漢書』巻九七外戚伝上(三九四三頁)。

＊6 『史記』巻四九外戚世家(一九七二頁)。

＊7 『史記』巻四九外戚世家（一九七三頁）、『索隠』引『摯虞注決録』（一九七三頁）、『漢書』巻九七外戚伝上（三九四三頁）によれば、竇姫の父は漢初に亡くなった。
＊8 『北堂書鈔』巻第九四礼儀部冢墓「築起大墳」本注引『三輔決録』（下巻三九頁）。『北堂書鈔』は文海出版社版（一九六一年）による。
＊9 『史記』巻四九外戚世家（一九七四～一九七五頁）。
＊10 『史記』巻一〇孝文本紀孝文皇帝元年三月条（四二〇頁）、『史記』巻一一孝景本紀（四三九頁）、『史記』巻四九外戚世家（一九七二頁）、『漢書』巻九七外戚伝上（三九四三頁）。
＊11 青木俊介「漢長安城未央宮の禁中――その領域的考察」（『学習院史学』第四五号、二〇〇七年、三五～六二頁）。
＊12 鎌田重雄「漢代の後宮」（『漢代史研究』川田書房、一九四九年、六三～一〇四頁）。
＊13 加藤繁「漢代に於ける国家財政と帝室財政との区別並に帝室財政一斑」（『支那経済史考証』東洋文庫、一九五二年、三五～一五六頁）。
＊14 『史記』巻四九外戚世家（一九七三頁）。
＊15 『史記』巻一〇九李将軍列伝（二八六七頁）、『索隠』引如淳注（二八六七頁）。
＊16 『漢書』巻五四李広伝（二四七九頁）の清・王先謙『補注』引清・周寿昌注（一一四一頁）、鎌田重雄注12前掲論文。『漢書補注』は『二十四史』（芸文印書館）による。
＊17 諸説を紹介・検討しているものに、堀敏一「漢代の良家について」（『中国古代の身分制――良と賤』汲古書院、一九八七年、二二五～二四四頁）がある。また近年では岳麓書院蔵秦簡に「君子子」の語がみえ、それを「良家子」に近いものとする陶安「岳麓書院秦簡《為獄等状四種》第三類・第

四類巻冊釈文・注釈及編連商榷」(『中国出土資料研究』第二三号、二〇一九年、一一七〜一四九頁)の説もある。ただし「君子子」の意味をめぐっても諸説あり、なお「良家子」や「君子子」の意味は判然としないところがある。この点は柿沼陽平「案例一四」(柿沼陽平編訳注『岳麓書院蔵秦簡「為獄等状四種」訳注』下巻(平凡社東洋文庫、二〇二四年、一八四〜一八六頁)。

*18 『史記』巻四九外戚世家(一九七二頁)。

*19 『史記』巻四九外戚世家(一九七三頁)。

*20 『史記』巻四九外戚世家(一九七三頁)。

*21 木炭製造現場でトロッコを使用した点は、張家山漢簡「算数書」負炭(第一二六〜一二七簡)。

*22 都市部では寒さを避けるために木炭を使用していた。家庭によっては、個人消費分の薪を採集して炭をつくるような作業は奴隷が担った。その史料的根拠に「僮約」がある。「僮約」については宇都宮清吉「僮約研究」(『漢代社会経済史研究(補訂版)』弘文堂書房、一九六七年、二五六〜三七四頁)以外に、王褒(劉昌明校注)『僮約校注』(三秦出版社、二〇二一年)がある。天長市安楽鎮一九号漢墓木牘(四〇-一二A)にも漢代の人びとが寒いときに酒・食事をとり、衣服を着込み、炭で火をおこしたことがしるされている。

*23 青銅精錬時に木炭を要した点は「二年律令」銭律(第二〇一〜二〇七簡)、「漢律十六章」銭(第二五六〜二七〇簡)。

*24 私家奴隷の脱走とその失敗例は、「奏讞書」案例二(第八〜一六簡)。

*25 『史記』巻四九外戚世家竇太后条(一九七三頁)、『索隠』(一九七四頁)。

*26 『史記』巻四九外戚世家竇太后条(一九七三頁)。

＊27 『史記』巻四九外戚世家竇太后条（一九七四頁）。
＊28 『漢書』巻一八外戚恩澤侯表章武景侯竇広国欄（六八四頁）、同南皮侯竇彭祖欄（六八四頁）。
＊29 中国社会科学院考古研究所・河北省文物管理処『満城漢墓発掘報告』文物出版社、一九八〇年、二五五〜二七四頁、三三七頁）。満城漢墓と竇氏との関係については、さらに楯身智志「前漢諸侯王墓よりみた王国支配の実態――満城漢墓と中山靖王劉勝」（『東洋史研究』第七六巻第三号、二〇一七年、三七三〜四〇六頁）も参照されたい。
＊30 『史記』巻一〇七魏其侯列伝（二八四六頁）。原文は「昆弟」に作るが、飯田祥子「同産小考――漢代の兄弟姉妹に関する整理」（『血縁関係・老人・女性――中国古代「家族」の周辺』（名古屋中国古代史研究会、二〇一〇年、三〜三四頁）も論ずるように、漢代の昆弟はじつの兄弟だけでなく、父方の従兄弟・従姉妹を含む語である。また本文で前述したように、竇太后に竇建・竇広国以外のじつの兄弟がいたとは考えにくい。よってここでは「昆弟」を「いとこ」と訳しておく。
＊31 『史記』巻四九外戚世家王太后条（一九七六頁）。
＊32 『史記』巻四九外戚世家王太后条（一九七六頁）。
＊33 『史記』巻四九外戚世家竇太后条（一九七四頁）。
＊34 『史記』巻四九外戚世家竇太后条（一九七五頁）。
＊35 『史記』巻四九外戚世家王太后条（一九七六頁）。
＊36 『史記』巻四九外戚世家王太后条（一九七六頁）。
＊37 『史記』巻五八梁孝王世家（二〇八四〜二〇八五頁）、同巻褚先生補（二〇八九〜二〇九〇頁）。
＊38 『西京雜記』巻下（一二〇〜一三〇頁）。『西京雜記』は周天游校注『西京雜記校注』（中華書局、二

〇二〇年）による。

＊39　『史記』巻四九外戚世家王太后条（一九七七頁）。

＊40　『史記』巻一〇七魏其侯列伝（二八三九頁）。

＊41　景帝が当初孝王への帝位継承を認めていた点は『史記』巻五八梁孝王世家褚先生補（二〇九〇頁）。

＊42　『史記』巻五八梁孝王世家（二〇八五頁）。『史記』巻五八梁孝王世家（二〇八三頁）によれば、梁王は武具を整えるなど、つとに独立自存の意識を有した。

＊43　『漢書』巻五一鄒陽伝（二三五三～二三五五頁）によれば、梁王側が手を尽くしたため、景帝による処罰はまぬがれたが、それによって景帝の怒りが解けたとまでは書いていない。

＊44　『史記』巻五七絳侯周勃世家（二〇七七頁）。

＊45　『漢書』巻五景帝紀（一四三～一四四頁）。

＊46　『史記』巻四九外戚世家（一九七五～一九七六頁）。

＊47　『史記』巻八高祖本紀高祖五年条（三八一頁）、『史記』巻八高祖本紀高祖一〇年条（三八七頁）、『集解』（三八七～三八八頁）、『史記』巻一六秦楚之際月表高祖五年燕九月条（七九九頁）、『索隠』（七九九頁）、『史記』巻五六陳丞相世家（二〇五六頁）、『集解』（二〇五六頁）、『史記』巻九三盧綰列伝（二六三七頁）、『史記』巻九五灌嬰列伝（二六七一頁）。

＊48　『漢書』巻六武帝紀景帝後三年正月条（一五五頁）。

＊49　辛徳勇「重談中国古代以年号紀年的啓用時間」（『建元与改元――西漢新莽年号研究』中華書局、二〇二〇年、一～一〇一頁）。

＊50　『史記』巻一〇七魏其侯列伝（二八四一頁）。

＊51 『史記』巻一〇七武安侯列伝（二八四三頁）、『史記』巻一二孝武本紀建元元年条（四五二頁）、『史記』巻二八封禅書（一三八四頁）、『漢書』巻六武帝紀建元元年条（一五五〜一五六頁）、『史記』巻一二六滑稽列伝（三二〇五頁）、『漢書』巻六五東方朔伝（二八四一〜二八四二頁）によれば、武帝は賢良・方正・直言極諫の士を求めたが、採用せず。このとき東方朔も挙げられ、兵法と儒学を修めていたが、抜擢されず。
＊52 『漢書』巻六武帝紀建元元年条（一五六頁）。
＊53 『漢書』巻六武帝紀建元二年条（一五七〜一五八頁）。
＊54 『漢書』巻四六・万石列伝（二一九五頁）。
＊55 『漢書』巻六五東方朔伝（二八四七頁）。
＊56 『西京雑記』巻上（三九〜四〇頁）。
＊57 『漢書』巻五一枚乗伝「従行至甘泉・雍・河東、東巡狩、封泰山、塞決河宣房、游観三輔離宮館、臨山沢、弋猟・射馭・狗馬・蹵鞠・刻鏤、上有所感、輒使賦之」（二三六七頁）。なお「弋猟射馭狗馬蹵鞠刻鏤」の断句は一瞬悩むが、『史記』巻三〇平準書「所忠言「世家子弟富人或闘鶏・走狗馬・弋猟・博戯、乱斉民」」（一四三七頁）では「弋猟」の前に「走狗馬」、後に「博戯」があり、前掲枚乗伝「弋猟」の前後と異なるので、まず「弋猟」は熟語である。また『南史』巻七一儒林列伝伏曼容条「曼容多伎術、善音律、射馭・風角・医算、莫不閑了」（一七三一頁）や『北史』巻五三叱列平列伝「叱列平、字殺鬼、代郡西部人、世為酋帥。平有容貌、美鬚髯、善射馭。襲第一領人酋長、臨江伯」（一九一七頁）によれば、「射馭」（騎乗して弓を射る技芸）も熟語である。つまり「弋猟射馭狗馬蹵鞠刻鏤」の「射馭狗馬」は「狗馬を射馭す」でなく「射馭・狗馬」と読む。また「狗馬」は

一見犬馬による狩猟のごとくだが、前掲枚乗伝では「弋猟」・「射馭」・「狗馬」が区別され、「弋猟」は弋による狩猟である。前掲平準書でも「走狗馬」と「弋猟」は区別され、「狗馬」（前掲枚乗伝）は「走狗馬」（前掲平準書）の略であろう。また『史記』巻一一八淮南王列伝「淮南王安為人好読書・鼓琴、不喜弋猟・狗馬・馳騁」（三〇八二頁）に「狗馬馳騁」とあり、「狗馬」と「馳騁」の関係も問題である。そこで『漢書』巻五七司馬相如伝上附「子虚賦」「不若大王終日馳騁、曾不下輿、脟割輪焠、自以為娯」（二五四四頁）をみると、「馳騁」は馬車を用いた狩猟である。また『史記』巻一〇九李将軍列伝「匈奴大入上郡、天子使中貴人従広、勒習兵撃匈奴。中貴人将騎数十縦」（二八六八頁）の『集解』引徐広注に「放縦馳騁」（二八六九頁）とあり、「馳騁」は騎乗をも意味し、ゆえに騎乗による狩猟も意味しうる。さらに「馳騁」に類似する語に「馳逐」もあり、『漢書』巻六八霍光伝付霍禹伝「而禹・山亦並繕治第宅、走馬・馳逐平楽館」（二九五〇頁）や、『史記』巻一二九貨殖列伝「游閑公子、飾冠剣、連車騎、亦為富貴容也。弋射・漁猟、犯晨夜、冒霜雪、馳阬谷、不避猛獣之害、為得味也。博戯・馳逐・闘鶏・走狗、作色相矜、必争勝者、重失負也」（三二七一頁）では「走馬」と「馳逐」、「走狗」と「馳逐」も区別され、いずれも勝敗を競うものとされている。「馳逐」は「逐」字を含み、犬馬による獲物の追跡・捕獲を意味する語であろう。また『史記』巻一〇一袁盎列伝「袁盎病免居家、与閭里浮沈、相随行、闘鶏・走狗。雒陽劇孟嘗過袁盎、盎善待之」（二七四四頁）によれば、「闘鶏・走狗」は郷里の民も好む遊びで、そこに任侠が絡む。すると前掲史料の「走狗」や「狗馬」は、弋で鳥を捕る狩猟（弋猟・弋射）や、騎馬・馬車による狩猟（馳騁・馳逐）とは異なるもので、かつ勝敗を競う競技であり、したがって犬馬のレースの類であろう。なお『三国志』巻三二蜀書先主伝に「先主不甚楽読書、喜狗馬・音楽、美衣服」（二三二八頁）とあり、柿沼陽平『劉備と諸葛亮――カネ勘定の『三国志』』（文春新書、二〇一八年、六一頁）では先主劉備が若いころ犬や馬のレースをした意に解したが、それは以上の理由による。『三国志』は『三国志集解』（上海古籍出版社、二〇一二年）による。

＊58 『史記』巻一一七司馬相如列伝（三〇五三頁）。

＊59 武帝と田蚡の関係性は『史記』巻一〇七武安侯列伝（二八四四頁）、『漢書』巻五二田蚡列伝（二三七九～二三八一頁）。

＊60 『史記』巻八高祖本紀七年条（三八四～三八五頁）、『史記』巻九三韓王信列伝（二六三四頁）、『史記』巻一一〇匈奴列伝（二八九四頁）。

＊61 張家山第三三六号漢簡「功令」（第九七簡）。

＊62 『史記』巻一二三大宛列伝（三一五七頁）。

＊63 張家山第三三六号漢簡「功令」（第八七簡）。Hansen, Valerie, *The Silk Road, A New History with Documents* (Oxford: Oxford University Press, 2017): 47は、クシャーン（月氏）がもともと敦煌付近に住み、のちに匈奴に押されて西方へと移住したとする通説を批判する。だが前掲「功令」をみるかぎり、武帝期以前に漢帝国内（西北地域）に月氏が居住していたのは明白で、通説の妥当性を裏づける。

＊64 『史記』巻一二三大宛列伝（三一五七頁）。

＊65 『漢書』巻九四匈奴伝上（三七六五頁）。

＊66 『漢書』巻六一張騫伝（二六八七～二六八九頁）。

＊67 『史記』巻一二三大宛列伝（三一六六～三一六九頁）。

*68 『西京雑記』巻上（三八頁）、同（九三〜九四頁）。なお『西京雑記』巻下（早稲田大学蔵乾隆本）に「南越王献高帝石蜜五斛、蜜燭二百枚、白鷴黒鷴各一双、高帝大悦、厚報遣其使」（一一六〜一一七頁）とあるが、明・程栄校訂本（早稲田大学蔵）、清・呉士玉・沈敬宗輯『駢字類編』巻一三八采色門五所収『西京雑記』、清・張英・王士禎輯『淵鑑類函』巻三六〇火部二所収『西京雑記』は「閩越王」につくる。

*69 工藤元男「東アジア世界の形成と百越世界——前漢と閩越・南越の関係を中心に」（『アジア地域文化学の発展——21世紀COEプログラム研究集成』雄山閣、二〇〇六年、二九〜六三頁）。広州市文物考古研究所・中国社会科学院考古研究所編著『南越木簡』（文物出版社、二〇一二年、七〇〜七一頁）。

*70 吉開将人「印からみた南越世界（前篇）——嶺南古璽印考」（『東洋文化研究所紀要』第一三六冊、一九九八年、八九〜一三五頁）、同「印からみた南越世界（中篇）——嶺南古璽印考」（『東洋文化研究所紀要』第一三七冊、一九九九年、一〜四五頁）、同「印からみた南越世界（後篇）——嶺南古璽印考」（『東洋文化研究所紀要』第一三九冊、二〇〇〇年、一〜三八頁）。

*71 匈奴が南越との共同戦線構築を視野に入れていた点は『漢書』巻六一張騫伝（二六八七頁）。

*72 越の種族どうしで諍いがあり、漢はそれに介入した（『漢書』巻六武帝紀建元三年条〈一五八頁〉、『漢書』巻六四上厳助伝〈二七七六頁〉、『漢書』巻九五西南夷両粤朝鮮伝閩粤条〈三八六〇頁〉）。竇太后死後に武帝はさらなる侵攻を決断するが（『史記』巻一一三南越列伝〈二九七〇〜二九七一頁〉、『漢書』巻六武帝紀建元六年条〈一六〇頁〉）、陸路経由の攻撃は至難で、計画は頓挫した（『漢書』巻九五西南夷伝〈三八三九頁〉）。そこで巴蜀から水路をつたって南越を攻撃する作戦がたてられた

が、失敗に終わった（『漢書』巻九五西南夷伝〈三八三九～三八四〇頁〉）。
*73 『史記』巻二二漢興以来将相名臣年表元光二年欄（一一三四～一一三五頁）、『史記』巻一〇八韓長孺列伝（二八六二頁）、『史記』巻一一〇匈奴列伝（二九〇四～二九〇五頁）、『漢書』巻六武帝紀元光二年条（一六二～一六三頁）、『漢書』巻二七・五行志下（一四二六～一四二七頁）、『漢書』巻五二韓安国伝（二四〇四頁）。
*74 『史記』巻一一一衛将軍列伝（二九二二頁）。
*75 『史記』巻一一一衛将軍列伝（二九二二～二九二三頁）。
*76 『漢紀』巻第一〇孝武皇帝紀一建元二年（前一三九年）夏四月条（一五七頁）、同建元三年（前一三八年）春条（一五九頁）、『漢紀』巻第一二孝武皇帝紀三元朔二年（前一二七年）夏条（一九八頁）によれば、茂陵邑は建元二年に設置され、茂陵への徙民は建元三年と元朔二年の二度実施された。郭解の強制移住に際して衛将軍（衛青）が口添えしており、衛青の将軍就任は前一三〇年ゆえ、滝川資言『会注考証』は、郭解が第二回茂陵徙民時（元朔二年）に強制移住させられたとする。つまり前掲『漢紀』が郭解移住を建元二年に繫年しているのは誤り。『漢紀』は『両漢紀』上冊（中華書局、二〇〇二年）による。
*77 『三輔黄図』巻六陵墓引『三輔旧事』（三六八頁）。『三輔黄図』は何清谷『三輔黄図校釈』（中華書局、二〇〇五年）による。
*78 居延漢簡（E.P.T.595:82）。
*79 『漢書』巻二五郊祀志上（一二二八頁）。
*80 『漢書』巻八四翟法進伝（三四一六頁）。

*81 『漢書』巻五〇汲黯伝（二三一八頁）。閻愛民・趙璐「〝踞厠〟視衛青与漢代貴族的〝登溷〟習慣」（『南開学報〈哲学社会科学版〉』二〇一九年第六期、一三九～一四七頁）。

*82 『西京雑記』巻上（一八～一九頁）。

*83 『西京雑記』巻上（一八～一九頁）。

*84 『西京雑記』巻上（一八頁）。

*85 高村武幸「漢代地方官吏の社会と生活」（『漢代の地方官吏と地域社会』汲古書院、二〇〇八年、一九九～二三六頁）。

*86 渡辺信一郎「古代中国における小農民経営の形成」（『中国古代社会論』青木書店、一九八六年、一八～六二頁）。

*87 『漢書』巻八六王嘉伝（三四九四頁）によれば、元帝・成帝期には節約がなされ、外戚・寵臣といえども、その資産額が一〇〇〇万銭に達する者は少なかった。武帝期はこれよりも派手だが、おそらく全員が一〇〇〇万銭を超えるようなことはなかったであろう。

第七章

*1 劇孟は呉楚七国の乱以後も生きていたが、管見のかぎり、最後にみえるのは袁盎の死（景帝後期）以前である。『史記』巻一二一（二七四四頁）。

*2 居延漢簡（E.P.T.59:582）。

*3 『史記』巻一二二酷吏郅都列伝（三一三三頁）、『漢書』巻九〇酷吏郅都列伝（三六四七頁）にもほぼ同文あり。

*4 『漢書』巻九二游侠伝（三七〇〇頁）。

*5 Hill, Peter B.E. *The Japanese Mafia: Yakuza, Law, and the State* (Oxford: Oxford University Press, 2003).

*6 根岸佶『支那ギルドの研究』（斯文書院、一九三二年）。

*7 酒井忠夫『中国民衆と秘密結社』（吉川弘文館、一九九二年）。

*8 『史記』巻一二四游侠列伝（三一八九～三一九〇頁）、『漢書』巻九二游侠伝（三七〇五頁）。

*9 『漢書』巻四五江充伝（二一七八頁）、『漢書』巻六六公孫賀伝付公孫敬声伝（二八七八～二八七九頁）。

*10 『索隠』「旧解以趙他・羽公子為二人。今案、此姓趙、名他羽、字公子也」、師古注「拠京師而言、指其東西南北謂也。姓佗、名羽、字公子。佗、古他字」によれば、「東道」上の侠客の名前は、『史記』に「東道趙他羽公子」、『漢書』に「東道佗羽公子」につくり、趙他・羽公子の二名とする説、趙他羽（字は公子）とする説、佗羽（字は公子）とする説がある。だがみな違和感が残り、かれのみ字が特記されるのもおかしい。また『漢書』巻九七王莽伝上（四〇五一頁）によれば、二字の名は通常ありえないので、「他羽」を名とする可能性は低い。むしろ「羽公子」は「公羽子（翁子）」の誤りで、「趙翁子」や「佗翁子」か。また「郭公仲」を「郭翁中」、「鹵公孺」を「魯翁孺」につくる例から、「趙翁子」「佗翁子」は「趙公子」「佗公子」の可能性もある。さらに『史記』の「趙他」は直後の「趙調」に釣られて誤記されたもので、「佗翁子（佗公子）」の誤りか。

*11 盱眙県博物館「江蘇東陽小雲山一号漢墓」（『文物』二〇〇四年第五期、三八～四九頁）によれば、江蘇省盱眙県東部の馬壩鎮東陽村の秦漢東陽県城遺跡から漆器が出土し、「巨田萬歳」・「東陽盧里巨

田侯外家」等の文字がみえ、両面陰文の銅印も出土し、正面に「陳何賈」、背面に「陳君孺」に作る。五銖銭は同伴せず、出土器物の形状や組み合わせから前漢早・中期（元狩五年〈前一一八年〉以前）の埋葬と目される。ところで、楚漢戦争期に活躍した陳嬰は高祖六年一二月に堂邑侯に封じられ、恭侯禄・夷侯午が後継したのち国除となった（『史記』巻一八高祖功臣侯者年表）。堂邑県は現南京市六合区で、東陽県と近い。よって当該墓の「陳何賈」は陳嬰の子孫の可能性がある。以上が前掲報告書の内容である。これに対して周運中「盱眙小雲山漢墓陳君孺、巨田侯考」（復旦大学出土文献与古文字研究中心 http://www.fdgwz.org.cn/Web/Show/924、二〇〇九年九月二七日掲載、二〇一四年一月二三日閲覧）は『史記』巻一二四游侠列伝「田君孺」（三一八八頁）が『漢書』巻九二游侠伝に「陳君孺」（三七〇五頁）に作る点、上古音の「田」・「陳」が通仮し、戦国斉に出自する氏である点を指摘し、本墓出土銅印「陳君孺」を游侠田君孺（陳君孺）とする。周運中説が妥当であろう。前掲報告書によれば、本墓からは多くの漆器が出土し、周囲の墓も同様で、ゆえに当地は漆器生産が盛んだったとみられる。田君孺（陳君孺）もそれだけの財力を有したのであろう。

＊12　『史記』巻一二二酷吏王温舒列伝（三一五一頁）。

＊13　『漢書』巻七六張敞伝（三二二一頁）。

＊14　宣帝期の長安にも複数の俠客が入り乱れて「長者」などとよばれ、横暴を働いた。官吏が取り締まりを試みたが、成功したのは趙広漢・張敞などにすぎなかった。『漢書』巻七六趙広漢伝（三二〇二頁）、『漢書』巻八宣帝紀元康二年条（二五六頁）、『漢書』巻七六張敞伝（三二二一～三二二二頁）。

＊15　天長市文物管理所・天長市博物館「安徽天長西漢墓発掘簡報」（『文物』二〇〇六年第一一期、四～二一頁）、山田勝芳「前漢武帝代の地域社会と女性徭役——安徽省天長市安楽鎮十九号漢墓木牘か

ら考える」(『集刊東洋学』第九七号、二〇〇七年、一〜一九頁)。

＊16 『史記』巻一二四游俠列伝(三一八八頁)、『漢書』巻九二游俠伝(三七〇四頁)。

＊17 『史記』巻一二四游俠列伝(三一八六頁)。

＊18 司馬遷の生年は『史記』にも『漢書』にも明記されていない。ただし『史記』巻一三〇太史公自序(三二九五頁)によれば、武帝の泰山封禅は元封元年(前一一〇年)で、その前後に司馬談が亡くなった点は確実である。また『史記』巻一三〇太史公自序に「卒三歳而遷為太史令、紬史記石室金匱之書。五年而当太初元年、十一月甲子朔旦冬至、天暦始改……」(三二九六頁)とあり、「卒三歳而遷為太史令」は司馬談が亡くなって三年後の元封三年(前一〇八年)に司馬遷が太史令になったことをさす。「五年而当太初元年」は前一〇四年にあたる。元封七年夏五月に太初元年に改暦したので、前一〇四年は元封七年にもあたる。すると「紬史記石室金匱之書」はその五年前、つまり元封三年(前一〇八年)に遡る。ところで「五年而当太初元年」の『正義』に「案遷年四十二歳」とある。ゆえに王国維「太史公行年考」(『観堂集林』巻一一、中華書局、一九五九年版[初出一九二一年]、四八一〜五一四頁)は、太初元年(前一〇四年)に司馬遷が四二歳だったとし、司馬遷の生年を前一四五年とする。もっとも、「卒三歳而遷為太史令」の『索隠』引『博物志』「太史令茂陵顕武里大夫司馬遷、年二十八、三年六月乙卯除六百石」によれば、司馬遷が太史令になった元封三年(前一〇八年)に二八歳だったことになるが、王国維は「二十八」を「三十八」の誤記とし、うまく自説との整合性を図っている。梁啓超『要籍解題及其読法』(清華周刊叢書社、一九二五年、二三頁)、鄭鶴声編『司馬遷年譜』(商務印書館、一九五六年版[一九三三年初版]、九〜一〇頁)も王国維説と同じ。けれども、桑原隲蔵「司馬遷の生年に関する一新説」(『桑原隲藏全集』第二巻、岩

波書店、一九六八年、二三五〜二四五頁）は、前掲『博物志』は文字どおりに読むべきとし、司馬遷は元封三年（前一〇八年）に二八歳で、前一三五年生まれだとする。その場合、前掲『正義』「四十二歳」は「年三十二歳」の誤記であったことになる。李長之『司馬遷之人格与風格』（台湾開明書店、一九六八年、二三〜二六頁。和田武司訳『司馬遷——諷刺と称揚の精神』徳間書店、一九八〇年、二九八〜三〇三頁）も諸史料を挙げ、前一三五年とする。藤田勝久『司馬遷の旅——『史記』の古跡をたどる』（中公新書、二〇〇三年）も司馬遷の外遊場所と外遊目的を検討し、前一三五年とする。他方、張惟驤『太史公疑年考』（一九二七年、早稲田大学蔵）は前掲『正義』「案遷年四十二歳」を司馬遷の生涯が四二歳だった意とし、父司馬談が死んだ前一一〇年に司馬遷は二〇歳だったとし、さらに前掲『博物志』「三年六月乙卯」を太初三年（前一〇二年）とし、司馬遷の生年を前一二九年とする。だが朱桂昌編著『顓頊日暦表』（中華書局、二〇一二年、五二〇頁）や同編著『太初日暦表』（中華書局、二〇一三年、八頁）によれば、「乙卯」の日は元封三年六月にあるが、太初三年六月にはない。よって私見では、少なくとも前一二九年説は成立しない。では結局、前一四五年説と前一三五年説のどちらが妥当か。李長之は一〇の理由を挙げて前一三五年説を支持し、一見もっとも精緻だが、じつは論拠の大半はいかようにも解釈できる。しかしそのなかでも、司馬遷が獄中の任安に宛てた手紙に「僕（柿沼補——司馬遷）頼先人緒業、得待罪輦轂下、二十余年矣」（『漢書』巻六二司馬遷伝、二七二七頁）とあり、司馬遷が武帝に仕えて二十余年になるとする点は重要である。任安の益州刺史就任は田仁の丞相長史就任と同時期で、田仁は就任後に杜周（〜前九四年）・石慶（〜前一〇三年）の親族を攻撃している（『史記』巻一〇四田叔列伝褚少孫補、二七八一〜二七八二頁）。ゆえに任安の益州刺史就任は前一〇三年以前に遡る。任安は前九八年に宮刑に処された司馬遷に書信をしたためた。その数年後に司馬遷が返信したのが前掲司馬遷伝所載の手紙で、そこには任安が当時獄中にいた点が明記されている。すると任安は前九一年に刑死したので、司馬遷の返信時期は前九一年の可能性がある。だが任安は、じつはそれ以前にも死刑相当の罪を犯したことが何度かあり（『史記』巻一〇四田叔列伝褚少孫補、二七八二〜二七八三頁）、返信は前九一年以前のものの可能性もあり、王国維や鄭鶴声は前九三年とする。司馬遷の仕官はその「二十余年」前で、かりに約二一〜二五年前とすれば、初仕官は前一一八〜前一一二年となろう。司馬遷の郎中任官は二〇歳以後だが（太史公自序）、さすがに三〇代では遅すぎる。すると李長之も指摘するように、やはり司馬遷は前一三五年に生まれ、前一一五年前後に二〇〜二二歳で郎中となったか。

＊19　『史記』巻一三〇太史公自序（三二九三頁）、『集解』（三二九三頁）、『正義』（三二九三頁）によれば、司馬遷は夏陽県の人。また『漢書』巻二八地理志上（一五四五頁）、顔師古注（一五四五頁）によれば、「左馮翊」属県に「夏陽」があり、左馮翊は高祖九年〜武帝建元六年に内史だった。

＊20　『史記』巻一三〇太史公自序（三二九三頁）によれば、司馬遷が夏陽県で幼少期を送ったことは間違いなく、それは少なくとも一〇歳で古文を学ぶときまで続いたとみられる。

＊21　『太平御覧』巻二三五職官部三三太史令条引『漢旧儀』（一一一四頁）、『西京雑記』巻第六漢太史公条（二五五頁）。

＊22　『史記』巻一三〇太史公自序「二十而南游江・淮、上会稽、探禹穴、闚九疑、浮於沅・湘。北渉汶・泗、講業斉・魯之都、観孔子之遺風、郷射鄒・嶧。戹困鄱・薛・彭城、過梁・楚以帰」（三二九三頁）。

＊23　司馬遷の旅行については、藤田勝久『司馬遷の旅』。

＊24　『史記』一三〇太史公自序、『索隠』引『博物志』（三二九六頁）。辛徳勇「重談中国古代以年号紀年的啓用時間」（『建元与改元――西漢新莽年号研究』中華書局、二〇二〇年、一～一〇一頁）によれば、太初元年（前一〇四年）以前の元号は後付けで、前一〇八年に「元封」の元号はない。前掲『博物志』は「元封三年」でなく「三年」に作り、史料的信頼度が高い。

＊25　藤田勝久『司馬遷の旅』（一一～一二頁）。ただし藤田は、司馬遷生年一三五年説を採り、かつ司馬遷の郭解に対する印象は「茂陵か長安での見聞にもとづく」とする。だが郭解は史料上、長安に赴いた形跡がなく、茂陵には前一二七年に移っており、生年一三五年説によれば前一二七年に司馬遷は九歳で、当時はまだ夏陽県にいた可能性が高い。

＊26　李長之（和田武司訳）「司馬遷の生年について」（『司馬遷――諷刺と称揚の精神』徳間書店、一九八〇年、二九八～三〇三頁）。

＊27　『太平御覧』巻二三五職官部三三太史令条（一一一四頁）によれば、司馬談以前に唐都が太史令になっている。『漢書』巻一三〇太史公自序（二七〇九頁）によれば、司馬談は唐都に師事し、建元～元封年間に朝廷に仕えている。『史記』巻二六暦書（一二六〇頁）によれば、唐都は武帝が招致した方士であり、かれが太史令に就いたのも武帝期である。『漢書』巻二五郊祀志上（一二二一頁）によれば、遅くとも元狩二年（前一二一年）には司馬談が太史令に就いている。『史記』巻一三〇太史公自序「喜生談、談為太史公」の『索隠』引『茂陵書』によれば、司馬談は太史令就任以前に太史丞だった。以上によれば、司馬談は建元年間（前一四〇～前一三五年）に仕官し、唐都のもとで天文を学び、太史丞に昇進し、前一二一年以前に太史令に就任していたことになる。

＊28　柿沼陽平『古代中国の24時間――秦漢時代の衣食住から性愛まで』（中公新書、二〇二一年、一四

五頁）。岳麓伍（第一三四〜一三五簡）。

＊29　『史記』巻一二四游俠列伝（三一八九頁）。

＊30　仲山茂「漢代の掾史」（『史林』第八一巻第四号、一九九八年、六七〜九九頁）。

＊31　『漢書』巻九二游俠伝、顔師古注（三七〇四頁）。

＊32　『史記』巻一二四游俠列伝（三一八七〜三一八八頁）。

＊33　濱口重國「漢代に於ける地方官の任用と本籍地との関係」（『秦漢隋唐史の研究』下巻、東京大学出版会、一九六六年、七八七〜八〇七頁）。

＊34　『史記』巻一二〇汲黯列伝（三一〇五頁）、『漢書』巻五〇汲黯伝（二三一六頁）。

＊35　紙屋正和「両漢時代における県・道の長吏の任用形態とその変遷」（『漢時代における郡県制の展開』朋友書店、二〇〇九年、四六〇〜五三六頁）。当時は、まずある程度の中央官（比二百石以上）に採用されたのち、二千石・公卿へ昇進するキャリアと、県・道の長吏には原則昇れぬノンキャリアがいた。キャリアは特権階級の子（任子・良家子・恩倖）、実家が金持ちの者（富訾）、高級官吏の被推薦者（献策・上言・推薦・察挙）、特殊技能保持者（学問・軍功・孝・任俠）より選ばれ、ノンキャリアは「功」・「労」を積みかさねるほかない。「労」は勤務期間。「功」もおおむね勤務期間をさし、「労四年＝功一」だった。「功」・「労」については、胡平生「居延漢簡中的〝功〟与〝労〟」（『文物』一九九五年第四期、五一〜五五頁、『胡平生簡牘文物論稿』中西書局、二〇一二年、一六四〜一七〇頁所収）、大庭脩「漢代における功次による昇進」（『秦漢法制史の研究』創文社、一九八二年、五四六〜五六六頁）、朱紹侯「西漢的功労・閥閲制度」（『軍功爵制考論』商務印書館、二〇〇八年、三四五〜三六七頁）、佐藤達郎「漢代官吏の考課と昇進――功次による昇進を中心として」（『古

代文化』第四八巻第九号、一九九六年、五三三〜五四二頁）参照。荊州博物館・彭浩主編『張家山漢墓竹簡〔三三六号墓〕』（文物出版社、二〇二二年）には「功令」が含まれている。
＊36 『漢書』巻八三朱博伝（三三九九〜三四〇〇頁）。
＊37 『史記』巻一二四游俠列伝（三一八七頁）。
＊38 門闕に訴え出る背景については、曾磊「宮闕意象与皇権威儀」（『門闕・軸線与道路――秦漢政治理想的空間表達』広西師範大学出版社、二〇二〇年、一〜一六頁）。
＊39 『史記』巻一二四游俠列伝（三一八八頁）。
＊40 関治中・李金俠「臨晋関考証――関中要塞研究之五」（『渭南師範学院学報〈社会科学版〉』二〇〇〇年第三期、一一一〜一一五頁）。
＊41 「二年律令」津関令（第四九二簡）。
＊42 『史記』巻一二四游俠列伝（三一八八頁）。
＊43 大庭脩「漢代の関所とパスポート」（『秦漢法制史の研究』創文社、一九八二年、五九三〜六二五頁）。
＊44 肩水金関漢簡（73EJF3:175+219+583+196+407）。肩水金関漢簡を用いた「伝」の研究に、たとえば鷹取祐司「肩水金関遺址出土の通行証」（『古代中世東アジアの関所と交通制度』立命館大学、二〇一七年、一七五〜三三五頁）がある。
＊45 劉欣寧「漢代「伝」中的父老与里正」（『早期中国史研究』第八巻第二号、二〇一六年、五三〜七七頁）。
＊46 劉欣寧「秦漢時代の戸籍と個別人身支配――本籍地に関する考察」（『史林』第九五巻第六号、二

〇一二年、一～三四頁）。
＊47　岳麓肆（第二七六～二七七簡）。
＊48　胡家草場漢簡（第一三二九簡）。
＊49　『史記』巻一二四游俠列伝（三一八八頁）。「所過輒告主人家」の七字をめぐっては諸説ありうるが、ここでは「（郭解は）立ち寄った先で、そのたびに（自らの素性を）宿泊先に告げた」と解しておく。
＊50　『史記』巻一二四游俠列伝（三一八八頁）。
＊51　『史記』巻一二四游俠列伝（三一八八頁）。
＊52　『史記』巻一二四游俠列伝（三一八八頁）。
＊53　江村治樹「「賢」の観念より見たる西漢官僚の一性格」（『東洋史研究』第三四巻第二号、一九七五年、一九三～二一三頁）。

第八章

＊1　闘殺（闘争・格闘・喧嘩で相手を死に至らしめること）や賊殺（加害者が被害者を故意に一方的に殺害すること）は棄市だった。だが棄市には原則的に縁坐がない。水間大輔「秦律・漢律における殺人罪の処罰」（『秦漢刑法研究』知泉書館、二〇〇七年、九七～一三四頁）。
＊2　『史記』巻一二四游俠列伝（三一八八頁）。
＊3　柿沼陽平編訳注『岳麓書院蔵秦簡「為獄等状四種」訳注』（平凡社東洋文庫、二〇二四年、五五～五六頁）。
＊4　鷹取祐司「漢代の死刑奏請制度」（『史林』第八八巻第五号、二〇〇五年、七二六～七四五頁）は、

漢代の県に専殺権(死刑の量定と執行の権限)があったとの通説を批判し、県にその権限はなく、郡も死刑の論(量定・判決)はしえても、死刑執行の権限をもたず、執行前に皇帝に判断を仰いだとした。県に関してはそのとおりである。だが郡に関する指摘については石岡浩書評(『法制史研究』第五六号、二〇〇六年、二六〇~二六三頁)が疑義を呈する。また水間大輔「漢律令において「不道」とされる行為と処罰」(『中国隋唐律十悪起源考』成文堂、二〇二四年、二一三~二五〇頁)は、死刑にあたる事件の場合、県・道は審理を終えても刑罰を執行してはならず、郡守へ報告し、郡守は都吏に再審理を行わせ、都吏は郡守に結果を報告し、郡守・郡丞はさらに審理し、刑罰執行すべきと判断した場合、県に通告して死刑を執行させたとする。さらに律令に定められていない行為などの特定の場合については、郡でも最終的な判決は下せず、廷尉府へ審理結果を上申し、廷尉も判決を下せぬ場合に皇帝に上聞されたとする。たしかに「漢律十六章」(第一一四~一一八簡)、同簡(第一一九~一二〇簡)によれば、県が裁判案件(ただし死刑以外)の「断獄」・「讞(讞)」・「治論」の権限を有し、死刑相当の案例のみが郡へ報告され、郡で「論」(論罪)がなされた。また「功令」(第五九~六二簡)によれば、「治獄」経験三年以上で三〇~四五歳の県の役人(属尉佐有秩・斗食嗇夫・獄史・令史)が郡吏になりたい場合、「大獄・獄計・奏讞(讞)・律令有罪名者」にかんする試験が課され、これも郡吏が一定の「治獄」・「論」の業務にかかわり、郡でも判例をみいだせぬ案例のみ、中央の廷尉へ「奏讞」されていたことをしめす。岳麓柒(第一八〇簡)には、廷尉が毎年郡ごとの獄の総人数を調べ、「率讞(讞)及奏移廷者人数」が最多なら「殿」(ビリ)の評価を下したともあり、この「讞(讞)」は郡で判決困難とされた案件であろう。

＊5　鷹取祐司「漢代の詔書下達における御史大夫と丞相」(『秦漢官文書の基礎的研究』汲古書院、二

○一五年、二〇三～二四二頁）。

＊6　『史記』巻二二漢興以来将相名臣年表元朔三年（前一二六年）欄、同元朔五年（前一二四年）欄（一一三六～一一三七頁）によれば、公孫弘が御史大夫だったのは前一二六年～前一二四年一一月。『漢書』巻一九・百官公卿表下元朔三年（前一二六年）欄（七七二頁）もそれを裏づける。

＊7　『史記』巻二二漢興以来将相名臣年表元光四年（前一三一年）欄（一一三五頁）、同元朔五年（前一二四年）欄（一一三七頁）によれば、前一二六年前後の丞相は薛澤。『漢書』巻一九・百官公卿表下元朔三年（前一二六年）欄の前後もそれを裏づける。さらに『史記』巻二二漢興以来将相名臣年表元光六年（前一二九年）欄（一一三五～一一三六頁）、同元朔元年（前一二八年）欄（一一三六頁）、同元朔五年（前一二四年）欄（一一三六～一一三七頁）によれば、前一二六年ころの太僕は公孫賀、車騎将軍は衛青、衛尉は韓安国か蘇建で、『漢書』巻一九・百官公卿表下元朔三年（前一二六年）欄（七七二頁）によると、元朔三年に蘇建が衛尉となっているので、韓安国が衛尉なのはそれ以前である。加えて『漢書』巻一九・百官公卿表下元朔三年（前一二六年）欄の前後をみると、太尉は建元二年（前一三九年）以来省かれており、前一二七～前一二四年の太常は孔臧である。郎中令は不明である。前一三〇～前一二六年の廷尉は翟公、のち張湯である。大行令は前一二九年に丘（姓不明）が就いている。大農令は前一三〇年以来、鄭当時である。前一二九年に趙禹が中尉、前一二六年に孟賁が少府、李息が中尉となっている。前一三五～前一二四年の主爵都尉は汲黯である。また百官公卿表下元朔四年欄（七七二頁）によれば前一二五年に劉棄が宗正に就いたかのごとくで、それ以前の宗正は不明だが、『史記』巻一二〇汲黯列伝（三一〇六頁）、『集解』引徐広曰（三一〇六頁）によれば、田蚡（～前一三一年）の丞相就任時にすでに宗正は劉棄（もしくは劉棄疾）だった

ようにもみえ、実情はよくわからない。また前一二六年に李沮が左内史となっている。

*8 西安市文物保護考古所（后暁栄・孫福喜）「西安市長安区西北政法学院西漢張湯墓発掘簡報」（『文物』二〇〇四年第六期、二二～二八頁）。

*9 『漢書』巻八三朱博伝（三四〇五頁）。

*10 『漢書』巻八四翟方進伝（三四二一頁）、『漢旧儀』（六八～六九、七二頁）によれば、武帝期元狩六年（前一一七年）の丞相府の吏は三八二人、綏和二年（前七年）には三百余人。御史府は丞相府と同じく、元封元年（前一一〇年）以後には増員し、三四一人を擁したようで、それ以前は三四一人未満だったはずである。そこでここでは二、三〇〇名と見積もっておく。『漢旧儀』は清・孫星衍等輯『漢官六種』（中華書局、一九九〇年）による。

*11 大庭脩「漢律における「不道」の概念」（『秦漢法制史の研究』創文社、一九八二年、一四〇頁）、水間大輔「漢律令において「不道」とされる行為と処罰」（『史滴』第四三号、二〇二一年、二～二三頁）。

*12 『漢書』巻四九鼂錯伝（二三〇二頁）、『漢書』巻八一孔光伝（三三五五頁）。なお宣帝期には大逆無道罪で腰斬となった者がいても、その妻子が酒泉郡への流刑ですんだ例もある（『漢書』巻六六楊敞伝付楊惲伝、二八九八頁）。

*13 『潜夫論』巻四述赦篇（一九一頁）。

*14 『漢書』巻四九鼂錯伝（二三〇二頁）。

*15 『史記』巻一二〇汲黯列伝（三一〇七頁）。

*16 『史記』巻九七酈生列伝（二六九二頁）、『史記』巻九七陸賈列伝（二六九九頁）。

＊17　陸賈の著作として『新語』が挙げられることもあるが、『新語』を後世の偽書とみなす説もあり、陸賈の思想の復元はむずかしい。福井重雅『陸賈『新語』の研究』（汲古書院、二〇〇二年）。
＊18　『漢書』巻二二礼楽志（一〇三〇頁）、『新書』巻第一数寧篇（二九頁）、『漢書』巻四八賈誼伝（二二五三頁）。『新書』は『新書校注』（中華書局、二〇〇〇年）による。
＊19　唐雄山『賈誼礼治思想研究』（中山大学出版社、二〇〇五年）。
＊20　池田敦志「賈誼の対諸侯王政策と呉楚七国の乱――前漢代地方支配体制の変遷よりみた」（『早稲田大学大学院文学研究科紀要』第四冊、第五三号、二〇〇七年、六九～八二頁）。
＊21　池田敦志「賈誼の対匈奴政策――前漢代対匈奴戦争におけるその実効性について」（『早稲田大学大学院文学研究科紀要』第四冊、第五五号、二〇一〇年、八七～一〇二頁）。
＊22　浅野裕一『黄老道の成立と展開』（創文社、一九九二年）。
＊23　『漢書』巻五六董仲舒伝（二五〇五頁）、同伝（二五一五頁）。『春秋繁露』巻第一〇深察名号篇（三〇二頁）。『春秋繁露』は『春秋繁露義証』（中華書局、一九九二年）による。
＊24　平井正士「漢代に於ける儒家官僚の公卿層への浸潤」（『歴史における民衆と文化――酒井忠夫先生古稀祝賀記念論集』国書刊行会、一九八二年、五一～六五頁）。一方、渡邉義浩『後漢国家の支配と儒教』（雄山閣、一九九五年、一二六～一二七頁）によれば、後漢時代に儒生が「三公」にのぼった比率は初期に七七％、中期に七六％、後期に八三％、末期に五一％にのぼった。
＊25　曽磊「儒学流布与学術地理」（『門闕・軸線与道路――秦漢政治理想的空間表達』広西師範大学出版社、二〇二〇年、一五五～二三四頁）が博士の任官者・出自・活動領域等を一覧表にしている。
＊26　福井重雅『漢代儒教の史的研究』（汲古書院、二〇〇五年）。

＊27『史記』巻一一二平津侯列伝（二九四九頁）。

＊28『史記』巻一一二平津侯列伝（二九五〇頁）。

＊29『史記』巻一一二平津侯列伝（二九五一頁）、『西京雑記』巻第四（一六〇頁）。

＊30『史記』巻一一二平津侯列伝（二九五〇頁）、『漢書』巻五八公孫弘伝（二六一九頁）、『漢書』巻六四上朱買臣伝（二七九一～二七九二頁）、中嶋長文校・伊藤令子補正・平田昌司『魯迅『古小説鈎沈』校本』（京都大学文学研究科中国語学中国文学研究室、二〇一七年）所引『漢武故事』（五一〇頁）。

＊31『史記』巻一一二平津侯列伝（二九五一頁）。

＊32『申鑑』時事篇（九五～九六頁）。『後漢書』巻三五鄭玄列伝論賛（一二一三頁）。

＊33 野間文史『春秋学』（研文出版、二〇〇一年、四八～五二頁）。その後、出土文字資料研究の進展にともない、論争は激しさを増したが、学界の総意はなお得られていない。

＊34 この点は海昏侯墓出土簡牘に公羊伝系史料がみえることからも裏づけられる。徐長青主編『海昏侯墓出土文物研究』（科学出版社、二〇二三年、二三六頁）参照。

＊35 日原利国「漢代の刑罰における主観主義」（『漢代思想の研究』研文出版、一九八六年、八三～一〇二頁）。

＊36 日原利国「侠気と復讐」（『春秋公羊伝の研究』創文社、一九七六年、四九～九七頁）。

＊37『史記』巻一一二平津侯列伝（二九四九頁）。

＊38『漢書』巻五〇汲黯伝（二三一六頁）。

＊39『漢書』巻五〇汲黯伝（二三一七頁）。

＊40 『漢書』巻五〇汲黯伝（二三一九頁）。
＊41 『漢書』巻五〇汲黯伝（二三一九頁）。
＊42 皇帝がその場で臣民を手討ちにすることは十分ありえたし、その場合の決定権は皇帝に専属した。『史記』巻一〇二張釈之列伝（二七五四～二七五五頁）。
＊43 影山輝國「漢代「順気行罰」考」（『東洋文化研究所紀要』第一三三巻、一九九七年、一～三二頁）。
＊44 西田太一郎「刑罰と陰陽・季節」（『中国刑法史研究』岩波書店、一九七四年、二九九～三〇九頁）。
＊45 宋傑「漢代的郡県監獄」（『漢代監獄制度研究』中華書局、二〇一三年、一七六～二二二頁）。
＊46 宋傑「漢代監獄建置設施叢考」（『漢代監獄制度研究』中華書局、二〇一三年、二八〇～二九八頁）。
＊47 『史記』五七絳侯周勃世家（二〇七三頁）は、絳侯周勃が嫌疑を受けて獄に下され、のち出獄したときの台詞がみえ、獄吏の裁量次第で収監者の待遇が変わることをしめす。
＊48 『後漢書』巻八一独行陸続伝（二六八二～二六八三頁）。
＊49 『漢書』巻九〇義縦伝（三六五四頁）。
＊50 『漢書』巻七六王章伝（三二三九頁）。
＊51 『宋書』巻六九范曄列伝（一八一九～一八三二頁）。福井重雅編『中国古代の歴史家たち――司馬遷・班固・范曄・陳寿の列伝訳注』（早稲田大学出版部、二〇〇六年、一三八～一九八頁）。
＊52 『漢書』巻六八霍光伝（二九四六頁）。
＊53 『漢書』巻七六韓延寿伝（三二一六頁）。
＊54 『史記』巻九六張丞相列伝（二六七五頁）、『史記』巻九一黥布列伝（二六〇〇頁）。
＊55 冨谷至「漢の縁坐制――その廃止と変遷」（『秦漢刑罰制度の研究』同朋舎、一九九八年、二四七

～二八四頁）。
＊56　湖南省益陽兎子山第九号井遺址出土簡（第三・二簡）によれば、棄市で一〇日間晒された者がいたようだ。湖南省文物考古研究所・益陽市文物処「湖南益陽兎子山遺址九号井発掘簡報」（『文物』二〇一六年第五期、三二～四八頁）参照。
＊57　『漢書』巻八一孔光伝（三三五五頁）。
＊58　『史記』巻一二〇鄭荘列伝（三一一四頁）。
＊59　『説苑』巻第一六談叢篇（三九六頁）。『説苑』は『説苑校証』（中華書局、一九八七年）による。
＊60　『文選』巻第五九碑文下所収沈休文「斉故安陸昭王碑文」「潁川時雨、無以豊其沢」（二五五三頁）、唐・李善注引趙岐『三輔決録』（二五五三頁）。『文選』は中国古典文学叢書『文選』（上海古籍出版社、一九八六年）による。
＊61　『後漢書』巻三一郭伋列伝（一〇九一～一〇九三頁）。
＊62　「劉忻墓誌」（北斉武平二年〈五七一年〉五月三日）には劉忻の祖父劉耳を評価する文がみえ、「魏使持節・衛将軍・涇州刺史。……褰惟（帷）望境、賈琮之化非淳。停□待信、郭伋之期眇小」とある。ここで劉耳は、前漢の名地方官の賈琮と郭伋に比せられている。本墓誌は一八九三年に河北省磁県（山東省益都県や山東省費県とする説もある）出土とされ、原石は現存しないが、台湾国家図書館等に拓本が残る。毛遠明校注『漢魏六朝碑刻校注』（線装書局、二〇〇八年、三七八～三八〇頁）。
＊63　「蕭憺墓誌」（南朝梁・普通三年〈五二二年〉一一月八日）。蕭憺は『梁書』巻二二太祖五王始興王憺列伝（三五三～三五六頁）。蕭憺墓誌碑石は江蘇省上元県黄城村に現存する。高さ四・八三m、幅

二・〇七mで、碑面の保存状況はよくなく、釈文には諸説あり、清・王昶『金石萃編』以来の研究がある。

＊64 『全唐文』唐文続拾巻一五闕名所収「郭柱国墓誌」（七〇頁）。『全唐文』は、清・董誥等編『全唐文』（上海古籍出版社、一九九〇年）による。

＊65 柿沼陽平「『漢書』をめぐる読書行為と読書共同体——顔師古注以後を中心に」（榎本淳一編『古代中国・日本における学術と支配』同成社、二〇一三年、七五〜一〇一頁）、柿沼陽平「『漢書』をめぐる読書行為と読者共同体——顔師古注以前を中心に」（『帝京史学』第二九号、二〇一四年、二九〜六八頁）。

＊66 Liu James J. Y., *The Chinese Knight-errant* (London: Routledge and Kegan Paul, 1967): 55-80 は游俠に関する歴代の詩歌を収集・分析している。そこにみられるとおり、任俠にたいして批判的な詩歌もある。

＊67 『楽府詩集』巻第三九相和歌辞一四瑟調曲四唐・戴暠「煌煌京洛行五解」（五八四頁）、同書巻第六六雑曲歌辞六唐・盧照鄰「結客少年場行九首」（九五一頁）。『楽府詩集』は中華書局本（一九七九年）による。

エピローグ

＊1 『韓非子』五蠹篇（四四八〜四四九頁）。『韓非子』は『韓非子集解』（中華書局、一九九八年）による。

＊2 マックス・ウェーバー（中山元訳）『職業としての政治』（日経BP社、二〇〇九年、一〇〜一一

頁）。

＊3 Anter, Andreas, *Max Weber's Theory of the Modern State* (New York: Palgrave Macmillan, 2014).

＊4 ヴァルター・ベンヤミン（野村修編訳）「暴力批判論」（『暴力批判論 他十篇』岩波書店、一九九四年、二九～六五頁）。なお中国史学における国家論の援用については、王震中（柿沼陽平訳）「国家形成にかんする理論的問題」（『中国古代国家の起源と王権の形成』汲古書院、二〇一八年、三～一〇六頁）参照。

＊5 中国古代の復讐と法の関係については、穂積陳重『復讐と法律』（岩波文庫、一九八二年［初出一九三一年］）、西田太一郎「復讐と刑罰」（『中国刑法史研究』岩波書店、一九七四年、九五～一一九頁）、牧野巽「漢代における復讐」（『牧野巽著作集第二巻 中国家族研究（下）』御茶の水書房、一九八〇年、三～五九頁）、冨谷至「「正義」の殺人」（『漢唐法制史研究』創文社、二〇一六年、四七一～五〇八頁）で史料がほぼ網羅されている。

＊6 日原利国「侠気と復讐」（『春秋公羊伝の研究』創文社、一九七六年、四九～九七頁）。

＊7 『後漢書』巻六七党錮列伝（二二一七頁）。

＊8 前漢後期以降に儒学が台頭し、体系化される。そのときの視角から武帝期以前の儒学史を眺めると、そこには未成熟な点があり、儒学の輪郭自体にも曖昧さが残るようにみえる。しかしこれは進化論的に儒学を捉えた結果にすぎず、前漢前期以前のいわゆる儒学の実態解明はなお課題として残されている。そのうえで指摘すべきは、戦国秦～統一秦のいわゆる為吏文書（模範的官吏像をしめす文書。「為吏之道」・「為吏治官及黔首」・「従政之経」等をふくむ）に儒学的徳目がふくまれていることである。

＊9　『漢書』巻一〇〇叙伝（四二六七頁）。
＊10　漢帝国のいわゆる儒教国教化については従来諸説ある。前章で論じたように、本書では福井重雅『漢代儒教の史的研究』（汲古書院、二〇〇五年）に従い、少なくとも武帝期でなく、それ以後と解する。ただし具体的時期については福井以降も渡邉義浩『後漢国家の支配と儒教』（雄山閣、一九九五年）や井ノ口哲也『後漢経学研究序説』（勉誠出版、二〇一五年）等がある。
＊11　『漢紀』孝武皇帝紀一建元二年条荀悦注（一五八頁）、巻第一一淵騫篇（四二三頁）、同篇（四三七頁）。
＊12　ニーチェ（中山元訳）『道徳の系譜学』（光文社文庫、二〇〇九年）。
＊13　最高裁判所が一九八三年に永山則夫（一九六八年に四人殺害）に死刑判決を下したときに提示した基準（いわゆる永山基準）が、現在も大きな影響力をもっている。それは、被害者の人数のみならず、罪質・動機・態様（執拗さや残虐性）・結果の重大性・遺族の被害感情・社会的影響・犯人の年齢・犯人の前科・犯行後の情状を総合的に検討するものである。その後、いわゆる光市母子殺害事件や三島女子短大生暴行焼殺事件等の裁判もあり、一人殺害でも死刑判決が出る場合もあるが、目下なお異例である。
＊14　Hirschman, Albert Otto, *Exit, Voice, and Loyalty: Responses to Decline in Firms, Organizations, and States* (Cambridge: Harvard University Press, 1970), 矢野修一訳『離脱・発言・忠誠——企業・組織・国家における衰退への反応』（ミネルヴァ書房、二〇〇五年）参照。
＊15　イェーリング（村上淳一訳）『権利のための闘争』（岩波書店、一九八二年）は、「歴史的発展の相においてとらえられた法は、追求・争奪・闘争の姿、苦しい努力の姿をとる」、「最も単純な法命題

でさえ、きびしい闘争によってかち取られた後にようやく争いの余地なき一般的承認を得るに至ったに違いない」と主張する。イェーリングによれば、「権利の侵害によって、権利者は次の問題に直面することになる。権利を主張して侵害者に抵抗すること、すなわち闘うことを選ぶか、それとも、闘争を避けるために権利を見棄てるべきか」。そしてイェーリング本人は「権利のための闘争は、権利者の自分自身に対する義務である」と結論づけている。

＊16　トップクラスの官吏のなかにも、報仇を願い出てきた者にみずからの剣を与える者がいた。『漢書』巻八三朱博伝（三四〇七頁）。

＊17　歴代中国の報仇例は、王立・劉衛英編『中国古代俠義復仇史料萃編』（斉魯書社、二〇〇九年）。

＊18　たとえば龐淯の母は、親族の仇を白昼堂々刺殺している。彼女は、とばりをおろした馬車にひそみ、袖のなかに剣を隠し、なんと都亭（警察署）のまえで報仇を果たし、そのまま出頭している。そして県令は、それを許すばかりか、のちに彼女は恩赦によって完全に無罪放免となっている。加えて、そのあたりの州郡では彼女を称賛する声が高まり、やがて彼女の行為は石碑に刻まれて顕彰されたという（『後漢書』巻八四列女伝〈二七九六～二七九七頁〉）。

＊19　相田洋「境界の原理――義と社」（『橋と異人――境界の中国中世史』研文出版、二〇〇九年、一三～三九頁）。

＊20　『漢書』巻八六王嘉伝（三四九八頁）。

＊21　実名ならなにをしてもよいというわけではない。戦国時代の思想家墨子はつとにその点に気づき、みずからの立ち居振る舞いに細心の注意を払う者こそ君子だとする。そして心には愛が、所作には恭しさが、言葉には善言と信頼が欠かせず、多言を弄する必要はないと説く。『墨子』修身篇「是故

先王之治天下也、必察邇来遠、君子察邇而邇修者也。見不修行、見毀、而反之身者也、此以怨省而行修矣」ほか（八〜一一頁）。『墨子』は孫詒譲『墨子間詁』（中華書局、二〇〇一年）による。

＊22　厳振南「施恩与報恩――从《史記》刺客行為的価値補償看刺客与游俠的差異」（『鶏西大学学報』第一六巻第五期、二〇一六年、一一〇〜一一三頁）等は刺客と游俠を区別する。

＊23　宮崎市定「游俠に就て」（『宮崎市定全集5 史記』岩波書店、一九九一年、二六七〜二八四頁）。

＊24　増淵龍夫「戦国秦漢社会の構造とその性格」（『新版 中国古代の社会と国家』岩波書店、一九九六年、七七〜一一八頁）。

＊25　東晋次「中国古代の社会的結合――任俠的習俗論の現在」（『中国史学』第七号、一九九七年、一五一〜一七〇頁）。

＊26　『史記』巻一二四游俠列伝（三一八一頁）。

＊27　高祖劉邦も施しを好んだ。劉邦が兄と仰いでいた王陵は任俠気質な「県豪」で、若かりし劉邦も任俠だった。郭解も劉邦も家庭での労働に従事せず、まっとうな収入源があったとは考えにくいが、それでも任俠的名声を得たのは、かれらの「施し」が評価されたためである。『史記』巻八高祖本紀（三四二頁）。

＊28　『漢紀』孝武皇帝紀一建元二年条荀悦注（一五八頁）。

＊29　『淮南子』氾論訓（四六一頁）。『淮南子』は『淮南鴻烈集解』（中華書局、一九八九年）による。

＊30　ジャック・デリダ（高橋允昭訳）「時間を――与える」（『他者の言語』法政大学出版局、一九八九年、五九〜一四五頁）。ただしデリダの場合、とくにジャック・デリダ（廣瀬浩司・林好雄訳）『死を与える』（ちくま学芸文庫、二〇〇四年）では、人間存在のまったき他者との関係にかんする文脈

でこの説明がなされている点は留意を要する。

＊31 『史記』巻一二〇汲黯列伝（三一〇六頁）。

＊32 Iacoboni, Marco, *Mirroring People: The New Science of How We Connect with Others* (New York: Farrar,Straus & Giroux, 2008), 塩原通緒訳『ミラーニューロンの発見――「物まね細胞」が明かす驚きの脳科学』（早川書房、二〇一一年）。

＊33 Zak, Paul J., *The Moral Molecule: The Source of Love and Prosperity* (New York: Dutton Adult, 2012), 柴田裕之訳『経済は「競争」では繁栄しない』（ダイヤモンド社、二〇一三年）。

＊34 Graeber, David Rolfe, *Debt: The First 5000 Years* (New York: Melville House, 2011)。酒井隆史監訳、高祖岩三郎・佐々木夏子訳『負債論――貨幣と暴力の五〇〇〇年』（以文社、二〇一六年）。

＊35 孫瑛鞠「梁啓超の近代国民思想の形成――「任侠」から「新民」へ」（『岡山大学大学院社会文化科学研究科紀要』第四二号、二〇一六年、九五～一一一頁）、孫瑛鞠「清末中国知識人の近代日本認識――「任侠」を中心に」（『岡山大学大学院社会文化科学研究科紀要』第四六号、二〇一八年、二〇五～二二〇頁）。

【著者】
柿沼陽平（かきぬま ようへい）
1980年生まれ。現在、早稲田大学文学学術院教授、長江流域文化研究所所長。博士（文学）。主な著書に、『中国古代貨幣経済史研究』『中国古代貨幣経済の持続と転換』（ともに汲古書院）、『中国古代の貨幣——お金をめぐる人びとと暮らし』（吉川弘文館）、『劉備と諸葛亮——カネ勘定の『三国志』』（文春新書）、『古代中国の24時間——秦漢時代の衣食住から性愛まで』（中公新書）、『岳麓書院蔵秦簡「為獄等状四種」訳注——裁判記録からみる戦国末期の秦』（上下、編訳注、平凡社東洋文庫）がある。

平凡社新書1078

古代中国の裏社会
伝説の任侠と路地裏の物語

発行日——2025年3月14日　初版第1刷

著者——柿沼陽平
発行者——下中順平
発行所——株式会社平凡社
〒101-0051 東京都千代田区神田神保町3-29
電話（03）3230-6573［営業］
ホームページ https://www.heibonsha.co.jp/
印刷・製本—シナノ書籍印刷株式会社
装幀——菊地信義

ISBN978-4-582-86078-8